粤港澳大湾区发展
广州智库
GUANGZHOU THINK TANK
FOR G-H-M GREATER BAY AREA

粤港澳大湾区建设与广州发展报告

（2019）

ANNUAL REPORT ON
GUANGDONG-HONG KONG-MACAO GREATER BAY AREA CONSTRUCTION
AND GUANGZHOU DEVELOPMENT (2019)

曾伟玉　麦均洪　主编

社会科学文献出版社
SOCIAL SCIENCES ACADEMIC PRESS (CHINA)

《粤港澳大湾区建设与广州发展报告》
编委会

杜金岷　暨南大学广州南沙自由贸易试验区研究基地主任、教授
杨　霖　广州市社会科学界联合会规划部部长
郭德焱　广州市社会科学界联合会党组成员、专职副主席
梅声洪　中共广州市委宣传部理论处处长
覃成林　暨南大学粤港澳大湾区经济发展研究中心主任、教授

编　务

赵　欣　华南理工大学社会科学处
沈　超　广州市社会科学界联合会规划部
刘　颖　广州市社会科学界联合会《城市观察》杂志社
周　宇　广州市社会科学界联合会规划部

前 言

建设粤港澳大湾区是习近平总书记亲自谋划、亲自部署、亲自推动的国家重大战略。2018 年 10 月 22 日至 25 日，习近平总书记在视察广东重要讲话中要求，广东要把粤港澳大湾区建设作为广东改革开放的大机遇、大文章，抓紧抓实办好。粤港澳大湾区建设是推动新时代形成全面开放新格局的新举措，承担着引领我国新一轮全面改革开放、转型升级、高质量发展，提高发展的平衡性和协调性的责任和使命。推动粤港澳大湾区建设和发展，必须以习近平新时代中国特色社会主义思想为指导，全面贯彻落实习近平总书记对粤港澳大湾区建设和加强粤港澳合作的系列重要指示和精神，全面贯彻落实中央决策部署，将粤港澳大湾区建设成为国际一流湾区和世界级城市群。

2019 年 2 月 18 日，中共中央、国务院印发了《粤港澳大湾区发展规划纲要》，粤港澳大湾区建设受到社会各界的高度重视和广泛关注，广东正在举全省之力推进粤港澳大湾区建设。广州作为粤港澳大湾区中心城市，其发展与粤港澳大湾区建设休戚相关。为发挥社会科学理论界在推进粤港澳大湾区建设中的思想库、智囊团作用，为广州在粤港澳大湾区建设中发挥重要作用提供理论支撑和智力支持，中共广州市委宣传部、广州市社会科学界联合会、华南理工大学在 2018 年 3 月共同成立了粤港澳大湾区发展广州智库，智库以粤港澳大湾区规划创新研究中心等 6 家广州市人文社会科学重点研究基地为依托，目的是整合粤港澳大湾区的研究力量，建设一支以粤港澳大湾区建设作为主攻方向的研究队伍，围绕粤港澳大湾区建设的前沿理论和实践问题，特别是如何发挥广州国家中心城市和综合性门户城市引领作用，全面增强国际商贸中心、综合交通枢纽功能，培育提升科技教育文化中心功能，着力建设国际大都市展开持续深入的研究，不断推出高质量的研究成果助力粤港澳大湾区建设。

《粤港澳大湾区建设与广州发展报告》是粤港澳大湾区发展广州智库发挥新型智库作用，贯彻落实中央关于科学规划粤港澳大湾区建设基本精神和要求，更好地服务于广州对接国家发展战略，推进粤港澳大湾区建设的重要研究成果。智库成立甫始，即组织专家学者开展对粤港澳大湾区建设战略规划、机制体制改革、政策实施等情况的系统研究，及时梳理和总结建设经验，对存在的问题提出建议和对策。《粤港澳大湾区建设与广州发展报告》聚焦粤港澳大湾区建设中广州发展的定位与机遇、粤港澳大湾区科技创新、粤港澳大湾区产业发展、粤港澳大湾区开放合作、绿色湾区建设、文化湾区建设六大主题，系统梳理粤港澳大湾区建设与广州发展的基础、优势和现状，深入剖析粤港澳大湾区在开放、创新、合作与协调发展过程中面临的挑战和改革难题，提出有针对性的、富有建设性的、具有可操作性的意见和建议，对推动粤港澳大湾区建设以及如何发挥广州在粤港澳大湾区建设中的重要作用有积极的参考和启示作用。

《粤港澳大湾区建设与广州发展报告》是智库资政研究活力和协同研究能力的全面反映，也是智库决策咨询研究水平的集中体现。粤港澳大湾区发展广州智库将坚持服务党和政府决策的宗旨，通过跨地区、跨部门、跨体制聚合优势研究资源，持续深入地开展粤港澳大湾区建设研究，不断提升报告的研究水平，增强报告的社会影响力和咨政服务力，为粤港澳大湾区建设成为国际一流湾区和世界级城市群提供优质高效的资政建议和智力支持。

粤港澳大湾区发展广州智库
2019 年 3 月

目　录

Contents

总 报 告

分 报 告

● 科技创新篇 ●

● 产业发展篇 ●

总报告

以广州、深圳“双核联动”推进粤港澳大湾区高质量发展

谭　锐　郑永年*

摘　要： 长期以来，广深之间表面上看相互竞争，实际上已经形成相互依存的关系。广州从深圳获得了许多溢出收益，包括要素溢出、政策溢出和经验溢出。与此同时，深圳需要获得广州的交通、教育、科研、信息等服务业上的输出。因此，广深如何通过联动加快互利共赢、协同发展是需要思考的问题。文章认为，从目前的条件来看，广深联动有三个突出的契合点：一是共建国际科技创新中心，二是共建国际性综合交通枢纽，三是现代产业体系的分工合作。这三个契合点在着手的难易程度、合作机制，以及行为主体上都有不同，因此在政策设计上需要更加细致和深入。

关键词： 广州　深圳　粤港澳大湾区　先行示范区　“双核联动”

一　粤港澳大湾区高质量发展的逻辑

（一）大湾区与深圳先行示范区

2019 年 2 月 18 日，中共中央和国务院印发了《粤港澳大湾区发展规

---

* 谭锐，经济学博士，华南理工大学公共政策研究院副研究员，主要研究领域为城市经济、产业结构、公共政策。郑永年，政治学博士，新加坡国立大学东亚研究所教授，华南理工大学公共政策研究院学术委员会主席，主要研究领域为民族主义与国际关系、东亚国际和地区安全、中国的外交政策、全球化、中国政治、社会和经济政策等。

划纲要》（简称《大湾区规划纲要》），该文件在发展目标部分指出，到2022年，粤港澳大湾区综合实力显著增强，粤港澳合作更加深入广泛，区域内生发展动力进一步提升，发展活力充沛、创新能力突出、产业结构优化、要素流动顺畅、生态环境优美的国际一流湾区和世界级城市群框架基本形成。从区域经济理论的视角来看，要实现大湾区这一高质量发展的图景，关键在于其中的核心城市。因为按照区域雁行理论的逻辑，只有当核心大城市的经济结构提升到一个更高的层次时，它才会通过产业转移、知识溢出，以及功能分工等机制，带动外围中小城市的进一步发展。也就是说，核心城市的高质量发展是大湾区高质量发展的切入点。

在改革开放初期，香港的产业投资带动了珠三角的工业化和城市化。从这个意义上说，香港是当时大湾区内唯一的核心城市。经过40年的演化，珠三角崛起了另外两个超级大城市——广州和深圳，大湾区由此形成了三大核心城市鼎立共存的局面。从目前的经济发展水平、国际化水平、城市治理水平等指标上看，香港仍然是大湾区实力最强的城市。然而近年来，香港的一系列政治、经济、社会问题似乎正在弱化它的影响力，大规模的社会抗议活动标志着香港面临着其发展历程中的一个重要转折点。如果未来香港面临着更多的不确定性，那么从战略上说，要推动大湾区的高质量发展就必须提升另外两个核心城市的综合实力。

随着中央《关于支持深圳建设中国特色社会主义先行示范区的意见》（简称《先行示范区意见》）于2019年8月9日发布，深圳建设先行示范区上升为国家级战略。实际上，设立“先行示范区”并非临时起意，这一概念早已有之。2019年6月29日深圳印发了《关于贯彻落实〈粤港澳大湾区发展规划纲要〉的实施方案》，其中第四大点明确列出“建设全面开放的先行示范区”方面的内容。“先行示范区”从市级实施方案到国家级战略的跃升，似乎表明了国家的意图：从长远来看，有必要创造一个更强大的深圳支撑起大湾区的高质量发展。

（二）先行示范区如何高质量发展

对中国来说，数量型的经济扩张已经到了顶点，逃避“中等收入陷阱”、进入发达国家行列无疑需要依靠质量经济，即依靠高端资本和技术。就资本来说，中国需要形成数个高端产业链，使得这些产业链具有地域性，并且不会因为外在形势的变化而迅速流失。珠江三角洲曾经被称为“世界制造业基地”，形成了比较完整的制造业产业链，但没能整体升级，一直维持在劳动力密集型产业阶段。2007～2008 年世界金融危机之后，尽管东莞等地经过转型也得到了相应的发展，但没有起到留住和继续吸引优质资本应有的作用。幸运的是，深圳现在正在快速形成一个以高端技术和资本为核心的产业链，并且呈现向周边地区扩散的趋势。强调“嵌入地域型资本”就是重新赋予经济的国家主权性质。在全球化时代，资本是流动的，没有国界。人们也不能依靠政治（例如国家安全）和行政因素使资本驻足。所谓的“嵌入地域型资本”就是提供一系列条件，使得资本都想进入，进入之后不会走、不想走，也走不了。嵌入地域型经济对整个国家的经济发展也具有重要意义。如果整个粤港澳大湾区、杭州湾、长江经济带和京津冀等区域都能形成具有自身特质的产业链，不仅能留住自己的优质资本而且能吸引优质外资，那么无疑有助于中国逃避“中等收入陷阱”，成为高收入经济体，并且维持在稳定发展的水平。从这个概念出发，政府如果想大有作为，至少需要考虑如下几个方面。

第一，发挥中国“三层资本”的优势。中国的混合经济存在着三层资本，即顶层的国有资本、低层的由数量庞大的中小企业构成的民营资本、政府与大型民企互动的中间层。尽管中国会继续改革国企，但绝对不会，也不应当放弃国企。需要搞清楚的是三层资本的边界，明确国企的性质和范畴。深圳在这三层资本方面发展比较协调和均衡。应当明确国企的主要职能是提供经济和社会方面的公共服务，而非“与民争利”。

其责任包括基础设施建设、避免资本主义固有的周期性危机、应付由其他因素产生的经济危机、弥补市场失败或者平准市场等；在竞争性领域，国企需要继续把大量的空间下放给民营企业。再者，在继续加快把市场机制引入国企的同时要明确国企的公共服务性质，即国企的市场和一般意义上的市场是不一样的。国企具有社会性，不能用一般市场的概念来理解具有高度社会性的国企领域，否则就会导致社会的大破坏。改革开放以来，国家在医疗、教育和住房方面已经过度市场化。这方面深圳必须吸取教训。这些具有高度社会性的领域可以引入市场的概念，但不能像商业领域那样市场化。作为社会主义先行示范区，深圳有责任做这方面的探索。

第二，嵌入经济活动的教育培训机制。这方面，深圳实际上可以在很多方面向发达国家学习。如，新加坡是一个值得借鉴的典范。职业教育与高等教育的职责分别是提供知识经济时代所需要的高技能劳动力和基础研究。高等学校需要打通基础研究、技术创新和技术使用之间的各个环节，职业培训则需要提供实际经济活动所需要的技术人员。这方面，深圳可以将香港的大学和科研体系一同考虑，香港有基础研究和技术，但无市场；有人才，但无就业。这种局面很难在短时间内打破。深圳在这方面大有可为。

第三，竞争。深圳需要塑造较之发展经济体更为开放的经济体。政府辅助企业的发展，但不能以培养几个大的既得利益群体为目标。相反，政府要通过反垄断等政策，为企业之间的竞争营造有效的政策环境。

第四，知识产权政策。确立有效的知识产权政策对深圳的意义是显而易见的。深圳企业密集，企业之间竞争激烈，并且深圳企业以高科技企业为主体。在这样的情况下，必须有一套行之有效的知识产权保护政策。就国家整体来说，发展到今天的这个阶段，知识产权的保护已成当务之急，是自身发展的需要。深圳在这方面必须加快进程，既要加快建设知识产权制度体系，也要利用香港在这方面的优势。

第五，金融服务。技术创新需要一整套投融资体系和风险管理体系，在这方面深圳的政府机构已经积累了一定的经验，会继续发挥政府的引导作用。但同样重要的是，需要把这个任务转移到金融服务机构，由金融服务机构来评估和监管创新企业的潜力和可行性。实际上，金融服务还可以延伸到西方国家。西方国家仍然是技术创新的核心地带，很多具有潜力的新发明因资本买断而受到抑制，因为资本想保持其垄断地位。因为中国的市场潜力，深圳可以把这些具有潜力但受到抑制的技术收买过来。

第六，政府必须处理好劳资关系，实现“做大饼”和“分大饼”之间的平衡。这方面，中国尤其要处理好中国特有的机制，即党委、工会和企业管理层之间的关系。处理好了，就是中国的优势，处理不好就会导致内耗，也会造成负面影响。这三者的关系也不能“一刀切”，在不同类型的企业（如国有企业、民营企业、民间和政府合作企业、外资企业等）应当容许有不同的形式。发达经济体（无论是西方的还是亚洲的）都具有这方面的经验。一种合作性劳资制度的确立有利于资本的有效运作和企业员工的利益。

第七，无论对国家还是对企业来说，更为重要的是法治建设。这里的“法治”是广义上的，既包括财富保护的一般法律制度，也包括保证企业自由的法规。简单地说，法治就是一个“基于规则之上的秩序”。上述各个方面的问题，无论是技术创新还是知识产权，无论是资本的扩张还是流动，无论是财富的创造还是保护，都需要明文的规定。

不管如何，深圳要在逃避“中等收入陷阱”、把经济水平提升为发达经济体水平方面做出示范。这里所讨论的一些主要方面，如职业教育与高等教育、分权下的竞争政策（开放而非垄断）、规则下的自由、金融化服务、宏观经济管理、市场竞争与合作型劳工制度等都是有机一体的。这些关联性建设有助于吸引优质资本、留住资本和资本的深度发展。这既是一个“亲资”和“亲民”、资本利益和社会利益、政治利益与社会利益均衡的经济平台，也是嵌入深圳（和大湾区）的平台。

（三）广深竞合关系与高质量发展

对于广州而言，“千年商都”已成为一种美誉和标签，但必须看到，广州的千年商都地位得益于特定的历史环境与特殊政策。在闭关锁国时代和计划经济时代，广州是中国为数不多的几个通商口岸之一，这造就了广州商贸活动的空前繁荣，城市因垄断对外贸易而兴盛。改革开放以来，全国都在深化改革，扩大开放，形成万马奔腾之势。广州如果不积极参与区域内外的竞争，不在产业结构、要素集聚、贸易结构、行政效率、营商环境等方面出新出彩，仍寄希望于特殊的政策倾斜，那么广州必将面临被后起之秀赶超的局面。从这个意义上说，深圳先行示范区的设立实际上对广州的发展起到了鞭策的作用，而非抑制作用。

深圳城市建制时间短，历史包袱少，体制机制灵活，而且深圳的发展历史为其塑造了一种无形财富，即开拓创新的深圳精神。这些条件都有利于其争取政策和吸引资源。深圳强大的集聚力不可避免地分流了广州发展所需的资源，包括人才、金融资本、工程项目、企业、经济职能机构等。在诸多竞争中，广深之间最直接，也是最重要的竞争莫过于对人才的争夺。因为人才的流动性最大，而广深在地理位置上又相距不远，两市在人才引进政策上的任何一点福利待遇差异都会对人才形成强大的磁力，尤其是对于青年群体。广东省统计局的最新数据显示，2018 年深圳新增常住人口 49.83 万人，高居珠三角城市首位。人口增长背后，更是深圳人口结构的持续优化。深圳市人力资源和社会保障局的数据显示，2018 年深圳全市新增常住人口中，应届大学生和各类人才达 28.5 万人，占比近六成。2019 年 12 月 29 日，北大发布《2019 年北京大学毕业生就业质量年度报告》，和过去几年一样，深圳仍然是吸纳北京大学毕业生第二多的城市，第一则是北京。[①]

---

① 《广州和深圳 2020 年的第一次握手，是要联手搞什么事情?》，深圳卫视，2020 年 1 月 6 日，http://www.ygahzcjh.gd.gov.cn/Item/1538.aspx。

有人认为，深圳有政策倾斜、中央支持、财税体制等特殊优势，所以广州竞争不过深圳。以财税体制为例，深圳市不用向广东省上缴财政收入，而2018年广州市对省财政的贡献超过6%，在最终可支配财力上，深圳比广州高出1000多亿元。这些外部条件固然是一方面，然而，我们也必须看到，深圳的许多竞争力根植于其内在的能力，包括行政效率、政策创意、制度创新、学习的主动性等方面。以营商环境为例，2018年12月深圳印发实施《关于以更大力度支持民营经济发展的若干措施》，推出“四个千亿”（全年减税降成本1000亿元以上、实现民营企业新增银行信贷规模1000亿元以上、实现民营企业新增发债1000亿元以上、设立总规模1000亿元的民营企业平稳发展基金），以更大力度、更优政策、更好服务支持民营经济持续健康发展。而与深圳相比，广州出台的政策力度较小，在全国叫得响的改革事项较少，在降低企业生产经营成本、优化政策执行环境、支持企业做优做强等方面还有不少差距。由此可见，广州要着力于创造竞争优势，只有在竞争中才能实现老城市的新活力。

同时，深圳的存在对广州而言并非全是压力，相反，广州因深圳的存在获得了许多溢出收益，包括要素溢出、政策溢出和经验溢出。首先，深圳土地有限，它越是集聚资源，它的溢出效应就越强。深圳的金融业、高科技产业、信息服务业吸引了全国各地的行业精英，随着产业集聚程度的提高，深圳房地产价格也不断飙升，这使得一些行业人才流向周边城市，广州以其优越的条件将最先获得这些高级人才。其次，深圳的一些政策创意，同样会使广州受益，一些试验性政策都会连带广州试点。最为典型的政策创意就是粤港澳大湾区，它最先来自深圳，此后，在2015年3月的全国政协会议上，广深两地的委员联名提交了《关于建议实施“环珠江口湾区经济”发展战略的提案》，最终这个议案变成了国家级战略。此外，政策溢出效应还以另一种方式起作用。由于广州是广东省的重要税源，如果深圳获得政策倾斜，广东省就会支持广州获得同等优惠的政策，以便维持广州的竞争力，从而保住广东省的税源。从广东省以支持深圳建设先行示范区的同等力度支持广州四个“出新出彩”就可以看出这一点。最后，深圳是改革开放的试验田，许多制度创新和政策实践都走在全国前列，如对港合作、营商环境优化、科技创新平台、自贸区建设、智慧城市等。所有这些，广州都可以借鉴和学习，少走弯路。

几十年来，在外界眼里，广深一直是你追我赶的竞争关系，这忽略了两者之间“你中有我，我中有你”的合作关系。现在很难说谁对谁更有用，谁更离不开谁。例如，我们可以说没有广州的科研院校为深圳输送人才，深圳的科技创新不可能发展得那么快，我们也可以说如果不是深圳的区域金融中心地位，广州的企业可能也面临着与其他地方一样严重的资金拮据问题。显然，广深已经形成了相互依存的关系。这种依存关系的重要性在于，构建广深双核联动机制，形成协同效应，是实现大湾区高质量发展的重要一环。

二　大湾区中的广州与深圳

2018 年在粤港澳大湾区 11 市中，GDP 排名前三位的城市依次是：深圳（24221.98 亿元）、香港（24022.44 亿元）、广州（22859.35 亿元），这一年，深圳再次超过广州，而其他 8 市的 GDP 均未进入万亿级俱乐部。在常住人口上，根据广东 21 地市《2018 年国民经济和社会发展统计公报》数据①，只有广州（1490.44 万人）和深圳（1302.66 万人）超过千万级规模。无论从经济总量还是人口规模上讲，广深都是超级大城市，是当之无愧的区域发展“双核”引擎。

这种双核格局有一个长期演化的过程。在深圳崛起之前，珠三角一直是以广州独大为特征的单中心结构。1949 年之前，珠三角所有的城市都整合在一个城市体系中，广州是其中最大也是最繁华的城市。广州一

① 《广东最新地市人口排名出炉：8 城人口超 500 万，仅 4 城在珠三角》，腾讯新闻，2019 年 6 月 12 日，http://www.xw.qq.com/cmsid/20190612A043ZR00.

直是广东省的省会，而且是南中国最重要的港口，广州港拥有2000多年的历史。自20世纪80年代开始，出口导向型工业化主导着广州的全球化道路。广州是一个制造业重镇，汽车、电子和石化制造业是广州的支柱产业，许多外国汽车制造商集聚于此，例如日产、本田、丰田等。这些产业和轻工业（如鞋、纺织品、服装生产等）的产品构成了广州对外出口的主体。广州作为商贸中心的地位通过一系列高端的贸易会展活动得到巩固。最著名的就是中国进出口交易会，即广交会，这是世界上同类大型商品贸易展览会之一。目前，每届广交会展览规模都会达118.5万平方米，境内外参展企业近2.5万家，与会的境外采购商约有20万名，来自全球210多个国家和地区。① 广州市政府正实施一项战略，目标是依托广州的国际商贸中心的地位，到2020年将广州建成全球城市。

随着深圳在20世纪80年代的崛起，珠三角逐步形成广深双核格局。深圳是中国第一个经济特区，目前在电子元器件生产方面的专业化程度很高。1979年以来，作为制造业商品的出口中心，深圳经济高速增长（年平均增速约30%）。通过发展低成本组装业获得成功后，政府开始推动构建本地创新体系，鼓励高科技企业的创新活动。由此造就了一批本土消费电子巨头，如海信、华为、康佳、康维、中兴、TCL、腾讯以及中国领先的电动车企业比亚迪。深圳高科技产业园是中国同类产业园中最大和最成功的一个。北京也拥有强大的区域创新系统，但与北京不同的是，深圳90%的R&D活动是由企业进行的，而且R&D经费的80%也来自企业（Chen & Kenney，2007：1069）。高科技和物流业是深圳的支柱产业。为了支撑起这些产业的发展，许多领先的中国企业在深圳建立了研究和孵化机构。深圳市政府数据显示，2018年深圳国内专利申请量达到22.9万件，其中包括近7万件发明专利申请。PCT国际专利申请量达到

---

① 《中国进出口商品交易会（广交会）概况》，广交会官方网站，http://www.cantonfair.org.cn/html/cantonfair/cn/about/2012—09/119.shtml。

1.8 万件，连续 15 年高居中国城市榜首。[①] 深圳是连接内地和香港的桥梁，以及南中国沿海的交通枢纽。深圳在高科技产业、金融服务业、对外贸易、航运以及创意文化产业上都具有领先地位。深圳背负着探索中国转型道路，以及扩大对外开放的使命。香港和深圳之间的跨境联系非常紧密。有关调查数据发现，往来深港的旅客平均每天有 72 万人次，往来香港及内地的车辆有 4.6 万车次，其中深圳仍然是内地最普遍的起点城市，占全部行程近七成。[②]

随着工业的发展，珠三角的城市化也迅速推进，2000～2014 年间，城市化率已经由最初的 71.6% 上升到 84.1%[③]。城市之间的往来更加紧密，城市群格局显现。为了获得规模经济，使城市群协调发展，广东省政府意识到要把该区域作为一个整体来考虑。1995 年广东省政府分别出台了《珠江三角洲经济区现代化建设规划纲要（初稿）》和《珠江三角洲经济区城市群规划》，从此，珠三角城市群发展战略正式提出并付诸实施（陈章喜，2011）。2008 年 12 月，国务院批复了《珠江三角洲地区改革发展规划纲要（2008—2020 年）》，珠三角一体化上升为国家战略。该纲要明确要求珠三角九市要打破行政体制障碍，遵循政府推动、市场主导，资源共享、优势互补、协调发展、互利共赢的原则，创新合作机制，优化资源配置。2009 年 6 月 10 日，广东省政府发布了《关于加快推进珠江三角洲区域经济一体化的指导意见》，其中提到“近期以推进广佛肇、深莞惠和珠中江经济圈一体化为重点，推进城市群规划建设一体化，实现各经济圈内部及相互之间基础设施的共建共享”。经过 10 年的推进，

① 《深圳市 2018 年知识产权发展状况白皮书》，深圳市政府网，2019 年 4 月 5 日，http://www.sz.gov.cn/szscjg/xxgk/qt/ztlm/zscqxc/xlhd/201904/t20190428_17120550.htm。

② 《规划署：日均 72 万人次过境，港人占 48%》，香港商报网，2019 年 3 月 1 日，http://www.hkcd.com/content/2019—03/01/content_1126154.html。

③ 《珠三角城镇化率达 84.12%，或将可叫珠洲市》，南方网，2016 年 1 月 18 日，http://news.southcn.com/china/content/2016—01/18/content_140963534.htm? COLLCC =892254047&。

三大经济圈逐渐成形。作为珠三角两个超级大城市，广深带动了周边城市的发展，形成了各自的城市集团。

从交通出行分布上看，首先，广佛之间、深莞之间的交通联系最为密切，城际交通出行量合计约占大湾区城际交通总量的1/3。其次，深圳与香港、深圳与惠州、广州与东莞等城市之间的交通联系也较为紧密（董志国等，2018）。从一个更综合的角度看，根据王少剑等（2019）的研究，珠三角各城市的流度辐射区一体化明显，各城市辐射影响区的空间形态也表明了各城市的功能圈和势力范围。例如，佛山和肇庆受广州的辐射影响较大，表明广佛肇之间交往频繁，且广州处于绝对的主导地位，与政府提出的“广佛肇经济圈”特征相符；同时深莞惠三市的流度辐射区相互交错，通过对比行政区划发现，三个城市的辐射区与行政边界相互渗透，其中深圳在人流、信息流方面主导性较强，而东莞的物流则具有较大的优势。由于各城市功能交错，深莞惠一体化具有良好的合作基础和前景。

20 世纪 90 年代至 21 世纪初，广深政府间有迹可循的互动较少。这并非偶然，一方面广州与深圳并不直接接壤，与相邻城市的合作已经能满足增长的需要。另一方面，在很长一段时间里，两地产业结构错位发展，正面竞争或合作都比较少。而随着经济实力的提升及辐射范围的扩展，两地在产业布局上的摩擦逐步增多。以金融业为例，两地都曾把自己定位为区域金融中心。[①] 新的交通要道使深圳能在更大范围内配置资源。但同时，它与广州的市场腹地也由此变得更为重叠。以 2018 年开建的深中通道为例，广深两地对通道修建方式早有争议——广州认为，深中通道以现行的“东隧西桥方案”修建，将影响广州港未来的发展。2013 年该方案上报国家发展改革委时，广州市委、市政府曾共同向广东省委、省政府请示，希望改用全隧方案进行修建，但最终现行方案获批。

---

① 《二次“牵手”，广深在打什么算盘?》，每经网，2019 年 9 月 12 日，http://www.nbd.com.cn/articles/2019 - 09 - 12/1371330.html。

这背后折射的，正是广深两港的市场角力。国际航运研究及咨询机构Drewry中国区董事长韩宁曾分析指出，广州港和深圳港在规模与服务能力上相当，定位和功能存在部分重叠，由于两港地理位置接近，经济腹地明显交叉，两港间的竞争将会越来越激烈，在陆上交通的重叠现象更加明显。例如，深中通道一极的中山，也是广州争取的对象——广州计划将地铁修建至中山、佛山和东莞。其中，连接中山的地铁早在此前出台的广东省“十三五”规划中就有所提及。[①]

相距仅125公里的广州和深圳，它们的时差正日益缩小。据最新的消息，广深间第二高铁正在规划中，预计最高时速在600公里以上，到达中心城区的时间可能会缩减至15分钟。这意味着，随着区域一体化程度的提高，广深之间的关系将发生新的演变。

三　广深“双核联动”的契合点

2019年9月5日，深圳市委书记王伟中、市长陈如桂率深圳市党政代表团赴广州学习考察，随后签署了《广州市 深圳市深化战略合作框架协议》（简称《深化合作协议》）。广州市委书记张硕辅、市长温国辉会见了代表团一行并共同见证协议签署。[②] 早在2013年，广州与深圳就签署了《战略合作框架协议》。2018年，在粤港澳大湾区顶层设计出炉前，两市领导多次互访考察。我们可以梳理一下6年来广深两市的一系列重要互动。如表1所示，自粤港澳大湾区规划发布以来，广深间的交流变得频繁起来。广深同处珠三角，地理相近，为加强合作创造了便利。更为重要的是，以世界级城市群为目标定位、已进入实质性建设阶段的粤港澳大湾区，为广深协同合作带来了动力。

此次深圳市党政代表团到访广州，从时间节点上看，除粤港澳大湾区

① 《有一种“相爱相杀”，叫广州与深圳》，《每日经济新闻》2019年1月17日。

② 《王伟中陈如桂率深圳市党政代表团赴广州市学习考察并签署深化战略合作框架协议》，澎湃新闻，2019年9月6日，https://www.thepaper.cn/newsDetail_forward_4355323。

建设正加快推进之外，更重要的是，《中共中央国务院关于支持深圳建设中国特色社会主义先行示范区的意见》（以下简称《先行示范区意见》）已于此前公布。广东省政府在随后召开的常务会议中强调，要举全省之力支持深圳建设先行示范区。广州市委亦表态，全力支持深圳建设先行示范区。2019 年 11 月 25 日，广东省委十二届八次全会提出推动广州与深圳“双核联动、比翼双飞”，打造全省发展的核心引擎。① 为更好贯彻落实《先行示范区意见》，按照广东省委强化广深双核驱动引领作用的要求，《深化合作协议》提到，双方将在支持深圳建设中国特色社会主义先行示范区、共建国际科技创新中心、打造国际性综合交通枢纽、共建具有国际竞争力的现代产业体系等方面深化合作。

表 1　近年广深两市互动情况

时间	互动内容
2013 年 6 月	• 广州与深圳签署《战略合作框架协议》，确立两市“优势互补、分工合作、资源共享、共同推进”的合作原则，并建立协作工作机制。这是两地首次合作签订框架协议。
2014 年 12 月	• 广州市党政代表团赴深圳考察交流，提出希望两市加强产业链对接、交通互联互通、公共资源共建共享。
2018 年 2 月 23 日	• 深圳市党政代表团一行赴广州，学习考察城市规划建设、城市管理、产业发展、生态文明建设等方面的先进经验和做法。
2019 年 9 月 5 日	• 深圳市党政代表团赴广州市学习考察，两地签署《广州市 深圳市深化战略合作框架协议》。根据协议，两市将在共建国际科技创新中心、打造国际性综合交通枢纽、共建具有国际竞争力的现代产业体系、共同引领“一核一带一区”建设等领域合作。
2019 年 9 月 17 日	• 广州市委书记张硕辅在讲话中强调，在支持深圳建设先行示范区中，学习借鉴深圳改革经验，主动接受辐射带动，推动广深实现“双核联动、双轮驱动”。
2019 年 10 月 24 日	• 广州开发区管委会与深圳前海蛇口自贸片区管委会率先行动，签署《改革创新协同发展示范区合作框架协议》。

① 《广东举全省之力支持深圳建设中国特色社会主义先行示范区》，《深圳特区报》2019 年 11 月 26 日。

续表

时间	互动内容
2020 年 1 月 3 日	• 广州、深圳两市人大常委会在广州召开主任联席会议，并签署加强两市人大工作协作的协议。协作协议明确了两市人大协作的原则、机制、重点和具体措施，涉及立法、监督、决定、代表工作、机关建设、理论研究、资源共享等方面内容，将有力促进两市人大工作深度互动、优势互补、高质量发展。

资料来源：笔者根据新闻报道综合整理。

广深两市如何深化合作，尤其广州将如何支持深圳建设先行示范区，进而推动粤港澳大湾区建设发展？从两市互动释放的信息看，广深双赢可能性最大、合作意愿最强、可行性最高的合作领域包括三个方面，一是共建国际科技创新中心，二是打造国际性综合交通枢纽，三是构建具有协同性的现代化产业体系（见图 1）。

图 1　广深双核联动契合点

注：笔者自绘。

首先，科技创新被摆在突出位置。在《深化合作协议》中，第一条就是“共建国际科技创新中心”。在行程上，深圳党政代表团专门考察了广州无人驾驶产业发展、广州海洋地质调查局南沙科研基地建设发展等情况。之所以突出科创，原因是粤港澳大湾区战略定位之一是“具有全球影响力的国际科技创新中心”，广深必然扮演重要角色，尤其是深圳。《先行示范区意见》也强调，以深圳为主阵地建设综合性国家科学中心，在粤港澳大湾区国际科技创新中心建设中发挥关键作用。

从综合性国家科学中心来看，尽管明确以深圳为主阵地，但仍需从粤港澳大湾区层面理解和推进，需深圳与其他城市联动发挥作用。这一中心依托于大科学装置、大科研平台，就大湾区而言，是以集群形式部署，各市多元互补。近年来，虽然深圳的创新发展在全球都有不凡的影响，但作为华南“科教重镇”，广州高校、科研院所云集，人才资源丰富，创新能力亦不俗，尤其在基础研发方面优势突出。广州的创新能力也在不断提升，2019 年 9 月 4 日，中国科学院宣布将在广州布局 15 个科研项目，聚焦“深海、深空、深地”领域。此前，还引入冷泉港实验室等海外顶级科研机构。近年，广东根据各市科创能力布局诸多省级实验室，其中广深各有侧重，亦突出互补。在最新的第三批省级实验室中，人工智能与数字经济省级实验室更是“结合优势产业及创新资源分布”，由广深联合共建，表明在一些前沿科研领域，两市均有实力。广深在科创上各具优势，广州的亮点在于基础科研能力较强，创新资源丰富。两市的优势需要通过互补进一步释放，而合作有利于共同发展提升，包括重点完善基础创新、应用创新和产业化链条。同时，也可避免同质化竞争，增强组合力。①

第二个重点领域的合作就是打造国际性综合交通枢纽。《粤港澳大湾区发展规划纲要》指出，要加快广州—深圳国际性综合交通枢纽建设。有关广深交通枢纽的规划，涉及海、陆、空三方面，包括增强广州、深圳国际航运综合服务功能；提升广州和深圳的机场国际枢纽竞争力；推进赣州至深圳、广州至汕尾、深圳至茂名、岑溪至罗定等铁路项目建设等。由于珠江分隔，深圳与广东省内其他城市的交通连接水平一度稍显落后。随着 2018 年深中通道、深珠通道的开工建设或规划研究，深圳能在更大范围内进行资源配置，但同时，它与广州的市场腹地也由此变得更为重叠。当时有观点指出，如果“深中通道”建成的话，整个珠江西岸的人流到深圳甚至到香港都非常方便，广州的南沙港就很可能被边缘

---

① 《粤港澳大湾区城市群联动加速：广深六年后再次战略牵手》，《21 世纪经济报道》2019 年 9 月 13 日。

化。2019 年 11 月，广州市原市长、现任市人大常委会主任陈建华赴中山调研，尽管当时深中通道已经开工建设，但陈建华仍提出希望调整深中通道建设方案，为广州的发展留足空间。如今，这样的尴尬局面或将被打破。最新消息显示，广州南沙将新建一条高速公路，连接中山以及深中通道。该项目位于广州市南沙区南部和中山市东部，包括南沙至中山高速公路主线、万顷沙支线两部分。

除了科创和交通，《深化合作协议》还提到，将共建具有国际竞争力的现代产业体系，共建宜居、宜业、宜游的优质生活圈，加强广州南沙粤港澳全面合作示范区和深圳前海深港现代服务业合作区合作等。作为"北上广深"中距离最近的两大一线城市，又同为粤港澳大湾区的中心城市，无论是从物理空间距离看，还是从区域发展大局来考量，广深两地都需要形成"抱团"发展的合力，以区域合作为主，打造一个相对统一的市场。《先行示范区意见》中对于深圳的规划是："加快构建现代产业体系"，其中又包括："大力发展战略性新兴产业，在未来通信高端器件、高性能医疗器械等领域创建制造业创新中心。开展市场准入和监管体制机制改革试点，建立更具弹性的审慎包容监管制度，积极发展智能经济、健康产业等新产业新业态，打造数字经济创新发展试验区。提高金融服务实体经济能力，研究完善创业板发行上市、再融资和并购重组制度，创造条件推动注册制改革。支持在深圳开展数字货币研究与移动支付等创新应用。促进与港澳金融市场互联互通和金融（基金）产品互认。在推进人民币国际化上先行先试，探索创新跨境金融监管。"可以看到的是，深圳在 5G、数字货币、数字经济等领域确实走在了全国前列，但如何发挥好市场的作用，如何提高金融服务能力，如何进一步走向国际化，仍需借鉴"千年商都"广州的经验和力量。近些年，广州选取了新一代信息技术、汽车、高端装备、生物医药、新材料及新能源、生产性服务业六大产业作为主导产业，并取得了良好的成绩，2019 年上半年的 GDP 增速明显，和广州的现代化产业体系发展有着分不开的关系。两座城市的优势互补，将会助推广深走向更加国际化的道路。[①]

四　广深共建国际科技创新中心

领先的创新能力是全球城市保持全球性影响力的关键因素。当今世界主要国际大都市的核心竞争力和可持续发展能力，越来越体现在创新能力方面，并且特别注重源头创新、原始创新的能力。与纽约、伦敦、香港、新加坡等相比，广州在创新能力方面始终存在较大差距，广州的创新资源未能有效转化为产业创新力和竞争力，创新驱动发展空间有待进一步释放。随着珠三角一体化进程的深入，以及国际城市竞争向城市群化的方向发展，广州要提升自己的科技创新能力，不能走“大而全”的路子，而是要与周边城市分工合作。

早在 2017 年，广东就规划广深科创走廊，以实行大湾区内科技创新走廊联动。广州和深圳是广深科技走廊的两极及核心，广深两地 2017 年 GDP 均突破 2 万亿，稳居全国的第三、第四位，深圳以战略性新兴产业、民营经济闻名，产业发展迅猛，而广州则汇聚了大量优质的高校及科研院所，基础创新能力突出，两城创新环境各有特点。其中，广州将发挥高校、科研院所集聚优势，建成具有国际影响力的国家创新中心城市和国际科技创新枢纽，而深圳则发挥高新技术企业集聚、市场化程度高的优势，加快建设国际科技中心、产业创新中心。这一思路延续到此次广深更大范围的合作中。最新签署的《广州市深圳市深化战略合作框架协议》中，首要内容就是共建国际科技创新中心。虽然综合性国家科学中心花落深圳，但受制于本地科技高端人才紧缺、原始创新能力不足、重大创新平台缺乏等问题和薄弱环节，需要高校丰富的“科教重镇”广州的支持。这也与广深此前共建国际科技创新中心的决定一脉相承。在广

① 傅静怡：《时隔六年广深再签战略合作框架协议》，《南方都市报》2019 年 9 月 7 日，GA04 版。

深合作中，科技的重要性不言而喻。①

（一）广州的科技创新基础

近年来，广州在先进生产要素集聚方面取得了明显的成效。在产业集聚方面，广州正大力发展新一代信息技术、人工智能、生物医药（IAB）和新能源、新材料等战略性新兴产业，着力构建高端、高质、高新的现代产业体系和开放型经济新体制。广州市商务委员会的数据显示，2017 年上半年就有总投资达千亿元的 24 个 IAB 项目落地广州，全球 IAB 产业创新高端要素资源加速集聚。无论是思科、冷泉港实验室、赛默飞这样的国际创新巨头，还是富士康、华为、腾讯、科大讯飞等国内创新巨头，以及广汽、金域检验、奥翼等本土龙头创新企业，都以实际行动向广州 IAB 计划投出“赞成票”，这对提升广州科创的全球显示度和吸引力，加速融入全球创新链、产业链、价值链具有十分重要的意义。

广州对先进生产要素的集聚力是与其丰富的科教文卫资源禀赋分不开的。目前，广州市已经建立了比较完善的基础教育、成人教育、职业教育和高等教育体系。作为华南地区教育资源集聚中心，广州拥有中山大学、华南理工大学等高等院校 63 所，占据了全省高校总数的 2/3，截至 2018 年底，广州地区具有大专以上学历的人才总量达 377 万人，比 2017 年增长 7.4%，约占常住人口的 25.3%。与此同时，广州还集中了全省 97% 的国家级重点学科、77% 的自然学科与技术开发机构和全部国家级重点实验室。拥有国家工程技术研究开发中心 18 家，国家级企业技术中心 22 家，国家级重点实验室 19 家，省级重点实验室 171 家，市级重点实验室 124 家。2018 年底，在广州地区工作的诺贝尔奖获得者有 6 人，两院院士 97 人，国家重大人才入选者 493 人。

① 杨奔非：《广深关系升级，如何打破“距离感”?》，每经网，2019 年 11 月 1 日，http://www.nbd.com.cn/articles/2019-11-01/1383034.html。

由于R&D资源丰富，广州科研技术潜力很大，并且已在重点核心技术领域取得突破。统计显示，截至2018年末，全市的发明专利申请量达50189件，发明专利授权量达10797件，与上年相比，分别增长了35.5%和15.5%。广州医疗资源得天独厚，无论是医疗卫生机构总体数量、大型三甲医院数量、医疗卫生从业人员数量、医疗床位数量等医疗资源总体水平，还是呼吸疾病、眼科疾病、肿瘤疾病、器官衰竭防治四家国家重点实验室的技术力量；无论是心血管疾病、恶性肿瘤、艾滋病等重大疾病治疗，还是干细胞与再生医学、分子诊断等新技术应用，广州一直走在全国前列。

（二）广深科技创新能力比较

1. 科技创新环境

在研发投入力度上，广州与深圳差距较大。2017年广州研发投入占GDP比重为2.5%左右，比深圳低了1.6个百分点，究其原因在于财政投入不足，全市一般公共预算投入只有1533.06亿元，政府财力远不及深圳（4594.7亿元）。同时，广州的企业研发投入不高也使得R&D占GDP比重不如深圳。从全球科技创新中心城市的经验看，重大科技基础设施、科学中心往往是一个国际大都市配置全球范围内创新资源、抢占科技创新制高点的重要载体。广州虽拥有“天河二号”国家超算中心等一批重大科技基础设施，但迄今为止尚未有国家级重大科学装置落户，广州在重大科技基础设施建设方面明显滞后。根据2013年国务院发布的《国家重大科技基础设施建设中长期规划（2012—2030年）》，超期布局一批重大科学装置，但均未在广州布局。近年来，中科院已在广东省部署了“中国散裂中子源”（东莞）、“大亚湾中微子实验站”（深圳）、“中微子实验站”（江门）、“加速器驱动嬗变系统研究装置”（惠州）及“强流重离子加速装置”（惠州）5个国家重大科学装置，但未在广州布局。

2. 科技创新主体

广州虽在创新企业数量上实现跨越式增长，但总量仍远低于深圳。2015~2018年，广州高新技术企业数量增速为147.91%。2018年全市高新技术企业总量达到11794家，但仍低于深圳（14454家），主要原因在于，广州作为传统的商品集散基地，小商贸企业和小型工厂较多，多数企业创新意愿低下。（郑国雄、王眉，2019）开展科技创新需要投入较多的资金和人才，风险大，企业重生产，轻研发，使得广州高科技企业数量不及深圳。广州市尤其缺乏类似华为、中兴、大疆、比亚迪等具有龙头带动作用的民营科技创新企业。广州的产业结构偏向于第三产业和传统工业。自20世纪90年代以来，广州的日化、汽车产业多以国企、外企为主，现代服务业等领域的创新不足，尽管以信息技术、生物技术、新材料技术为主的高技术产业处在上升时期，但在产值规模上要追上深圳还需一段时间。目前广州的工业产业结构总体还偏传统、偏重化工，战略性新兴产业未能形成有效接续，难以培养出创新龙头企业。另外，融资难、融资贵、融资慢制约着民营高新技术企业做大做强。相对于深圳大规模引入社会资本、金融服务等多样化融资渠道，广州以自有资金或银行借贷等为主的资金获取方式相对单一，很大程度上制约了企业的发展壮大。

3. 科技创新产出

广州的发明专利增速比深圳快，但总量仍然落后于深圳。2018年广州发明专利申请量、发明专利授权量、有效发明专利拥有量同比增长58.8%、15.7%和25.5%。但从绝对量来看，广州发明专利申请量为36941件，仅为深圳的一半左右。从发明专利密度看，深圳超过广州的3倍。同时，广州PTC国际专利申请量与深圳比差距较大。广州的PTC国际专利申请量2016年达到1642件，同比增长163.6%。但总体而言，广州仍远落后于深圳（19647件）。广州在专利申请量、有效发明专利拥有量和PTC国际专利申请量等指标上落后于深圳，主要原因在于：一是民营经济市场主体占比还不够大。第三次经济普查数据显示，广州私营企业与个体户的比值为1∶3.2，小于深圳（1∶1.6），经济主体的规模越小，越不可能设立R&D部门并开展创新活动。二是高等院校创新实力排名靠后。虽然广州拥有广东省2/3的高等院校，但从整体的科研实力来看，广州高等院校的综合创新实力远远落后于全球创新型城市，加之受传统科研机构体制机制僵化、新型研发机构运营经费不足等因素影响，导致高等院校的科技创新产出能力偏弱。三是规模以上企业的创新能力还不够强。从2017年发明专利授权量排名前十位的国内企业来看，深圳有2家，而广州没有一家企业上榜。根据波士顿咨询公司（BCG）发布的2018年度全球最具创新力企业50强榜单（THE MOST INNOVATIVE COMPANIES 2018），阿里巴巴、腾讯和华为3家中国企业上榜，广州企业未能占据一席之地。科技公司实力不强且缺乏创新型领军企业，已成为影响广州科技创新能力提升的重要短板。

（三）广州科技创新能力建设

科技是广深两市合作的有效切入点。正如广汽只出现在广州，中兴、华为这些企业也只在深圳出现，两市在科技领域有很强的互补性。而在大湾区打造国际科技创新中心背景下，广深基于科技的合作，将得以进一步加速。在广州市推动“四个出新出彩”行动方案中，已得到升格的广深港澳科技创新走廊的重要性被进一步提升：南沙科学城、广州科学城、光明科学城等广深两市在科创走廊中建设的重大创新载体将实现对接合作，两市也将提供配套服务；此外，广州与深圳还将共建人工智能与数字经济省级实验室，共同打造数字经济创新发展试验区。在更大范围内，两市创新关键区域——南沙和前海之间的合作亦将得到升级。方案中提到，将加强南沙粤港澳全面合作示范区和前海深港现代服务业合作区的合作。在明确合作方向的同时，广州必须进一步加强自身的科技创新能力，从而实现与深圳的有效对接与承接。

1. 构建重大创新平台

广州应学习借鉴旧金山硅谷和杭州、北京未来科技城经验，以大学城为核心，整合生物岛、长洲岛、国际创新城、科学城、中新知识城、琶洲互联网创新集聚区等空间资源和产业资源，打造面向未来的科技城。推动广东省新一代通信和网络创新研究院、广州可再生医学与健康省实验室、广州国际人工智能产业研究院、可燃冰勘察开采先导实验区、中科院南海生态环境工程创新研究院建设，推动广州超算中心、人类细胞谱系大科学设施、冷泉生态系统观测与模拟装置等纳入国家重大科技基础设施项目，积极争取国家和省重大科技基础设施、大科学装置、产业技术创新中心和重大科技专项布局广州，在石墨烯、区块链、基因检测、新型治疗等领域布局若干重大科技创新平台。以诺贝尔奖科学家、两院院士等为核心，鼓励在医学、生物、通信等领域建设伙伴实验室。推动企业与高校、科研院所共建工程技术研究中心、企业技术中心、院士工作站、博士后工作站等各类企业研发机构，在全球布局建设具有国际影响力的海外研发机构。

2. 增强科技成果转化能力

广州应出台促进科技成果转化行动方案，完善科技成果转移转化激励机制和容错纠错机制。制定支持高校和科研院所创新发展的政策措施，引导其创新成果在价值创新园区转化。探索对创新人才实施股权、期权和分红激励。推动高校和科研机构科技成果使用权、处置权、收益权改革，探索在科研全生命周期试点下放管理权限。建设华南技术转移中心和港澳技术成果产业转化集聚区、高端产业对接核心区。在智慧城市、自动驾驶汽车、在线医疗、新零售、智能家居等诸多行业推进新技术的应用场景，试点建立智能交通示范运行区。

3. 促进跨界融合化发展

强化“制造+互联网+服务”的新模式、新业态培育发展，加快制造业与服务业融合发展。强化数字技术、信息技术、智能技术向各行业、各领域覆盖融合，推动卫星导航、物联网、智慧医疗等新经济领域发展。积极培育平台经济、网络经济、知识经济、数字经济等新经济业态发展。强化“互联网+传统服务业”的新模式培育发展，催生服务新业态。强化“互联网+传统制造业”的新业态培育发展，以新技术、新模式推动制造业升级，推动工业互联网、智能制造、智能网联汽车等领域发展。动态把握技术成熟状态，实时调整新经济产业政策，提高产业政策的“精准度”，增强经济发展新动能。促进金融资本与科技资源的对接，完善科技金融支撑体系，吸纳、集聚、整合国际国内资金、技术和人才等优势要素，建立完备的金融服务体系和科技创新体系。

五 广深共建国际性综合交通枢纽

（一）紧扣大湾区交通战略布局

长期以来，珠三角是一个相对独立的经济区域，广州因为位于珠江口两岸的A字形空间经济联系结构的顶点，依托省会城市的独特条件，在经济联系方面获得了独一无二的地理区位优势。这个优势为广州的经济社会发展带来了积极的促进作用。尽管改革开放之后，香港、澳门加入了珠三角的发展进程，形成了大珠三角格局，但是，受“一国两制”的制度区隔和交通网络的隔离，广州的地理区位优势并没有受到根本性的冲击。粤港澳大湾区建设将会导致上述格局发生重大改变。这种改变主要是由大湾区交通网络的变化而引起的。一是，香港已经借助于深港高铁融入了国家高铁网络。澳门也将借由城市轻轨进入大湾区轨道交通网络。深圳与香港的互动、珠海与澳门的互动将会不断增强。二是，港珠澳大桥开通运营，扩大了香港在珠江西岸的市场区域，香港与珠海、澳门的互动将显著增强。三是，未来深中通道、伶仃洋公路铁路两用大桥的建设，将使得珠江口东西两岸的互动空前增强，深圳向珠江西岸的辐射范围显著增大。上述一系列已经发生和即将发生的变化，必然导致粤港澳大湾区内部的空间经济联系出现根本性的变化，由此将导致广州地理区位优势的弱化。

基于这种判断，广州要继续保持其区位优势，不能局限于搞好自身的内部交通体系建设，而是要放眼大湾区整体交通战略大局，积极融入大湾区交通规划，强化与深圳、香港等大湾区核心城市的联结度，通过强强联合来提升自身的交通枢纽能级。因此，广州必须牢固树立以交通基础设施建设打通要素流动障碍，进而为粤港澳大湾区协同发展提供基础的理念，以服务粤港澳大湾区为立足点，以建设全球城市为新要求，打造全面覆盖粤港澳大湾区、有效联通全国、辐射全球的综合交通枢纽，助力粤港澳大湾区多极网络联动发展格局的形成。

一是要以促进要素快速流动为目标，在粤港澳大湾区范围内推动公路与铁路之间人流和物流的快速转换。影响城市之间相互联系的交通方式主要是公路和铁路。从目前广州客运和货运情况来看，其过多依赖公路的运输作用，而对铁路的利用率较低。与此同时，随着“环线＋放射线”珠三角城际铁路网建设的进一步推进，环粤港澳大湾区的城际轨道网将得到完善，通勤效率也将大大提高。因此，在公路建设无法满足粤港澳大湾区人流和物流快速流动需求的情况下，应当加强公路与铁路之间人流和货流的转换，将公路的客运功能和货运功能逐渐转移到铁路，以缓解公路运输的压力，同时提高铁路运输利用效率。

二是要推动粤港澳大湾区互利合作，提升广州与粤港澳大湾区交通网络整体水平。首先是加强广州与港澳城市之间的联通，以港珠澳大桥为主要连接通道，简化港澳通关手续，推行“一站式”通关服务，提高通关效率，进而促进三地之间的信息交流，加快要素流动。这也将有利于加强广州与香港、澳门之间的深度合作，强化优势互补，为港澳融入粤港澳大湾区的发展创造条件。其次是推进广州与珠三角城市之间的铁路联系，完善环大湾区的城际轨道网，加快推进穗莞深城际、广佛环城际等城际轨道项目的建设，以建成“一小时城轨交通圈”。（贾善铭等，

2019）随着城际轨道网的完善，广州将加强与粤港澳大湾区城市之间的经济联系，促进不同领域的协作交流，从而辐射带动粤东西北以及粤港澳大湾区的经济增长，推动粤港澳大湾区的协同发展。最后是要以建设全球城市为目标，提高广州交通基础设施互联互通能力。要将粤港澳大湾区与"一带一路"建设紧密结合，提升航空运输能力，加快环珠江口的港口整合力度，推动重载铁路建设，进一步提升广州联通全国、辐射全球的航运能力，为广州拓展经济发展腹地、在全球配置要素提供支撑。

（二）重点建设轨道交通连接体系

大湾区传统的发展核为广佛、港深双极，未来随着西岸的迅速崛起，多层次、网络化交通设施加快完善，以及国家级新区、广东自由贸易试验区、新城新区等高端发展资源往环珠江口湾区集聚，大湾区逐渐由"两极拉动"向"三极拉动、两圈拓展、轴带支撑"转变。其中"三极"为广州—佛山、香港—深圳、澳门—珠海三大发展极；"两圈"为环珠江口现代服务业集聚区（内圈）、珠江东岸知识密集型产业走廊和珠江西岸先进装备制造产业带（外圈）；"轴带"为六条区域经济发展轴带。

粤港澳大湾区开发模式与空间格局的转变对轨道交通体系的线网规模与技术提出了更高要求。目前，广州与深圳之间城际联系需求旺盛，占用大量铁路通道资源，广深港客专、广深四线两条铁路通道的利用率均已超过77%。（邵源、黄启翔，2019）可以考虑在既有16条、长1430km，速度标准为200km/h及以下的城际铁路网基础上，将重要通道规划建设为350km/h的高标准制式，提升城际客运效率。（景国胜等，2019）加密湾区内各个中心极点的交流通道，加强湾区内互联互通。

由于深圳—香港和珠海—澳门两个大湾区极点与广州地理阻隔，广州宜经由东莞、中山建立衔接以上两个极点的快速轨道交通体系，构建大湾区发展极点的三驾马车。（任祥，2019）从东部看，广莞两市分别位于珠江—西江经济带腹地，广莞两市相互作用强度仅次于广佛两市，同时东莞市可作为广州与深圳—香港极点之间交流的纽带。应研究开辟多条轨道交通快速衔接通道，填补两市轨道交通衔接体系东西直接联系的空白。从南部来看，南沙自贸区作为广州的城市副中心，具备进一步拓展至珠海—澳门极点的条件，应考虑在城际铁路规划基础上补充常态化、公交化运营的市域快线联系。

从总体布局上说，广州要积极谋划和参与湾区轨道交通干线的建设，其中，需要重点关注的包括如下几个方面。（1）联结粤港澳三大机场和沿线重要产业和城市区域高速城轨线路。重要节点包括白云机场、广州南沙、东莞、深圳机场、前海、深圳高新园、华为总部、坪地、惠州仲恺高新区、博罗县、惠州市区、惠州机场。（2）联结深圳中心区域与深汕合作区沿线主要区域的高速城轨。途经深圳前海、福田区/罗湖区、龙岗区、坪山区、惠州南站、惠州机场、惠东、深汕合作区。（3）联结广深科技走廊暨滨海重要产业和城市区域高速城轨。途经珠海、中山、佛山、广州南沙、东莞市区、松山湖、塘厦、华为总部、布吉、罗湖区、盐田区、大鹏新区、大亚湾、惠东。支线联系肇庆、江门。（4）联结深港与北向核心腹地的高速城轨。途经香港、福田区、龙华区（不接驳深圳北站）、清溪、陈江、博罗。（5）联结湾区中线广州、东莞和深圳高新区等区域的高速城轨。途经广州白云机场、天河区、东莞厚街、深圳光明区、石岩街道、南山西丽、深圳高新园等。[①]

为实现高铁进中心区，提升广深港发展主轴，打造湾区门户枢纽，可以考虑两个重点规划方案。（1）延伸广深港高铁至广州站，实现深港至广州中心区1小时互达。延伸段线路由广州南站至广州站（23km），西九龙至广州站（长170km），旅行时间约60分钟。（景国胜等，2019）实现广州南站、广州站、广州东站、棠溪站、北站五座大型枢纽互联互通，

---

① 谢志岿：《粤港澳大湾区需要什么样的城际轨道交通》，《深圳特区报》2019年7月2日，B06版。

高效组织运营。（2）规划研究广深第二高铁，实现莞深至广州中心区1小时互达。新建线路始于深圳机场，经东莞松山湖引入广州东部新客站，深圳机场至广州东部新客站全长约165km，旅行时间约45分钟。在广州东部新客站继续向北衔接广河高铁、经机场至北站衔接广永高铁；通过联络线衔接广深五六线至广州东站。

（三）充分利用南沙大平台

2019年以来，南沙的交通枢纽地位日益凸显。4月，南沙大桥正式开通，承载起珠江东西两岸过江通道的重任。未来，贯穿中山、珠海的广州地铁18号线将途经南沙，建成后，从南沙至珠江新城仅需半小时，南沙将成为联通广州中心城区和中山、珠海两市的枢纽。过去，南沙曾是广州对外向海的重要窗口。步入湾区时代，对南沙的交通功能定位也提出了新要求，由原先依靠港口进行海洋交流，向依靠轨道打通湾区互联转变。南沙正成为广州与湾区其他城市的连接点，它将成为广深合作的重要阵地。

南沙与前海相隔一条珠江，距离很近，深中通道2024年通车后往来时间十多分钟即可互达，交通便捷将使两区域在更多领域产生更深层次的合作，深圳高端产业效应以及雄厚的资金利于南沙，南沙庞大的土地空间利于深圳，对于南沙来说更是难得的新机遇，借深圳前海带动南沙再向上实现新突破。[①] 未来可以谋划南沙至深圳、香港直达新通道，即香港机场（城区）—前海—宝安机场—中南虎城际虎门站，实现南沙副中心与香港30分钟互达。可利用中南虎城际虎门站过江至南沙站，新建线路全长72km，将香港至深圳的规划西部快轨延伸至南沙枢纽，实现南沙地区与深圳机场、前海自贸区、香港的快速联结。

---

① 柳时强、郑慧梓：《南沙：拥抱深圳》，《南方日报》2019年9月12日，A01版。

六　广深的产业竞争与分工合作

广州与深圳作为大湾区核心城市，GDP 在大湾区中的占比均为 20% 左右。从《大湾区规划纲要》赋予广州、深圳的目标定位和重点任务来看，两者重合度较高，如推进湾区科技创新走廊建设、提升国际航运综合服务功能、增强机场的国际竞争力、推进空港经济区发展、建设国际性综合交通枢纽、共建粤港澳重大合作平台等。近年来，深圳利用毗邻香港的区位优势，一方面积极倡导深港深度合作，挤压了穗港合作的空间，另一方面通过建设深中通道等重大项目，将经济辐射范围进一步拓展，这些举措都给广州带来了不小的压力。广州在推进大湾区建设的过程中，必须考虑如何与深圳实现错位发展，发挥比较优势做精做强。因此，有必要从大湾区整体上考察广州和深圳产业的比较优势所在。

（一）广深在大湾区中的产业优势

湾区内各城市发展阶段各有差异。广州、深圳、香港和澳门人均 GDP、城市化率等指标均已步入发达经济阶段，经济发展逐渐以科技创新为主。粤港澳大湾区是我国制造业的重要基地，珠三角城市的制造业专业化的整体水平较港澳高出许多，佛山、东莞等城市的专业化水平最高，深圳、珠海次之，而广州作为广东省的省会城市，商贸服务业较为发达，制造业专业化水平较其他城市偏低。

从李人可（2019）的研究中可以看出，深圳、惠州、东莞在电子信息产业具有较高的区位熵，产业集中度较为明显。深圳、惠州和东莞均以电子信息产业为支柱产业，华为、中兴、大疆等国际顶尖电子信息厂商均布局在深莞惠城市圈内。石油化工以广州、珠海、惠州为主，广州作为广东省的省会城市，有众多大型国企、央企落户，其中不乏中石油等石油化工企业，而惠州作为港口城市，海运便利，同时临近深圳、广州等珠三角核心城市，这些城市在快速工业化和城市化过程中对石油等能源需求巨大，惠州背靠广阔的能源消耗市场，因此得以快速发展石油化工行业。广州、珠海、中山在医药制造行业处于领先地位，广州规划了“生物谷”等生物医药行业产业园区，并将生物医药作为重要的新兴产业进行培育和发展。同时广州和珠海分别拥有南沙和横琴国家级自贸区，在医药制造业发展方面优势明显。广州汽车制造业专业化水平较高，不仅拥有广汽作为重要的汽车制造基地，坐拥本田、日产、丰田三大国际著名整车制造企业，在开发区、黄埔、花都和增城都有大型整车制造基地，而且还不断布局汽车零部件制造等产业链，大力发展新能源汽车制造，因此广州汽车制造业具有较大优势。

随着科技的发展和产业的不断升级，产业之间的界限正在逐渐被打破。珠三角城市群在九大产业各有优势，可以通过产业之间的相互学习合作，不断突破产业之间的界限，加速城市之间产业的互补合作，推动大湾区城市群的产业协同发展。具体来看，从产业链角度看，珠三角地区形成了比较集中的生产基地，主要有以东莞、深圳、广州和惠州为中心的电子计算机制造基地；深圳依靠华为等大型企业，是重要的通信设备制造基地；以广州、深圳、珠海、东莞为中心，佛山、肇庆等地各有侧重的集成电路产业基地。

在服务业的各项细分行业内，香港、广州和深圳在批发和零售业、交通运输、仓储和邮政业等生产性服务业领域均具有较高的集中度。深圳和香港在信息传输、软件和信息技术服务业上较为领先，这与深圳打造完善的电子信息产业发展空间和香港的电子科技快速发展密切相关。而广州与香港在科学研究、技术服务业和教育业的集中度是湾区内最高的，因此广、深、港等城市可在教育、科技研发、产业布局、技术服务等一系列产业链中互补和协作。

总体来看，粤港澳大湾区内细分行业的专业化程度各不相同，城市之间各有其独特的优势产业，不同产业之间的产业发展程度差距较大，这为大湾区城市群的产业互补和协调发展奠定了基础。

（二）广深的产业分工合作

1. 港口航运业

包括广州港、深圳港、香港港在内的大湾区港口群现已成为全球货运量最庞大的港口群。广州港是综合性主枢纽港，是中国最大的内贸集装箱枢纽港，南沙港区2018年的集装箱吞吐量仅次于上海的洋山港区，居国内单一港区第二位。深圳港是华南地区最大的外贸集装箱运输门户。广州港的主要不足是航运金融、海事法律与仲裁等配套服务业发展滞后，而深圳港的主要不足则是以集装箱业务为主，港口发展受海岸线及土地资源的制约。未来，首先需推进大湾区航运联盟建设，促进形成互惠共赢的港口、航运、物流、配套服务体系，推广国际贸易“单一窗口”，推动全天候通关通航和智能化协同监管，建设完善多式联运、一站式运转平台，通过经营上的合作提升大湾区港口群的国际竞争力。其次，要依据广深各港的优势实现港口的分工协调和错位发展。广州港拥有全球规模最大的散货运输船队和特种船运输船队，先后取得了中山港主体企业中山港航集团52.51%的股权和高明港40%的股权，在珠江口西岸的主导地位已确立，今后需对标先进国际航运中心，提升口岸和高端航运服务水平。深圳港盐田港区天然航道水深达17.6米，世界最大的20万吨级集装箱船舶可全天候进出，可把重点放在吸引珠江口东岸和江西南部腹地的货物上来，以技术性体系让水路、铁路转运更顺畅便利，重点发展成为珠江口东岸和江西南部腹地货物进出口海港。

2. 现代金融服务业

一是加强广州区域性金融中心建设。在促进跨境投融资便利、推动企业赴港上市等方面加强大湾区金融合作交流和规则对接。2019年3月，上海证券交易所南方中心揭牌，落户广州；6月，深圳证券交易所广州服务基地落户广州。（黄小晶，2019）当下，广州尤其需夯实央企国际化基金财务管理中心、全国私募股权交易中心的地位，差异化发展广州南沙和天河等金融服务业高地，建设包括中国新央企运营投资基金管理（广州）有限公司运营管理中心、中国银河金融控股有限责任公司南方总部、中证机构间报价系统股份有限公司南方运营中心，以及永久落户明珠湾的国际金融论坛等金融平台。二是充分发挥深圳区域性金融中心的作用。继续重点发展股份制银行、证券业和对口香港的人民币国际化后台，差异化发展前海和福田等金融服务业高地，重点发展证券业、投行、股份制银行、人民币国际化后台、保险业等金融业务实体，把深圳证券交易所打造成大湾区创新资本形成中心。

3. 战略性新兴产业

以高新技术、高附加值为代表的战略性新兴产业，不仅处于产业链核心、价值链高端，而且是现代产业体系的脊梁。广州要在厚植电子、汽车、石化三大支柱产业基础上，做大做强 IAB、NEM 等战略性新兴产业，加快形成先进制造业、战略性新兴产业、现代服务业有机互动、协同发展的产业体系。通过聚焦新一代信息技术、人工智能、生物医药等 IAB 产业和新能源、新材料等 NEM 产业，争取在生命科学、细胞治疗、集成电路、物联网等领域形成一批并跑、领跑的创新成果，在国家战略科技和原始创新中占据一席之地。瞄准量子通信、干细胞与再生医学、纳米技术、脑科学、航空航天等前沿领域，加强重大共性技术和关键核心技术攻关，努力在全球新的产业分工中确立主导权，在新的产业秩序中形成话语权，在全球价值链中占据高端位置。

参考文献

陈章喜、徐通：《珠三角城市群战略实施以来的效率评价》，《经济地理》2011 年第 11 期。

董志国、张培岭、陈燕、刘红杏、卢成龙：《粤港澳大湾区交通空间研究及发展建议》，载《创新驱动与智慧发展——2018 年中国城市交通规划年会论文集》，中国建筑工业出版社，2018。

黄小晶：《深化穗深港澳合作机制建设 焕发广州老城市新活力》，《广东经济》2019 年第 12 期。

贾善铭、王亚丽、位晓琳：《粤港澳大湾区多极增长格局下广州交通发展对策的思考》，

《城市观察》2019 年第 1 期。
景国胜、黄荣新、徐士伟、叶树峰：《粤港澳大湾区轨道交通体系发展的思考》，《城市交通》2019 年第 3 期。
李人可：《粤港澳大湾区城市群产业互补性分析及协同路径创新》，《新经济》2019 年第 11 期。
任祥：《粤港澳大湾区背景下广州市与周边城市轨道交通衔接的研究》，《产业导向》2019 年第 8 期。
邵源、黄启翔：《深圳视角下的粤港澳大湾区交通战略规划思考》，《交通与港航》2019 年第 1 期。
王少剑、高爽、王宇渠：《基于流空间视角的城市群空间结构研究——以珠三角城市群为例》，《地理研究》2019 年第 38 期。
郑国雄、王眉：《广深科技创新走廊建设背景下广州与深圳科技创新能力对比研究》，《科技和产业》2019 年第 19 期。
Chen, K. & Kenney, M. "Universities/Research Institutes and Regional Innovation Systems: The Cases of Beijing and Shenzhen", *World Development*, 2007, 35 (6): 1056 - 1074.

分 报 告

• 科技创新篇 •

粤港澳大湾区科技创新协同发展机制研究

丁焕峰　周锐波　刘小勇*

摘　要： 探索粤港澳大湾区科技创新协同机制，形成开放型区域协同创新共同体，是促进粤港澳大湾区城市功能互补、产业错位布局和特色化发展，推动创新链和产业链融合发展，实现粤港澳大湾区高质量发展的关键，有利于粤港澳大湾区和深圳中国特色社会主义先行示范区建设取得扎实成效。本报告认为，应充分发挥粤港澳大湾区的科技和产业优势，深化港澳与内地合作，科学识别粤港澳大湾区的独特资源和优势特色，构建粤港澳大湾区科技创新协同机制，并提出粤港澳大湾区科技创新协同策略与对策建议。

关键词： 科技创新　粤港澳大湾区　科技创新协同发展机制

引　言

粤港澳大湾区科技协同创新是粤港澳大湾区建成世界级城市群、国际科技创新中心和“一带一路”建设重要支撑的基本要求，也是支持深

* 丁焕峰，理学博士，华南理工大学经济与贸易学院教授/博士生导师，主要研究领域为区域创新与产业发展；周锐波，理学博士，华南理工大学经济与贸易学院副教授；刘小勇，经济学博士，华南理工大学经济与贸易学院副教授。

圳建设中国特色社会主义先行示范区的关键驱动力量。加强粤港澳科技创新合作，探索科技创新协同模式，形成开放型区域协同创新共同体，是促进粤港澳大湾区城市功能互补、产业错位布局和特色化发展，推动创新链和产业链融合发展，实现粤港澳大湾区高质量发展典范的关键，有利于粤港澳大湾区和深圳中国特色社会主义先行示范区建设取得扎实成效。

本报告在深入学习贯彻习近平总书记对广东、深圳的重要讲话以及重要指示批示精神，认真落实《粤港澳大湾区发展规划纲要》《中共中央、国务院关于支持深圳建设中国特色社会主义先行示范区的意见》及广东省委、省政府有关部署的基础上，科学识别粤港澳大湾区的独特资源和优势特色，充分发挥粤港澳大湾区的科技和产业优势，深化港澳与内地合作，提升全球科技创新资源的配置能力，推动香港、澳门融入国家创新体系。主要包括三个方面的研究内容：①粤港澳大湾区科技创新协同环境、发展现状与科技创新政策；②粤港澳大湾区科技创新协同机制构建；③粤港澳大湾区科技创新协同策略与对策建议。

一　粤港澳大湾区科技创新协同发展环境基础与机遇挑战

粤港澳大湾区坐拥天然地理优势，以珠江口为依托，聚集了珠江三角洲的9个城市和2个特别行政区，是我国开放程度最高、经济活力最强的区域之一，在国家发展大局中具有重要战略地位。开放和创新是粤港澳大湾区发展的重要目标，在中国深化改革以及坚持创新为第一动力的大背景下，粤港澳合作不断深化，粤港澳大湾区经济实力、区域竞争力显著增强，已具备建成国际一流湾区和世界级城市群的基础条件。

（一）粤港澳大湾区科技创新协同发展环境基础

1. 粤港澳大湾区是我国开放程度最高、经济活力最强的区域

（1）粤港澳大湾区拥有天然港湾开放型区位优势。粤港澳大湾区有

拥海抱湾连河的天然地理条件，具有得天独厚的港口开放经济优势。而且三面环陆，连接东盟，具有漫长的海岸线，地理区位优势使大湾区成为连接国内外市场的重要枢纽、参与国际分工的桥头堡以及建设“21世纪海上丝绸之路”的重要区域性节点。因湾区存在而形成的对外开放“共同作用力”和更短的对外开放距离，使粤港澳大湾区极具国际吸引力。

（2）粤港澳大湾区具有极强的开放经济基础。粤港澳大湾区拥有三个全球十大集装箱港口、多个世界级的空港群以及较早设立的中国（广东）自由贸易试验区。2018年粤港澳大湾区港口集装箱吞吐量约为7441.9万标准箱，湾区五大国际机场的年旅客吞吐量为2.15亿人次。[①] 高进出口贸易额与多方贸易伙伴也显示出粤港澳大湾区的开放经济极具活力，2018年珠江三角洲地区进出口贸易总额达1.04万亿美元，约占中国进出口贸易总额的40%[②]。

（3）粤港澳大湾区极具区域经济活力。2018年粤港澳大湾区创造了超过16419.7亿美元的生产总值，占全国GDP的11.97%，人均GDP超23075美元[③]，达到了世界高收入国家的收入标准，以现代服务业为中心的香港和澳门的第三产业占比最高。2018年珠江三角洲地区实际使用外商直接投资金额超204.6亿美元[④]，珠江三角洲地区是外商直接投资的重要集聚地。粤港澳大湾区拥有较强的市场意识和完备的市场体系，形成了一套与国际社会接轨的市场制度和营商环境，港澳特别行政区是全球自由市场经济体，自由的营商环境吸引了一大批全球知名企业入驻，多元化的融资渠道、活跃的市场经济和开放的营商环境与外商直接投资相互配合提升了粤港澳大湾区经济的活跃度。

---

① 香港贸发局：《粤港澳大湾区各市主要经济指标（2018年）》，https://research.hktdc.com/sc/article/MzYzMDE5NZQ5，访问时间：2020年4月16日。

② 广东省统计局等编《广东统计年鉴2019》，中国统计出版社，2019。

③ 同①。

④ 同①。

2. 粤港澳大湾区是深化内地与港澳合作的重要区域

（1）改革开放初期，粤港澳地区自发进行民间合作。改革开放初期，香港凭借着自由的营商环境和资本环境成为中国内地接触世界资本和技术的窗口，而珠江三角洲地区凭着临近香港的区位优势、先行一步的政策优势、低廉的土地租金和劳动力优势，吸引了大量由香港转出的制造业，成了世界制造工厂，粤港之间形成了“前店后厂”式跨境合作服务模式。珠江三角洲地区与港澳地区形成的合作关系为内地与港澳的进一步交流打下了基础。

（2）“前店后厂”模式逐步升级为多元交流合作模式。粤港澳三地政府为降低交流合作门槛签订了《关于建立更紧密经贸关系的安排》（CEPA）协议以及补充协议，逐步开放更多合作机会，刺激粤港澳地区的服务贸易、货物贸易模式升级，随后还出台了《珠江三角洲地区改革发展规划纲要》《关于深化泛珠三角区域合作的指导意见》《粤港澳大湾区发展规划纲要》等制度性文件，创新性政策在一定程度上突破了制度性障碍造成的合作困难，推进了粤港澳地区的合作，以港澳地区发达的服务经济带动珠江三角洲地区产业升级转型，珠江三角洲地区的活跃实体经济吸引了港澳地区优秀人才。粤港澳地区是内地与港澳合作的示范区，大湾区可以珠江—西江经济带为腹地，加快产业梯度转型，带动中南、西南地区发展，逐步辐射内地其他城市。

3. 粤港澳大湾区创新要素集聚，具备建设国际科技创新中心基础

（1）粤港澳大湾区拥有丰富的人才池以及创新载体。粤港澳大湾区高校和科研机构资源丰富，湾区共有 162 所高等院校，占全国高等院校总数的 6%，其中 5 所被列为 QS 世界 200 强大学，还拥有 202 万名普通高等教育在校学生。高校和科研机构作为科技创新的基石，是新知识产生的载体和创新人才集聚的地方，能够促进新技术和创新企业的产生。优秀人才通过创新载体或平台进一步推动了创新要素的集聚。粤港澳大湾区共有 55 家国家重点实验室或伙伴实验室，77 家国家企业技术中心，

64家国家级科技企业孵化器。一批高质量建设的各类创新载体和平台为粤港澳大湾区提供了创新支撑动力。

（2）粤港澳大湾区拥有一批市场认可度高的高新技术企业。企业是科技创新活动最主要的参与者，是研发活动的主要投入者。粤港澳大湾区拥有22489家高新技术企业、17家世界500强企业和一批崭露头角的创新型企业，企业研发投入占全社会R&D投入高达85%。华为、大疆等代表高新技术行业，腾讯、网易等代表互联网行业，平安保险等代表金融保险行业，广汽集团、比亚迪等代表先进制造业行业，这些企业表明粤港澳大湾区产业结构多元，新兴产业表现突出。创新型企业和龙头企业以其高研发投入带动了其他企业共同发展并且推动湾区企业整体创新水平的提升。

（3）粤港澳大湾区创新投入大，投入强度高。创新投入是创新产出的必要条件，高创新投入为创新实力提升提供了有力保障，为国际科技创新中心建设奠定了稳固基础。2017年广东省R&D总支出超2343.63亿元，R&D投入占GDP比重为2.61%，已达到中等发达国家水平，占全国R&D支出的13.26%，其中企业的R&D投入超2047.59亿元，占全社会R&D投入的87.36%，高等学校的R&D投入为137.53亿元，占5.86%，科研机构的R&D投入为83.84亿元，占3.57%①。

（二）粤港澳大湾区科技创新协同发展机遇和挑战

1. 机遇

（1）深化改革开放，中国经济高质量发展。经过40年来的改革开放，中国形成了规模巨大的产能，还积累了十分可观的科技创新能量。坚定不移地走改革开放道路，国家自主创新区和国家自由贸易试验区的实施促使改革进程不断深化，深入推进供给侧改革，促使中国经济在高

① 广东省统计局等编《广东省统计年鉴2019》，中国统计出版社，2019。

不确定性的外部环境下仍然保持稳定高质量增长。创新性的政策与改革推动经济发展质量变革、效率变革、动力变革，为大湾区转型发展、创新发展注入了新活力。全面深化改革取得重大突破，国家治理体系和治理能力现代化水平明显提高，为创新大湾区合作发展体制机制、破解合作发展中的矛盾提供了新契机。

（2）新一轮科技革命和产业革命改变全球经济格局。新一轮科技革命和产业革命为大湾区科技创新发展提供了新契机。新一轮科技革命以人工智能、互联网、大数据与传统的物理、化学、机械等学科相结合为契机，正加速演进，由此推动了金融科技行业、生物医药工程产业等新兴产业的诞生。从产业革命的历史经验看，新兴产业革命不仅改变了世界生产格局和推动生产力的发展，并且极大地拓展了世界经济发展的空间，更重要的是，催生与之相对应的新经济结构，随之而来的可能是世界经济发展格局的重塑。粤港澳大湾区生物医药业、先进制造业、移动通信业等行业处于快速增长阶段，可借助新一轮科技革命和产业革命新机遇，成为世界经济发展潮流的领跑者。

（3）“一带一路”深入推进，全面拓展，为粤港澳大湾区构建全面开放格局提供了难得的机遇。“一带一路”倡议加强了共建国家之间的经济交流和商贸合作，刺激了航运需求并推动航运事业的创新与发展，推进区域开放。粤港澳大湾区是距离“21 世纪海上丝绸之路”最近地理节点的经济发达区域，拥有现代化铁路物流网络和密集的海上运输航线系统与网络，其航运航海事业会从中获取养分并以此为契机推动大湾区全面开放发展。而且广东省制造业在“前店后厂”的模式下飞速发展，目前正处于转型升级的关键时刻，港澳服务行业不断发展升级，若借助“一带一路”的市场和资源，粤港澳大湾区将重塑发展动力，实现互利共赢的局面。

2. 挑战

（1）科技创新资源分布不均，科技溢出效应较弱。目前粤港澳大湾区经济基础较好，整体创新要素丰富，创新平台和载体众多，但区域内部存在创新资源分布较不均匀和创新资源配置落差较大等问题，例如粤港澳大湾区内优秀的高校资源较多落在了广州、深圳、香港，广州拥有最多的国家重点实验室和国家级科技企业孵化中心，其他城市的创新要素集聚程度和创新能力虽然有所增长，但与广州、深圳、香港相比仍有较大的差距，这可能会造成交流成本的上升，从而导致科技溢出效应的减弱。

（2）面临多种制度差异和法律差异，阻碍创新要素自由流动。粤港澳大湾区目前面临着“一个国家、两种制度、三种货币、三个独立关税区和三种法律制度”挑战下如何进行跨境合作与区域协同的困境。港澳与广东省9个城市的经济、政治、税收等制度不同，法律相异，又存在三种货币，分属三个独立关税区。制度差异可能会产生“制度门槛”，为了适应不同的制度而投入更多的人力资本和物质资源，而且制度差异可能限制部分类别商品和服务的跨区域交易，不利于区域内的人力资源、资金、信息等创新要素的跨区域流动和优化配置，直接影响各类资源与要素区域配置的效率与效益。法律体系的差异可能导致三方解决经济纠纷和矛盾争端的成本上升，从而限制三方的商品贸易和服务贸易交流。

（3）科技保护主义抬头，国际产业竞争激烈。粤港澳大湾区还面临着贸易保护主义和国际产业竞争激烈的挑战。贸易保护主义设置高关税壁垒，限制自由贸易，导致多边贸易体制受到重挫，开放进程减缓甚至停滞。随着粤港澳大湾区全面开放进程加速，其遇到的国际产业竞争的激烈程度不断增大。目前粤港澳大湾区受到两端产业挤压，一端是价值链低端的加工环节以及传统制造业，珠江三角洲地区随着人口出生率的降低以及人口老龄化的增长，逐渐消失人口红利优势，受到东南亚等国家低人力成本的打击；另一端是价值链高端自主设计环节以及高新技术产业，粤港澳大湾区中港澳地区注重服务业的发展，制造业比重极低，注重金融业发展而缺乏实体经济的支撑；珠江三角洲地区制造业发达，但大多处于中下游价值链以及偏劳动密集型，高新技术产业起步晚、区域发展不平衡，总体而言与全球相比存在巨大的差距。外部贸易环境的恶化和国际产业竞争的加剧，给粤港澳大湾区开放型经济发展带来一定风险和挑战。

二　粤港澳大湾区科技创新协同发展现状与特色识别

（一）粤港澳大湾区科技创新协同发展现状

1. 协同创新具有良好的合作基础

第一，香港、澳门与珠江三角洲地区九市地理相近、文化同源、人缘相亲、民俗相近、优势互补。

第二，区位优势明显，粤港澳大湾区地处我国沿海开放前沿，以泛珠江三角洲区域为广阔发展腹地，在“一带一路”建设中具有重要地位。

第三，粤港澳大湾区交通便利，拥有香港国际航运中心和吞吐量位居世界前列的广州、深圳等重要港口，以及香港、广州、深圳等具有国际影响力的航空枢纽，便捷高效的现代综合交通运输体系正在加速形成。

第四，粤港澳大湾区经济实力雄厚，产业体系完备，协同创新有坚实的经济基础。

第五，近年来，粤港澳合作不断深化，基础设施、投资贸易、金融服务、科技教育、休闲旅游、生态环保、社会服务等领域合作成效显著，已经形成了多层次、全方位的合作格局。

2. 协同创新进入关键发展阶段

伴随着改革开放，粤港澳大湾区发展经历了三个阶段：

一是要素驱动阶段。生产成本竞争驱动制造业内部分工和全球转移，新兴国家或地区通过OEM、外包等合作方式承接全球产业转移并不断形成产业集聚。珠江三角洲地区凭借先行的制度优势、充足廉价的土地和劳动力资源、毗邻港澳的地缘优势和社会文化相同的人文优势，创造了优势互补的“前店后厂”跨境一体化的经济发展模式。

二是投资驱动阶段。产业的不断发展需要完善的基础设施网络、生产供应体系和综合配套服务能力，价值链前后两端环节不断从制造业中分离出来并在城市中心集聚，在金融资本主导时期表现为规模化和中心化趋势，城市化快速推进，规模效应和综合效应不断显现。

三是创新驱动阶段。粤港澳大湾区已经进入创新驱动发展的关键时期，科技创新将是粤港澳大湾区参与全球竞争的核心竞争力。对《粤港澳大湾区发展规划纲要》进行词频搜索发现，《纲要》中出现频率最高的三个词分别是“合作”169 次，“创新”130 次和“国际”105 次。对比近期国家级的另外两个规划，雄安新区的高频词是“生态”“创新”和“公共”；长三角的高频词是“创新”“生态”和“环境”。可见，协同创新是国家赋予粤港澳大湾区发展的核心任务。

3. 创新驱动型经济能量迅速迸发

随着产业不断转型升级，粤港澳大湾区的创新发展能力和创新型经济能量迅速迸发。粤港澳大湾区在世界上最具影响力的“Web of Science”核心合集数据库上发文量逐年上升，从 1990 年的 1352 篇迅速增加到 2016 年的 56868 篇。2019 年《财富》评出的世界 500 强中，129 家企业来自中国，粤港澳大湾区的企业则有 20 家，深圳、香港各占 7 家；国内 500 强企业中，总部设在粤港澳大湾区的企业有 86 家，占比近 1/5，总部在深圳的企业最多，共有 32 家，涉及金融业、房地产、互联网、制造业等领域，呈现出强劲的发展动力和创新能力，也是大湾区经济高质量发展的写照。

4. 创新驱动发展战略不断深化

粤港澳大湾区不断深入实施创新驱动发展战略，共建国际科技创新中心，新旧动能加快转换。2018 年，广东省发明授权专利达 5.33 万件①，PCT 国际专利申请量约占全国一半，技术自给率达 73%，区域创新综合

① 广东省统计局等编《广东省统计年鉴 2019》，中国统计出版社，2019。

能力排名保持全国第一。中国首台散裂中子源装置在东莞正式投入运行，江门中微子实验站等大科学装置顺利推进。新筹建 9 家省级制造业创新中心，新增新型研发机构 25 家、科技企业孵化器 89 家、众创空间 151 家，规模以上工业企业建立研发机构比例达 38%。国家级高新技术企业数量超过 4 万家，总数、总收入、净利润等均居全国第一。智能电视、工业机器人、新能源汽车产量分别增长 17%、28%、206%，新经济增加值占地区生产总值比重达 25.5%。

5. 体制改革和创新政策利好不断

《粤港澳大湾区发展规划纲要》明确提出，粤港澳大湾区要建设具有全球影响力的国际科技创新中心，建成全球科技创新高地和新兴产业重要策源地。《中共中央　国务院关于支持深圳建设中国特色社会主义先行示范区的意见》支持深圳建设中国特色社会主义先行示范区。近年来，粤港澳大湾区依托“一国、两制、三个关税区、三种货币”制度优势，积极探索各种体制机制创新。2008 年，深圳率先获得“国家科技创新型城市”。2014 年，国务院批复深圳为国家自主创新示范区。广东省自由贸易试验区于 2014 年 12 月 31 日经国务院正式批准设立，涵盖南沙新区、前海蛇口片区、珠海横琴新区三个片区。2015 年，国务院批复成立珠三角国家自主创新示范区，由广州、珠海、佛山、惠州仲恺、东莞松山湖、中山火炬、江门、肇庆 8 个国家级高新技术产业区构成“1+8”的格局。2018 年 8 月，广东省提出要建设广深科技创新走廊，打造大湾区国际科技创新中心。

（二）粤港澳大湾区科技创新协同发展的特色识别

1. 创新资源内聚型高端化

粤港澳三地科技研发、转化能力突出，拥有一批在全国乃至全球具有重要影响力的高校、科研院所、高新技术企业和国家大科学工程，创新要素吸引力强，具备建设国际科技创新中心的良好基础。粤港澳大湾区是世界级大学、技术领先的创新型企业、技术创新活跃的行业部门等一流科技资源的集聚中心。香港有多家世界级大学，基础研究实力雄厚，澳门在部分领域的科技实力走在国际前列，广州、深圳也有多所国内一流、国际知名的高等院校，深圳、佛山、东莞拥有多家国际著名的高新技术企业。香港、澳门服务业高度发达，珠江三角洲地区九市已初步形成以战略性新兴产业为先导、先进制造业和现代服务业为主体的产业结构，2018 年大湾区经济总量将超过 1.6 万亿美元①。

粤港澳大湾区从全球生产网络关键区域向全球创新网络重要枢纽迈进过程中，城市内部合作网络不断趋于成熟。行业创新空间呈现出明显的簇群特征，“核心—外围”结构特征明显。优势行业大都集中在网络核心，相互之间具有较强的邻近性。以产业链为主体的共生性行业，开始出现集聚的趋势。网络度数和密度逐渐提高，圈层划分愈发明显，深圳作为中心城市的地位也愈显突出。就发展节奏来看，2000 ~ 2005 年网络发展较为缓慢，整个网络还处于较为稀疏的状态，城市互联并未发展太多；然而从 2005 年开始，网络以较快的速度不断发展，不仅网络密度大幅增加，网络双中心的特征也已完全呈现，城市互联有了极大的发展，圈层分布更加明晰。

2. 科技创新应用型产业化

粤港澳大湾区拥有世界上最完备、最先进的生产制造体系和供应链网络，科技成果的产业化、市场化转化迅速。粤港澳大湾区是世界最具活力的创新区域之一，产业链条完善，配套产业齐全，还拥有丰厚的科技创新链中端资源。区域内创新空间和产业空间紧密关联，创新要素有向产业空间趋近的趋势。珠三角范围内，产业带、服务带、科技带相互交叠，联系密切，交流频繁，为创新提供了坚实的基础。

---

① 香港贸发局：《粤港澳大湾区各市主要经济指标（2018 年）》，https://research.hktdc.com/sc/article/MzYzMDE5NZQ5. 访问时间：2020 年 4 月 16 日。

对比世界三大湾区，粤港澳大湾区拥有较为完备的产业体系，并有簇群化、集群化特征。东京湾区以汽车、机械等制造业为主导产业，旧金山湾区以高技术产业为主导产业，纽约湾区则是金融中心、航运中心。粤港澳大湾区不仅拥有金融、航运等服务业，还具备成熟的电子信息、机械装备、生物医药等先进制造业。珠江三角洲地区集聚了 449 家广东制造业 500 强企业，具有较强的制造能力。同时，粤港澳大湾区的产业体系呈现层次分明的梯形特征，既有通信电子信息、新能源汽车、无人机、机器人等接近发达国家水平的高端产业，也有石油化工、服装鞋帽、玩具加工、食品饮料等传统产业，多样化、多层次的产业体系更容易形成融洽的产业关联，有利于形成高效的创新协作关系。以发明专利合作申请来衡量区域间的科技创新合作，2017 年全国的创新合作总量为 120891 次，其中，广东省以城市为合作主体的创新联系为 28683 次，占全国总量的 23.7%；仅发生在广东省内的区域内创新联系就有 17731 次①。可见，不论是区域间创新，还是区域内创新，广东省都在全国创新网络中处于重要的地位。

3. 创新文化包容性强，国际化水平领先

开放、包容的环境，有利于激发创新活力。在生态系统里，小树苗能长成参天大树，离不开良好的自然环境。创新生态系统也是如此，良好的创新环境有利于催生更多创新成果，促进高技术企业诞生、成长。粤港澳大湾区拥有高度开放的创新环境，开放就是“引得进来，走得出去”，引得进国外新技术，去得了国际市场。香港国际化与市场化程度高，是大湾区走向世界、参与国际科技合作的“桥头堡”。澳门是我国最早对外开放的港口，与欧盟、葡语系国家联系密切，加入了 106 项国际公约或多边条约，是引进发达国家先进技术的重要桥梁。大湾区已成为国内外经贸合作、科创合作与交流的重要交汇带，也是深化“一带一路”

---

① 笔者计算所得。

倡议的重要平台，既有利于汇聚全国乃至全球的创新资源，也有利于推进创新企业以及科创成果“走出去”，激发区域内市场主体的创新活力。粤港澳大湾区开放程度高，汇聚了世界各国和全国各地的创新要素与创新主体，久而久之形成了包容性极强的“移民城市”与“移民文化”。

粤港澳大湾区科技创新国际化水平领先。香港实施国际自由港政策，拥有健全的司法制度和知识产权保护制度，能够吸引世界一流的科研人员和科研机构。香港作为国际金融、航运、贸易中心和国际航空枢纽，拥有高度国际化、法治化的营商环境以及遍布全球的商业网络，是全球最自由的经济体之一。香港是国际金融中心、国际贸易中心，各类科研资金募集、顶尖科研设备入境等非常便利。澳门作为世界旅游休闲中心和中国与葡语国家商贸合作服务平台的作用不断强化，多元文化交流的功能日益彰显。珠江三角洲地区九市是中国内地外向度最高的经济区域和对外开放的重要窗口，在全国加快构建开放型经济新体制中具有重要地位和作用。

4. 创新格局多中心廊道化

粤港澳大湾区拥有香港、广州、深圳三大国际化大都市，在区域创新发展中扮演着十分重要的角色，创新功能各有特色，互有补充，呈现出多核心的区域城市结构，具有多核心的支柱功能，表现出城市群区域创新集群差异化分工。香港、广州的高等院校和科研院所在科技创新链前端积累了大量的技术和专利成果，深圳是国际科创成果的孵化基地，香港可提供广阔的投融资平台，珠江三角洲地区有强大的制造业能力，这些都让大湾区拥有广阔的科技成果转化市场。

粤港澳大湾区创新资源高度集聚在三大城市，并在珠江口、内湾区形成了创新发展集聚发展带——广深港澳科技创新发展走廊，可依托广深高速、广深沿江高速、珠三环高速东段、穗莞深城际、佛莞城际等复合型的交通通道，集中粤港澳创新资源，连成一个产业联动、空间联结、功能贯穿的创新经济带，建设成为珠三角国家自主创新示范区核心区。

构建科技创新重要空间载体，打造全球顶尖科技产业创新平台，为珠三角国家自主创新示范区发展提供强大动力。

5. 创新合作双扇面网络化

粤港澳大湾区科技创新的国际化水平较高，国内创新合作联系也非常紧密，形成了面向国际创新合作和面向国内创新合作的两个扇面，是国内外两个创新系统的联系中枢。香港作为国际金融、航运、贸易中心和国际航空枢纽，拥有高度国际化、法治化的营商环境以及遍布全球的商业网络，是全球最自由经济体之一，也是对接全球知识城市的核心城市。广州与深圳是国内重要的生产制造基地和创新合作中心，是国内城市创新合作联系的核心城市。城市内部的合作创新还不够紧密，国内外创新的链接作用还没有充分发挥出来。区域创新系统中，粤港澳大湾区的创新网络联系不断加强，网络关系总数由 2000 年的 12 增长到 2017 年的 3748；网络密度平均值由 2000 年的 0. 2182 增加到 2017 年的 9. 4571①。网络中心城市由单中心（广州）演化为双中心（深圳、广州），中心城市的中心势也不断提高。

6. 创新空间交界型跨域化

粤港澳大湾区拥有独一无二的“一国、两制、三个关税区”的制度资源优势，是科技创新和制度创新“双轮驱动”的绝佳试验田。粤港澳大湾区还拥有 3 个自由贸易试验区片区，以自贸试验区为主要平台大胆推进科研经费过境、人才跨境流动、税收、知识产权保护、高校合作等领域的体制机制创新，破解了区域协同创新的诸多障碍。创新平台利用轨道交通站点和合作创新平台建设，大多出现在轨道交通站点周边或跨市交界地区。如 2017 年深港两地共同签署了《关于港深推进落马洲河套地区共同发展的合作备忘录》，共建深港科技创新合作区。深莞交界的深圳光明科学城和东莞中子科学城联合打造一流的综合性国家科学中心。

---

① 笔者计算所得。

广佛交界的佛山三龙湾高端创新集聚区联合广州南站积极吸纳和集聚创新要素资源，高起点布局高端高新产业，成为推动广佛都市圈再结构化的重要节点。未来科技创新要素的流动将更多地依托于轨道站点，粤港澳大湾区内部的创新平台也大多围绕轨道站点周边布局。

（三）粤港澳大湾区科技创新协同发展的主要问题

1. 创新发展和经济高质量发展水平相对较低

与东京湾区、纽约湾区和旧金山湾区三大世界级湾区相比，粤港澳大湾区在人口集聚、建成区规模、基础设施建设等“硬件”方面的差距不大，但在国际影响力、服务功能、创新能力、环境品质等“软件”方面存在较大差距，高端要素集聚能力和经济高质量发展水平还相对较低。据统计，粤港澳大湾区以1%的土地面积、5%的人口创造出全国10%的GDP及25%的出口，是我国开放程度最高、经济活力最强的地区。在世界四大湾区中，粤港澳大湾区在人口、面积、经济总量上比旧金山湾区都多一点，但以人均GDP和地均GDP相比，粤港澳大湾区跟世界三大湾区还存在相当大的差距。以2018年数据为例，产业结构上，粤港澳大湾区第三产业占比66.1%，低于东京湾区、纽约湾区和旧金山湾区的77.0%、83.5%和72.1%[①]；在地均GDP上，粤港澳大湾区为每平方公里1.65亿元，东京湾区、纽约湾区和旧金山湾区则分别为3.44亿元、4.60亿元和3.09亿元。

2. 核心技术和创新引领能力相对较弱

湾区内部分大企业已形成较为稳定的盈利模式，企业生产经营理念固化，缺乏创新动力，创新投入不足，设立研发机构的积极性不高。数据显示，截至2018年底，珠三角规模以上工业企业设立研发机构的比例

① 香港贸发局：《粤港澳大湾区各市主要经济指标（2018年）》，https://research.hktdc.com/sc/article/MzYzMDE5NZQ5. 访问时间：2020年4月16日。

只有20%，而江苏省的规模以上工业企业设立研发机构的比例高达40%以上。大多数企业技术进步仍然依赖国外技术引进，具有自主知识产权的核心技术相对缺乏。广东省主导产业中拥有自主核心技术的制造业企业不足10%，关键技术和零部件90%以上依赖进口。同时，粤港澳大湾区有大量的中小企业，其中深圳就有近170万家中小企业。多数中小企业受制于人才、技术、资本等要素，没有能力进行自主创新，仍以模仿创新的模式进行“贴牌生产”，虽生产数量较多但仍不具备形成品牌的能力，无法实现利润最大化。

改革开放以来，粤港澳大湾区的产业发展以技术引进、模仿创新、跟随迭代创新为主，原创性、自主性、引领性的核心技术创新能力不足。粤港澳大湾区跻身世界四大湾区，虽是全球技术发明、成果转化等应用创新最为活跃的地区之一，但基础科研、自主创新和核心技术等短板是大湾区可持续发展的最大隐忧。目前，粤港澳大湾区依托较为完善的生产制造体系，在产业技术发明上媲美东京湾都市圈，而在基础研究成果上则远远落后于其他全球创新中心。

根据世界知识产权组织的报告，2017年深圳和香港的PCT申请5年滚动数量连续三年排在全球第二，仅次于世界第一位的东京都市圈。在国内，深圳处于霸主地位，2017年的国际专利PCT申请量约占全国的43.5%，甚至是北京、上海两市之和的两倍。但在科学发现领域，粤港澳大湾区与国内外的主要全球城市、四大湾区都存在较大的差距。以2017年SCI发表的科技论文数量为例，粤港澳大湾区约为10万篇，仅为上海的一半，北京的1/4。可见，粤港澳大湾区要走向高端全球创新中心还有很长的路要走，未来的发展要不断向综合创新中心靠拢，基础科学研究、高水平大学、研究机构建设可能构成创新发展的主线。

3. 科技服务和生产制造的协同相对较弱

香港虽然拥有多所全球知名的大学，但其科技创新面临着科研经费投入不足、科研成果应用转化市场不够、技术试验缺乏完备工业体系支持等一系列困境。香港要想解决科技创新与生产制造环节梗阻的问题，需要进一步融入粤港澳大湾区和内地的生产制造体系及市场体系当中，发挥科技服务、金融服务等生产性服务业与制造业的协同集聚效应，规避产业空间错配的资源效率损失。同时，大湾区金融配套服务支持不足，金融对创新活动的支持力度和金融市场互联互通的程度有待提升。目前，港交所上市公司中大部分为传统产业，新经济行业占比仅为3%，深交所上市公司中的新经济行业占比也仅为12%，都远低于美国纳斯达克市场60%和纽交所47%的比例。粤港澳大湾区现有的区域股权交易市场难以满足众多科技型小微企业的融资需求。珠三角有近两万家高技术企业，其中大部分属于小微企业，资金需求非常大。而深圳前海股权交易中心、广州股权交易中心等区域股权交易市场规模有限，大量小微科技型企业难以通过区域资本市场融资。

4. 东强西弱和东软西硬的格局依然明显

通过改革开放40多年的快速发展，粤港澳大湾区珠江口东西两岸在空间上形成了“东软西硬、东轻西重”的大格局。产业发展早期受香港的带动影响，形成了以深圳—广州为双核的珠江口东岸高新产业发展集聚带，并高度集中在环珠江口的内湾区地带，整体呈现出“内强外弱、东强西弱”的特点。同时，东西岸的产业差异也非常明显，并缺乏较好的协同创新发展。珠江口东岸以深圳、东莞为核心，形成了电子信息产业带（电子产品、通信设备等一些电子信息产业为主），珠江口西岸则以广州、佛山为核心，形成了机械装备制造业走廊（汽车、家电、船舶等机械装备产业为主）。

5. 四大中心城市科技创新合作有待加强

目前，粤港澳大湾区基本形成以香港、广州、深圳、澳门为“四核”的城市群，四大中心城市在产业和功能分工上各具特色，但科技创新合作仍有待加强。“多年竞合中，广深港形成了一定的错位发展格局：港澳具备国际化的科研环境和资本实力，在珠三角对外联系网络中扮演重要角色，但在创新网络中的价值没有真正体现。深圳和广州是粤港澳大湾区城市中创新资源最佳、创新能力最强的城市，其中深圳的 GDP 总量在全省占主导地位，创新发展能力处于湾区甚至全国的领先地位。此外，深圳拥有一批创新能力领先的企业，这些企业各自的发明专利拥有量在湾区企业中占绝对优势，且其自身优越的创新发展条件，在吸引人才和资源、促进创新要素的有效配置和合理流动中发挥着重要作用。另一方面，广州在经济发展的创新能力方面虽略逊于深圳，但是在广东省的合作创新网络中，与深圳同样在网络领导力上占绝对优势，且合作创新能力主要来源于其数量较多的高校和科研院所，这与深圳以企业为主的创新能力发展模式不同。从 2000 ~ 2018 年广深两市专利申请人的构成来看，深圳以企业为主，广州以高校为主。[①] 如何重建“四核”的共赢合作模式，减少无序竞争和资源内耗，充分发挥引领带动作用，是粤港澳大湾区融合发展的关键。

6. 粤港澳三地科技创新制度差异依然较大

粤港澳三地的制度差异大，创新要素的自由流动与创新主体的合作需消除体制障碍。区域内创新合作的制度安排是创新要素自由流动、各创新主体协同共进的重要保障。由于粤港澳三地法律体系、行政制度存在明显差异，且跨境协调机制尚不完善，因此推高了人流、物流、资金流、信息流等要素流动的成本，不利于创新要素与创新主体的跨区域流动。首先，粤港澳三地分属不同的关税区，且城市间、地区间发展不平衡，诉求、利益也不尽相同，一定程度上阻碍了三地协同创新。其次，粤港澳三地所用法系不同，三地在立法、司法、执法方面存在较大差异，市场主体在三地开展创新合作存在法律不确定性。香港的知识产权法律体系比较完备，覆盖了产权申报、评估、认定、保护、纠纷处理等各个

① 郑国雄、王眉：《广深科技创新走廊建设背景下广州与深圳科技创新能力对比研究》，《科技和产业》2019 年第 7 期。

环节，可以有效保护创新主体的合法权益，而内地的知识产权保护体系仍在完善中。粤港澳三地金融市场互联互通的程度较低，香港金融机构进入内地市场的手续烦琐，导致内地高新技术企业难以充分利用香港专业化的金融服务。此外，三地尚未形成科技创新的常态化合作机制，各城市创新发展的规划存在重叠和交叉，易导致重复布局、重复建设，不利于充分利用有限的创新资源。

三　多维度粤港澳大湾区科技创新协同机制构建

（一）多维度粤港澳大湾区科技创新协同机制理论框架

1. 科技创新协同机制理论基础

区域创新研究可溯源至19世纪末马歇尔（Marshall）的产业区（Industrial District）理论，强调产业集聚所产生的外部经济、知识学习作用。20世纪80年代，一些新兴经济增长区域（如意大利）引起了学者的关注。这些区域具有后福特制的生产方式、高度集聚的产业空间、较为紧密的地方网络和较强的协同创新能力，呈现明显的群集性、根植性和网络化特征，库克（Cooke，1992）称之为区域创新系统（Regional Innovation Systems，RIS）。1990年，波特（M. Poter）从弹性专业化、非贸易相互依赖和地方文化等角度，提出“产业集群”（Industrial Cluster）概念并引发研究热潮。这些研究被统称为“新区域主义”（New Regionalism），认为生产活动的地理邻近性、本地网络和面对面交流等，是集群成功和产业创新发展的关键因素，特别重视区域内主体间的互动协作和本地根植性。20世纪90年代末，伴随知识经济发展和全球化的深入，跨国公司通过整合散布在全球的上游供应链、下游客户群和科技创新知识库等各种资源，极大地拓展了传统的生产网络边界。全球生产网络（Global Production Network，GPN）的兴起成为全球化浪潮中最显著的特征之一，“地方空间”向“流动空间”转变，创新空间格局呈现由“等级化”向“网络化”演变

（GaWC）的趋势。创新全球化和网络化发展模式引发区域创新功能与创新模式的变革，孕育了创新城市群，城市成为重要的网络节点。社会网络分析方法（Social Network Analysis，SNA）被广泛应用到创新网络研究当中，网络结构（中心性、结构洞等）被认为是影响知识流动的关键因素。2000年以后，由于意识到单一尺度的片面性，全球和地方两大空间尺度开始融合（Scott，2004），出现了“超越新区域主义”“全球生产网络 2.0 版”“战略耦合”（Strategic Coupling）等学说。Bathelt 等（2004）对单一尺度的知识流动（即隐性知识本地化流动而显性知识非本地化流动）的观点提出了质疑，认为地方创新优势源于隐性知识和编码知识在不同空间尺度的流动和转化，并构建了知识流动的“全球通道—地方蜂鸣”（Global Pipeline-Local Buzz）模型，将本地视角和跨界视角结合起来。演化经济地理学认为邻近性是一个多维的概念（Boschma，2005），单一的地理邻近无法解释组织间交互学习与互动创新的机理，还应强化认知、制度、文化、组织等邻近性维度的跨界作用机制（Torre & Gilly，2000）。

综上，组织间知识流动是影响区域创新的关键要素，但新区域主义关注创新的地理空间集聚，强调创新的地方黏性和根植性；全球生产网络学派重视跨界网络的创新联系，强调全球扩散与地方制度响应。显然，在全球化、信息化时代，单一尺度的分析存在片面性，多空间尺度下“全球—地方联结”的缠绕网络才是区域协同创新的关键。因此，有必要对创新主体间的知识流动、创新要素联结进行多空间、多尺度分析，以揭示协同创新活动的空间组织关系及网络结构特征。

2. 科技创新协同机制理论框架

基于知识的内隐性、创新要素的流动性和创新主体行为能力等方面的不同，创新主体、创新要素和知识扩散在不同空间尺度上的活跃度不同，协同创新活动和知识扩散必将呈现多空间尺度特征，并表现在城市创新职能和等级上，形成多空间尺度、多样化链接、多行为主体的区域协同创新网络。也就是说，构建多空间尺度视角下区域协同创新发展的理论分析框架，从多个社会层面（政治、经济、文化、社会等）、多种城市类型（核心城市、节点城市）、多样化行动者（“官产学研”，即政府、企业、高校、研究机构、国际组织等）、多元化创新要素（“金科产人”，即金融、科技、产业、人才等）和不同知识类型（科学知识、科技发明、技术试验和生产经验）等维度，探讨不同空间尺度下的创新合作行为特征和空间关系。

（二）粤港澳大湾区科技创新协同机制的主要关注点

1. 创新主体（政产学研）间的协同创新发展

市场是主导，企业是主体，法治是基础，政府是保障。要充分发挥市场在资源配置中的决定性作用，以企业为主体配置科技创新资源，政府应优化研发投入和做好服务工作。政府应尊重市场选择，建立法治规范，以市场竞争为导向，以政府公共服务为保障，鼓励公平竞争，激励创新。改革开放40多年来，粤港澳大湾区发展一直以市场为导向、以企业为主体，协同创新呈现出鲜明的市场化、开放型、协同式特点，但现有体制机制已经形成难以突破的“天花板”和“玻璃门”，直接阻碍了企业经营发展，也不利于粤港澳成为团体冠军。政府在创新发展中主要做好市场竞争的制度保障和配套服务作用。一方面要鼓励基础研究和原始创新。另一方面要建立公平、公开、透明的政府规则，支持企业生态系统的发展，但不要把自己的行为蔓延进企业的生存空间。

努力深化粤港澳间的创新资源对接，政产学研协同创新发展，为科技创新赋能。建议设立“广州—深圳—香港—澳门科技创新走廊”协调机构，支持港澳和内地共建科技园，鼓励港澳大学、研究机构联合海外研发团队，在大湾区建立产业研究院、孵化器；设立专项基金，引导支持港澳资金进入珠三角兴办创投、风投机构。将粤港澳大学联盟实体化，鼓励港澳大学与内地共享优质教育资源，鼓励内地大学到港澳设立教学和研究机构。为消除信息壁垒，要尽快建立粤港澳三地的政府科技部门、高校、研究院所、企业共建共享的科技创新信息、科研成果应用转化大数据平台，建立全社会共建共享的大数据平台。

2. 创新要素（“金科产人”）间的协同创新发展

推动产业、人才、科技、金融深度融合，加快建立“金科产人”协同发展的现代产业体系。共建粤港澳大湾区的关键在于促进湾区人力、资金、科技、信息等要素的全方位流动和全球化配置，使整个湾区的“多核、多圈”聚合成更高能级的“新核心区”，使核心城市成为全球化配置资源的加速器、催化器和放大器，以谋取更大的整体利益。未来随着三地技术、人才、资金、产业等创新要素的便捷流动和深度融合，将为粤港澳大湾区国际科技创新中心营造出世界一流的创新创业环境。

在“金科产人”协同集聚的规模效应下，打破现有体制机制壁垒，继续推动互联互通，共享全要素、无障碍、自由化流通带来的高效与便利，最大限度地降低交易成本，是粤港澳大湾区协同创新发展的基础。政府应进一步在资质互认、人才流动、协议落实、金融合作等与营商密切相关的微观活动上，进行大胆改革和制度创新，突破现有体制机制差异形成的“天花板”和“玻璃门”，使粤港澳大湾区既能享受多种制度优势，又能实现制度融合，形成“一个无边界共同体”，打破粤港澳大湾区现存的隔离，直至取消边界，打造全球一流的大湾区经济社会共同体。

创新资源，特别是高端要素，要真正实现互联互通、自由流动、充分共享。广州高校资源丰富、市场腹地大，深圳科技创新产业链条相对完善，香港和澳门则拥有高科技研发和对接国际等方面的优势，加之有广深港高铁、港珠澳大桥通车等利好条件加持，人流、物流、资金流互动更便捷，有必要活跃和联动上述四地的科创要素，建立人才、技术、资金自由流动的创新纽带。

一是要共同建设湾区大学，鼓励异地合作办学，整合粤港澳三地科研机构和大学院所等优质资源，增强人员吸纳能力和成果转化能力；

二是设立“人才保税区”及实施便捷化的工作假期签证，推动“社保—医疗—教育”互认互通，落实粤港澳居民在社保、子女教育、医疗服务等方面享受与当地居民同等待遇，提升人才流通效率；

三是建立高端智库群，加强产学研合作，从创新创业环境入手解决人才发展难题。

3. 创新链条（知技试产）间的协同创新发展

创新指把科学技术发现转化引入商业应用领域，形成一种新的生产能力，它包括了“科学发现—技术发明—实验设计—生产转化”多个环节的完整链条。粤港澳三地创新创业联动活跃，创新链条融通。因此，依托“广州—深圳—香港—澳门”科技创新走廊这一重要连接载体，促进粤港澳大湾区城市之间分工合作、创新功能串珠成链，才能构建完整的创新产业链条，打造国际科技创新中心。

围绕产业链，构建创新链，粤港澳大湾区形成了以市场为纽带联结的“官产学研用”一体化、“知识—技术—试验—产业”链条化的创新组织形式。香港是世界第三大金融中心和全球物流中心；广州是国际商贸中心，全球性物流枢纽中心；深圳则在科技创新、新兴产业、金融领域等方面具有超强竞争力；珠三角是世界制造业基地；泛珠江三角洲地区乃至东南亚国家、“一带一路”共建国家是广阔腹地。粤港澳大湾区应合力发挥“全球金融中心 + 全球制造业中心 + 全球商贸中心 + 全球创新高地”优势。

深港已经成为世界级的金融中心和科技创新中心。“香港知识创新 + 深圳技术创新”模式使两地的产、研、学、金、政能够得到有效的互通互补。大湾区将形成深港为主、广州为辅的创新结构，并形成“全球科技 + 深圳孵化 + 深圳中试 + 东莞制造 + 全球市场”的供应链体系。当前，应加快整合粤港澳大湾区特别是广深港澳科技创新走廊各城市间的科技创新资源，以共谋、共享、共担和共赢的城市创新联盟形式，共同建设国家重大科学装置、基础科学研究中心等，积极布局专业科研机构及高校、应用型研究院、创新孵化平台、科技企业创新研发总部，共建湾区科技创新的主阵地。

4. 创新城市（内外融通）群的协同创新发展

优化提升港、澳、广、深四大中心城市，做优做强各自特色，发挥区域协同创新发展的核心引擎作用。香港要巩固和提升金融、航运、商贸、高端知识服务和生物医疗产业的国际领先地位，强化离岸人民币业务枢纽地位以及国际资产和风险管理中心功能，在贸易自由化、金融国际化、产业高端化方面做好全球对接和区域引领作用。澳门要发挥世界旅游休闲中心和文化交流中心作用，打造多元文化共存、创意文化交流的合作基地。广州应发挥研究机构众多、人才集聚等优势，发挥源头创新、技术应用等核心作用，强化产业技术升级、装备制造和基础研究等功能。深圳是科技巨头全球布局的关键节点，要以企业创新、技术创新为主导，强化前沿科技的转化利用，突出海外知识扇面的汲取汇聚能力和国内生产扇面的技术扩散作用。

大湾区内部要强调粤港澳大湾区国际科技创新中心建设是一个整体，强调竞争与合作，搭建各个创新主体之间的交流合作机制。不同于纽约湾区和东京湾区的单一核心城市格局，粤港澳大湾区多中心格局避免了谁当“龙头”的争论，促进城市之间良性分工，既充分竞争也加强合作。在大湾区外部，关键是怎样更好吸引国际科技创新资源。要打造与世界级创新湾区定位相适应的科创平台，组建国际级的科研队伍，吸引全球科技资源，多方力量共建世界级创新区。实施自由贸易港、自由贸易试验区的“离岸科创”政策，吸引国际科技创新资源；利用好湾区狭长的海岸线资源，布局一些世界级的研发机构总部和创新团队。通过优美的人居环境，激发创新型人才的创作热情，从而建成世界级创新团队的向往之地。

四　粤港澳大湾区科技创新协同策略与对策建议

（一）优化粤港澳大湾区科技创新布局定位

1. 枢纽——广深港加强分工优化，发挥网络枢纽作用

在粤港澳大湾区科技创新协同体系中，广州、深圳、香港处于创新

的第一层级。广州、深圳的目标是建设国际科技创新枢纽、国家创新中心城市，香港是国际金融中心，广深港都需要掌握科技发展的先导权，加强原始创新，与北京、上海，甚至新加坡、美国硅谷等国际科技创新枢纽保持同步，走在科技的最前沿，并将先进技术向网络的其他节点传播，逐步扩散，使整个区域创新协同体系参与国际科技创新大网络。三地应优化分工，发挥基础优势，在创新方面取得区域城市群的核心支配地位，成为网络枢纽，并连接其他枢纽城市，使创新能力沿各个传导通道向外辐射。

2. 节点——节点城市加强应用创新，强化内部特色分工

在构建粤港澳大湾区科技创新协同体系中，要建成一个创新网络城市群，各节点城市通过物资和信息的交互，产生关联，协同推进科技进步。重要的节点城市如珠海、佛山、东莞、中山等，以高端制造业为主，处于创新链中上游，应深入对接广深港的科技成果转化，加强与中心枢纽城市在科技、金融、人才培养、技术、贸易等方面的深入对接合作，进一步加强各城市的应用技术创新并形成内部的特色产业分工。肇庆、江门主要承接创新链上游的技术转移，培育中小微企业创新以及现代制造业产业体系。同时，东莞、江门、惠州等大科学装置所在城市应抓住机遇，深度参与研究合作，加快建成与大科学装置相关的优势产业。

产业布局上，要加快建设深圳下一代互联网、惠州智能终端与云计算应用、中山健康科技等国家创新型产业集群建设试点，培育和建设广州北斗卫星导航、珠海软件及集成电路设计等省级创新型产业集群，推进珠三角各高新园区形成优势特色产业。重点推进新一代信息技术、生命健康与生物医药、云计算与信息服务业、新材料、节能环保、新能源等产业核心技术攻关，提升湾区高技术产业竞争力，加快培育战略性新兴产业。

3. 协同——重点地区以广深为引领，疏通传导网络形成创新带

加强内地两大创新高地——广州、深圳的科技合作，优势互补，打

造国家创新中心城市和国际科技创新枢纽。重点推进深圳、广州国家自主创新示范区建设，加快高新区创业孵化加速载体建设，推进广佛肇、深莞惠都市圈、广深港澳科技创新走廊建设，破解科技创新资源配置的体制机制障碍，进一步简政放权，对外开放，在广州和深圳的带领下，对于有一定实力和基础的技术合作型城市，通过创新链和产业链传导通道，将技术向外扩散。加强科技创新资源对接与合作。加强香港、澳门科技创新高地建设，打造集聚国际科技创新资源的门户，发挥港澳“一国两制”制度优势，推进航运、金融、商贸、专业服务等业务发展，深度参与“一带一路”，拓展大湾区科技创新成果对外辐射的窗口。

（二）构建粤港澳大湾区科技创新协同网络

1. 以创新枢纽为主体，促进科技创新要素深度交流融合

粤港澳三地在科技创新和产业发展领域一直有着深远的合作渊源、扎实的合作基础、丰富的合作经验。随着粤港澳大湾区上升为国家战略，科技创新协同成为核心内容之一。要加速推进基础设施建设的深入合作，统筹安排两地重大交通设施的规划和布局。支持粤港澳原始科技创新合作，依靠广深港澳高等教育、科研院所在基础研究、人才培养方面的优势，深度推进广深港澳科技创新走廊建设，建立广深港澳创新合作机制。鼓励双方科教人员的交流和合作，为相关项目的人才、设备提供绿色通道。大力推进香港、澳门的重点实验室、研究中心与广州、深圳高新技术产业形成上下游创新链的互动协作，使创新链和产业链不断得到延伸和拓展，不断完善广深港澳创新圈合作模式，优势互补，联手参与国际竞争，为粤港澳大湾区创新高地的建设做出贡献。

2. 优化提升粤港澳合作发展平台，进一步加强科技经贸合作

粤港澳合作发展平台是港澳深度对接融入粤港澳大湾区建设的重要载体，因此，要加快建设广州南沙新区、深圳前后海地区、深港边界区、珠澳横琴合作区等重点合作区域，在合作区域内加强政策对接、成果转

化、技术转让、金融支持、经贸合作。要加快建立深港两地统一完备的深港科技服务公共服务平台和资源信息库，以促进两地在创新研发、科技成果、创新技术的市场开发运用等方面的共享与合作。全力支持在穗莞深地区的香港加工贸易企业延伸产业链条，向现代服务业和先进制造业发展，实现转型升级，深化落实内地与港澳更紧密经贸关系。

3. 优化提升专业镇或高新区的产业创新体系，促进产业转型升级

重要节点城市是珠江三角洲地区重要的制造业中心，而专业镇或高新区又是各城市制造业快速发展的载体，因此，应以专业镇或高新区转型升级作为推进珠三角传统优势产业转型升级的重要抓手，深入推进专业镇或高新区产学研合作和中小微企业技术创新服务平台建设，大力推进制造业信息化、智能化，促进传统优势产业集群的改造和升级。要鼓励专业镇或高新区跨区域开展协同创新合作，重点推进粤港澳科技创新资源与专业镇精准对接合作，促进科研成果产业化。

一是推动专业镇或高新区协同升级。推动专业镇或高新区与高校、科研院所构建产学研长效合作机制，推动专业镇或高新区建设中小微企业技术创新服务体系。二是推进制造业信息化。加快以信息化带动工业化，提高企业的信息化水平。建设智慧小镇，开展智能技术应用试验，推动体制机制创新，探索未来城市发展模式。三是发展特色城镇。充分发挥珠三角九市特色城镇数量多、体量大的优势，培育一批具有特色优势的魅力城镇，完善市政基础设施和公共服务设施，发展特色产业，传承传统文化，打造环境优美、设施齐全的科技创新小镇，形成优化区域发展格局的重要支撑。

（三）建立粤港澳大湾区科技创新协同平台

1. 完善粤港澳大湾区科技创新信息共享平台

港澳要尽快参与粤港澳大湾区建设，不断融入国家创新体系，就必须在科技创新、金融、贸易等领域与大湾区其他城市开展深度合作。因

此，在科技创新方面与大湾区其他科技创新城市合作建立一个科技创新信息共享平台显得尤为重要，建议港澳与内地在“一国两制”制度框架下，进行制度创新，相互沟通协作，完善利益分配机制，搭建信息共享平台。信息共享平台可以将技术市场、科技成果中介机构、创投机构、产权交易机构等主体有机整合起来，起到资源汇集的作用，通过落实信息公开制度、及时更新信息、线上与线下相结合的方式，为成果转化的供需双方提供成果信息、成果评价、专利转让和融资等服务。这样，一方面解决了成果转化涉及的有关主体信息不对称的问题；另一方面，对湾区创业风险投资人关注市场动态和科技成果相关信息创造了有利条件，对招商引资、洽谈合作、解决科技成果转化初期融资难问题增加了可能性。同时，以产权交易市场为主导联合举办大湾区各类科技成果交易展览会，加快建设大湾区科技产权信息交易市场，使其具备信息采集、信息分析、信息处理、技术交流、产权交易、信息发布等功能，成为大湾区科技创新协同体系的信息中枢。

2. 建立粤港澳大湾区科技金融服务平台

香港作为国际金融中心，应联合广州、深圳等区域金融中心建设多层次的科技金融服务平台。首先，围绕解决初创高新技术企业融资难的突出问题，加快打造适应高新技术产业化要求的风险投融资平台，如设立科创银行、高新银行与高新科创企业深入对接合作。完善信用担保体系，整合国际国内的金融资本、技术信息资源，建立资本完善、技术全面对接的大网络、大市场；建立健全风险投融资网络，组织投融资机构及时与相关企业面对面交流，募集更多的社会资金，推动高新技术产业化。还应整合资源，培育一批高科技企业上市，调动资本市场的力量，推动技术与资本跨区域的对接融合。

其次，政府、企业和社会应加强对科技成果转化的重视，通过建立科技金融银行、设立引导基金和创投基金、吸引天使投资和风险投资等形式拓展资金来源，推动设立粤港澳大湾区科研成果转化联合母基金，更重要的是保证有市场前景的科技成果资金投入的持续性；鼓励符合条件的创新创业企业在银行间市场发行超短期融资券、中期票据、项目收益债等进行直接融资。

最后，高校与科研院所等成果产出单位可以通过技术抵押的方式申请贷款，也可以采用众筹、众扶等形式筹集资金，自行进行成果转化。

3. 建立粤港澳大湾区科技创新中介服务平台

围绕大湾区中小科技企业的困难和需求，港澳与内地应合作建设一批重点扶持从事成果孵化、科技评估、科技咨询、项目申报、技术产权交易等跨区域的中介服务机构，为各类科技创新创业主体搭建坚实的技术信息和服务平台。通过提供各种专业化中介服务，形成中介服务机构的联动，定期按照企业需求组织相关的中介机构为孵化企业开展对接服务活动，服务内容涵盖技术、融资、信息、人才、法律、知识产权等多个方面，使中介服务平台成为连接政府、企业和市场的桥梁。

4. 建立粤港澳大湾区重大科研专项合作平台

港澳可发挥高等教育和科研院所的优势，与内地在一些重大科研专项和基础研究方面进行深入合作攻关，应出台向港澳有序开放国家在广东建设布局的重大科研基础设施和大型科研仪器的相关政策。制订面向港澳开放的散裂中子源、强流重离子加速器装置等重大基础设施合作研究计划，支持粤港澳有关机构积极参与国家科技计划（专项、基金等）。加强基础应用研究，拓展实施国家重大科技项目。

5. 建立粤港澳大湾区人才合作与交流平台

港澳应与内地共同搭建科技创新人才的合作培养与交流平台，为提高科技创新力和产业竞争力提供人才支持。应建立大湾区人才培养和开发机制，优化人才自由流动的体制机制，逐步形成统一的科技人才大市场和科技人才服务体系，最终实现区域内人才的自由流动。三地应探索建立联合人才培养、博士后科研流动站，鼓励高层次科技人才采取柔性流动方式到对方从事咨询、讲学、兼职、科研和技术合作、技术入股、投资兴办高新企业或从事其他专业服务。

（四）建设粤港澳大湾区国际科技创新产业集群

1. 发挥企业技术创新主体作用，加强产学研深度融合

完善“众创空间—孵化器—加速器—产业园区”创新创业孵化育成链条建设，大力发展科技型中小企业，提升企业技术创新能力。加强产学研深度融合，建立以企业为主体、市场为导向、产学研深度融合的技术创新体系，支持粤港澳企业、高校、科研院所共建高水平的协同创新平台，推动科技成果转化。优化创新资源配置，建设培育一批产业共性技术研发和转化平台、制造业创新中心和企业技术中心。充分发挥企业主体作用，寻找与粤港澳大湾区产业与创新资源匹配的代表未来趋势的重要领域，实施一批引领产业发展的重大战略项目和基础工程。让创业者、投资家和企业家成为科技成果产业化的主体，并鼓励大企业根据自身发展阶段与发展需求的差异进行平台化转型。

2. 深度参与国际合作，引进一批国际优势创新成果

坚持“走出去”和“引进来”，深入参与国际科技合作，引进建设一批国际科技创新的产业集群。第一，深入参与“一带一路”建设，发挥粤港澳大湾区在“一带一路”建设中的核心作用，鼓励企业在“一带一路”共建国家设立研发中心、技术推广中心、国际技术转移中心、国际企业孵化器、科技园区等，重点支持粤港澳大湾区内的科技创新企业并购海外企业，直接利用境外高端人才、科研条件和创新环境等开展研发活动。第二，加强科技成果引进。以大湾区科技创新园为载体，推动与欧美发达国家和“一带一路”共建国家开展政府间国际科技合作，与国（境）外企业、高等学校和科研院所合作，共建产业技术转移园区，吸引创新要素跨境流动。鼓励跨国公司来大湾区设立研发总部或研发中心。创新合作机制，大力引进国际一流高校和研究机构合作设立分支机构。发展一批国际科技合作平台和基地，如国际科技商务平台、技术转

移中心，实现基地、项目、人才的集聚，提升技术研发水平。

3. 以粤港澳合作科技园为阵地，重点培育一批核心产业集群

粤港澳大湾区作为粤港澳三地合作共建的国际一流湾区，必须充分发挥三地的比较优势，分工合作，共同培育一批在国际上占据核心优势的产业集群。在粤港澳大湾区城市群中，香港拥有完善的金融和科技服务业，深圳的科技和创新体系发达，其他城市则以现代制造业为主，再加上完善的交通设施，完全可以形成集研发、融资、生产、产业化于一体的产业链，建立高端的产业集群区域。广东省目前具有全球竞争力的龙头企业不多，需要借助外力尽快形成一批价值链龙头企业，鼓励科技大企业带动产业链上下游中小型企业合作创新，培育更具影响力的湾区核心研发技术、品牌及商业模式。因此，三地应以粤港澳合作科技园为阵地，发挥粤港澳在基础研究、科技金融配套、价值链完善方面的优势，加强成果转化，依靠珠三角地区的制造业优势，以及大湾区的航运和外贸优势，加快形成一批在国际上具备核心竞争力的产业集群。

（五）加强管理体制机制创新和政策对接

1. 优化体制机制创新和政策对接

湾区经济作为区域经济发展的高级形态，开放性、创新性、协调性和宜居宜业是国际典型湾区和世界级城市群的共同特征。探索粤港澳大湾区在“一国两制、三个关税区和三种法律体系”下跨境合作的科技制度创新，科技创新政策对接，有利于促进湾区科技创新要素便捷流动，提升资源配置效率。因此，一是构建基于市场一体化创新湾区跨境协调机制，要发挥 CEPA 和广东自贸试验区的制度创新优势。在 CEPA 框架下深化湾区“三个关税区域”之间的贸易投资便利化合作，减少跨境要素流通障碍，同时，为湾区合作提供法律基础及实施机制。二是构建湾区城市群合作机制，在已有的粤港澳三地合作平台的基础上，进一步发挥粤港澳联席会议制度和各类专责小组的功能，构建粤港澳三地政府层面

的协调机制和对话框架，妥善安排粤港澳大湾区在基础设施建设、科技装备设施布局、重点产业创新合作等方面的对接和合作。三是建立基于共享产业价值链的创新湾区产业分工机制，科学规划高端生产性服务业企业在香港、广州和深圳等中心城市的功能布局，有利于加强三地服务业企业在资本、人才、业务、管理等领域的交流，保障湾区产业链高度整合和区域经济深度融合。

2. 建立创新文化协同合作机制

粤港澳大湾区各城市地理位置相近、文化差异小。建立相互认同的创新文化协同合作机制，可以大大减少产业集群协同创新过程中的摩擦，降低交易成本。澳门、香港和珠江三角洲地区应协同打造世界文化旅游产业基地和宜居、宜业、宜游的优质生活圈，通过多种形式加强对粤港澳大湾区创新文化活动宣传，形成国际对粤港澳大湾区科技创新文化的认可和共识，促进全球科技创新资源集聚，促进湾区生产要素的自由高效流动，并通过开放包容的营商环境吸引高端生产要素集聚在湾区内，将粤港澳大湾区建设为具有竞争力的世界级产业集群区域。同时，弘扬创新创业精神，不断丰富创新创业文化内涵，树立大湾区品牌形象，为大湾区科技创新营造良好的文化氛围。

• 产业发展篇 •

粤港澳大湾区建设中广州城市竞争力提升策略研究

程玉鸿[*]

摘　要： 本文探讨了广州在大湾区城市网络中的地位及其城市竞合关系，科学评估广州在大湾区发展中的核心引领作用；从城市网络视角解构城市竞争力获取源泉，构建城市竞争力概念模型，并以此为分析框架建立评价指标体系，系统探讨广州在大湾区的城市竞争力水平及其影响因素，揭示广州较之大湾区其他核心城市的竞争优势与短板，阐明广州城市竞争力进一步提升的主要方向与可能路径。在上述分析基础上，综合提出广州进一步提升城市竞争力，发挥核心城市引擎带动作用的策略与建议。

关键词： 粤港澳大湾区　城市网络　广州　竞合关系　城市竞争力

一　广州在粤港澳大湾区城市功能网络中的地位

粤港澳大湾区的区域性质本质上是一个城市群的概念，这意味着该

---

* 程玉鸿，暨南大学粤港澳大湾区经济发展研究中心副主任，经济学副教授，研究方向为城市与区域经济、城市地理与规划，代表作为《城市群视角的城市竞争力研究——以珠江三角洲城市群为例》等。

区域内城市间已发展出相当紧密的城际联系和复杂的城际分工合作关系。广州当前正处于这样一个联系紧密的城市区域之中，跳出广州看广州，从网络视角考察广州在城市区域中的地位和角色，对于全面、准确判断广州的竞争优势与不足无疑是必要的，具有重要意义。

（一）方法与模型

1. 方法选择

考察一个城市在特定区域的地位和角色有多种测度方法，其中，基于世界城市网络理论的联锁网络模型（interlocking network）是当前较为流行的一种方法。该方法是以 Taylor 为代表的“全球化与世界城市”网络研究小组（GaWC），在借鉴 Sassen 关于世界城市是服务企业的重要聚集地和市场的假设基础上提出的，该方法主要通过考察先进生产性服务企业为实现服务的“无缝连接”所实施的区位选择战略及由此形成的跨境城市办公网络，进行城市的关系型数据挖掘和城市网络刻画与分析。这一方法被认为是在概念上最接近世界城市网络形成实际过程的方法，并以其较强的适用性而为多数学者所接受。

2. 理论模型

联锁网络模型构建的基本思路主要基于城市关系取决于企业的空间战略，即企业因信息获取、靠近市场或获得低成本生产要素等多种需求而在空间上扩张，并将企业的总部、区域总部及相关分支机构依据不同的目的分设在不同类型、规模、等级的城市中。这种企业空间战略导致企业因内部的组织、运营和管理需要以及与客户的业务往来需要，而在城市间产生诸如人流、物流、资金流、技术流、信息流等各种城市流。城市流数据虽然属于城市关系型数据，但因无专门统计而难以获取。为此，该方法假定一对拥有基于某企业较大活动值的城市相对于只拥有该企业较小活动值的城市间拥有较大的城市流。基于此，可将企业及其分支机构的城市空间布局数据（城市属性数据）转化为城市关系型数据，并作为城市关系度量的替代方法。该方法的关键在于对企业办公机构依据规模、等级及重要程度进行合理的量化赋值（分值通常为0～5），并据此计算出在某个既定城市中某个企业的服务值。

第一，构建服务值矩阵。根据企业j在城市i的办公机构规模等级及重要程度赋予该城市相应的服务值V_{ij}。假定一个行业内有M家企业分布在N个城市，则可得到$M \times N$阶服务值矩阵V。

第二，根据矩阵V，将行业内各企业在i城市的服务值加总即可得到城市i的行业服务值C_i：

$$C_i = \sum_{i=1}^{m} v_{ij} \qquad \text{式 } 1-1$$

其中，C_i反映了城市的行业发展水平。

第三，根据矩阵V计算任意一对城市a与b通过j企业产生的联系，即基于企业j的联锁链接值$r_{ab,j}$：

$$r_{ab,j} = V_{aj} \times V_{bj} \qquad \text{式 } 1-2$$

第四，计算出城市a和b基于所有企业的总联锁链接值，以反映城市关系，并定义为城市联系强度r_{ab}：

$$r_{ab} = \sum_{j=1}^{m} r_{ab,j} \qquad \text{式 } 1-3$$

由此，可建立一个$n \times n$阶城市联系强度对称矩阵E。

第五，城市a与其他所有$n-1$个城市的联锁链接值总和，表明其在所有样本城市中的关系总和或总体联系状况，可定义为城市的网络联系强度，以N_a表示：

$$N_a = \sum_{i=1}^{n-1} r_{ai} \quad (a \neq i) \qquad \text{式 } 1-4$$

3. 基础数据获取

结合粤港澳大湾区的发展特征和数据可获取性，选取银行、证券、保险、咨询、广告、旅游、会计、法律和物流9类生产性服务行业的主要相关企业，以企业分支机构的城市分布数据作为基础数据来源。其中，样本企业的选择主要考虑企业的行业地位，通过参考9类生产性服务行业的相关企业排名及榜单来确定遴选范围。同时，以满足在大湾区至少两个城市设有分支机构为原则，确定有效样本企业。截至2019年11月，共选取了21家银行、28家证券公司、28家保险公司、11家咨询公司、11家广告公司、18家酒店、25家会计师事务所、21家律师事务所、19家物流公司，共182家行业领先的生产性服务企业。

（二）粤港澳大湾区城市网络测度

1. 城市总体及分行业服务值分布特征

依据式1-2，可计算得到粤港澳大湾区11个城市的分行业及总体服务值（见表1）。

表1　粤港澳大湾区城市总体及分行业服务值分布

城市	总体	银行	证券	保险	物流	旅游	会计	律所	咨询	广告
深圳	516（1）	83（1）	84（2）	80（2）	58（1）	39（2）	72（2）	67（1）	27（2）	6（3）
广州	508（2）	73（2）	66（3）	89（1）	50（3）	46（1）	74（1）	51（3）	24（3）	35（1）
香港	450（3）	59（3）	88（1）	51（6）	56（2）	12（10）	60（3）	60（2）	33（1）	31（2）
佛山	234（4）	53（4）	45（4）	52（3）	34（5）	26（3）	9（6）	12（5）	3（5）	0
珠海	223（5）	50（6）	39（5）	43（10）	31（8）	21（5）	24（4）	15（4）	0	0
东莞	216（6）	51（5）	33（7）	52（3）	41（4）	21（5）	6（7）	12（5）	0	0
中山	191（7）	43（7）	36（6）	51（6）	34（5）	18（7）	3（8）	6（7）	0	0
惠州	172（8）	40（8）	30（9）	47（8）	30（9）	25（4）	0	0	0	0
江门	170（9）	36（9）	31（8）	52（3）	33（7）	18（7）	0	0	0	0
肇庆	129（10）	29（11）	12（10）	45（9）	27（10）	16（9）	0	0	0	0
澳门	100（11）	26（12）	0（11）	18（11）	20（11）	4（11）	16（5）	4（8）	12（4）	0

注：括号中的数字为大湾区城市服务值排名。

表1显示，依据行业榜单遴选的符合研究要求的行业领先生产性服

务企业的城市分布存在显著的不平衡特征，并在一定程度上反映了大湾区各城市的生产性服务业发展水平差异。总体上有以下两个特点。

（1）深圳、广州和香港生产性服务中心地位突出。主要表现在两个方面，一是全部9类主要生产性服务领先企业皆有分布，尤其体现在四类商务服务行业（会计、法律、咨询、广告）在三市的高度集聚；二是三市的总体和分行业服务值较高，尤其是深圳和广州较之其他城市遥遥领先。

（2）深圳、广州和香港生产性服务业发展各具比较优势。分行业看，广州在保险、旅游、会计、广告四个行业的比较优势明显。从总体发展水平上看，广州与深圳大致相当，深圳略占优势。但两市较之香港优势相对明显，这似乎与直观印象不符。另外，澳门的总体排名似乎也偏低。可能的原因在于，尽管港澳服务业发达，但在“一国两制”背景下，港澳与珠三角9市客观存在着社会制度差异，对行业领先服务企业的多区位布局，因规制差异将不可避免地受到跨制度制约。同时，澳门更因地域狭小、博彩业“一业独大”而在人才、市场和资源配置等方面大大限制了其生产性服务业的发展规模、水平和空间。

2. 主要生产性服务行业的城市网络贡献特征

从分行业网络贡献度（分行业链接值占总体网络链接值的比重）来看（见图1），生产性服务业的行业联锁水平差异明显。金融、物流、旅游等5类生产性服务行业网络在总体城市网络形成中的贡献度较之4类商务服务业明显居主导地位。银行、保险、物流、证券、旅游的企业分支机构遍布每个城市，对总体网络的贡献度合计高达90.5%。而会计、法律、咨询、广告4类商务服务行业则主要集中分布于少数几个城市，对网络的贡献度合计仅为9.5%。反映出银行、保险、物流、证券、旅游等服务业在大湾区城市网络形成过程中发挥了主导作用，而会计、法律、咨询、广告等高端商务服务业在很大程度上发挥了城市网络中心节点的标识功能。

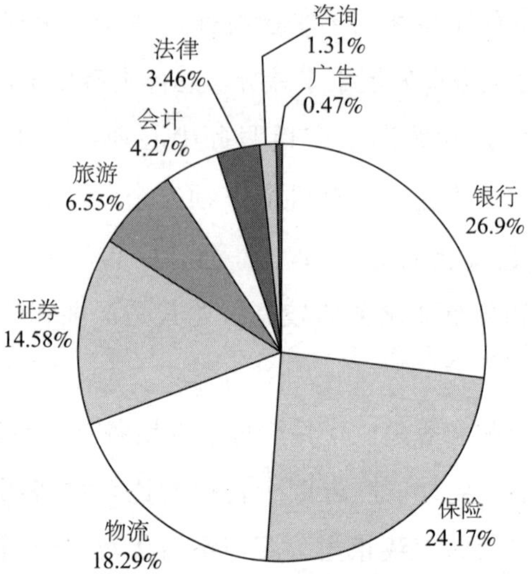

图 1　粤港澳大湾区主要生产性服务行业的城市网络贡献度

3. 城市关系矩阵

通过对 9 类主要生产性服务行业领先样本企业在各城市的办公机构等级和规模进行量化赋值，获取城市总体服务值信息，并依据式 1－3，可计算得到粤港澳大湾区城市群的总体城市联系强度对称矩阵（见表 2）。

表 2　粤港澳大湾区 11 城市联系强度矩阵

联系强度	广州	深圳	珠海	东莞	佛山	惠州	中山	江门	肇庆	香港	澳门
广州		1442	725	707	758	572	624	568	449	1236	319
深圳			738	754	787	583	650	543	434	1327	339
珠海				484	484	410	433	384	320	541	188
东莞					508	430	458	408	322	544	190
佛山						430	459	403	337	574	188
惠州							420	373	306	423	181
中山								382	315	439	179
江门									311	416	178
肇庆										277	151
香港											374
澳门											

4. 城市网络空间结构

根据城市联系强度可将城市关系划分为3个等级（0～500，501～1000，1001～1500）。根据各市的总联系度（据式1－4），也可划分为3个等级区间（0～3000，3001～6000，6001～9000），分析显示：

（1）粤港澳大湾区城市群呈现明显的多中心网络化特征。广州、深圳和香港为城市网络的三个中心节点，彼此之间联系最为密切，并分别与其他城市具有不同程度的联系，反映出三市在大湾区城市网络中的中心地位和组织者角色。

（2）粤港澳大湾区总体城市网络已呈现出复杂的蛛网状结构。首先，大湾区11城市彼此之间均不同程度地存在城际联系。其次，城际联系又具有明显的等级差异。依据城市对联系强度大致可划分为三个层级。广深港三个中心节点之间的联系最为紧密，彼此联系强度均为1001～1500，为第一层级；其他节点城市与中心节点城市的联系强度相对较弱，大多为501～1000，为第二层级；而非中心节点城市之间的联系强度最弱，基本为0～500，为第三层级。

（三）广州在粤港澳大湾区的网络地位

1. 广州在总体城市网络中居于核心地位

在图论和网络分析中，中心性（centrality）是判断网络中节点重要性和影响力的指标，通常有四种，即度数中心度（degree centrality）①、中间中心度（betweenness centrality）②、接近中心度（closeness centrality）③和

① 度数中心度指与该节点直接相连的节点数量，该指标反映节点在网络中的权力和地位，数值越高，地位越显著，权力越大。

② 中间中心度指该节点在多大程度上处于其他节点的“中间”，该指标用来测度一个行动者的媒介能力和对资源的控制能力。

③ 接近中心度指某个节点与其他节点接近的程度，表示该节点不受他人控制的能力。数值越大，越不易受到其他节点的影响。

特征向量中心度（eigenvector centrality）①。以城市联系强度均值为阈值，对表2进行二值化处理，可计算得到城市网络的4个中心性指标。图2显示，粤港澳大湾区总体城市网络中，各城市节点的中心性强度差异显著。其中，广州和深圳在4个中心性指标上几乎拥有相同的最高中心性，在大湾区城市节点中均具显著优势，反映出广州和深圳两市已成为粤港澳大湾区城市网络的双核心，居支配地位，并具有最大网络权力、最强的交通信息中介能力和资源控制能力。

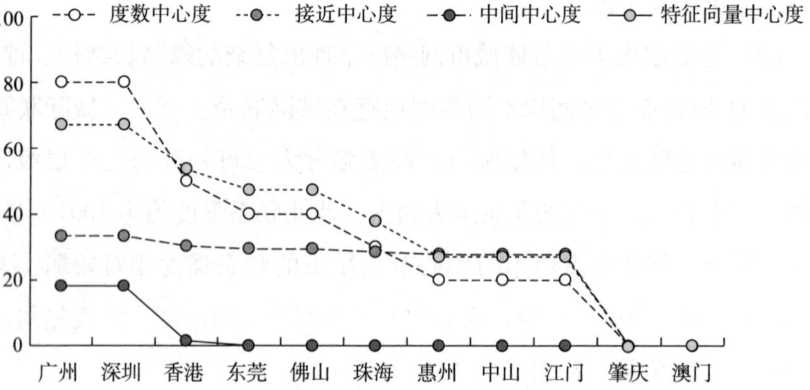

图2　粤港澳大湾区城市网络的节点中心性

2. 广州在城市功能网络中的核心地位显著而均衡

通过考察9类主要生产性服务行业分别刻画的城市功能网络发现，9类城市功能网络发育水平存在较大差异。其中，旅游、保险、证券、银行及物流5类城市功能网络发育水平较高（见图3），网络密度为0.4～0.51，法律、会计、咨询、广告4类城市功能网络发育水平明显偏低，网络密度为0.05～0.25。

进一步测算各城市节点在城市功能网络中的中心性指标（见表3）比较发现，广州的城市功能网络中心性，除在城市旅游网络中略高于深

① 特征向量中心度与其临近节点的中心性得分的总和成正比。也就是说，一个节点的重要性既取决于其邻居节点的数量（即该节点的度），也取决于其邻居节点的重要性。

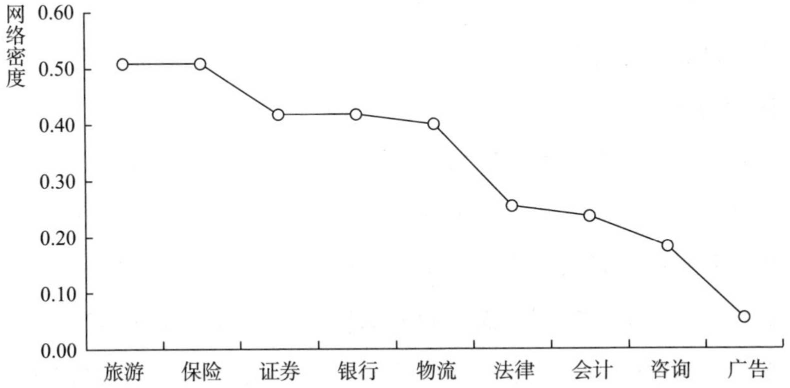

图 3　粤港澳大湾区城市功能网络发育水平差异

圳，而在城市法律网络和城市会计网络中分别略低于深圳和香港外，在其他城市功能网络中的中心性多与深圳并列，位居首位，并远高于其他城市。

表 3　粤港澳大湾区 11 市的城市功能网络度数中心度比较

城市	保险	银行	证券	物流	旅游	会计	法律	咨询	广告
广州	90	80	80	80	80	50	50	40	20
深圳	90	80	80	80	70	50	60	40	20
香港	20	50	80	50	0	60	40	40	20
佛山	80	60	50	40	70	30	30	40	0
中山	50	40	40	30	60	0	20	0	0
珠海	30	50	40	30	70	30	40	0	0
东莞	60	60	30	70	60	10	40	0	0
江门	60	20	30	40	30	0	0	0	0
惠州	40	20	30	20	80	0	0	0	0
肇庆	40	0	0	0	40	0	0	0	0
澳门	0	0	0	0	0	30	0	40	0

注：因其他三个中心性指标的城市排序同度数中心度，故略去。

（四）小结

通过基于 9 种主要生产性服务行业的行业领先企业的空间组织关系

构建联锁网络模型，从总体和行业两个角度，本报告分别测度并分析了粤港澳大湾区的总体城市网络和城市功能网络特征，进而阐明了广州在粤港澳大湾区的城市网络地位。

分析显示，粤港澳大湾区城市群网络化特征明显，并呈现出复杂的多中心蛛网状结构。广州、深圳和香港在大湾区城市网络中网络中心地位突出，联系最为紧密。比较而言，香港因受制度差异的影响，网络中心性较之广州和深圳略弱。而广州和深圳的网络地位大致相当，不仅在城市功能网络中的中心地位显著而均衡，而且在大湾区总体城市网络中显示出强大的网络权力、交通信息中介能力和资源控制能力，居于网络支配地位，客观上已成为粤港澳大湾区城市网络的双核心。

二　广州在粤港澳大湾区的城市竞合关系识别

粤港澳大湾区城市群网络化特征明显，并已形成复杂的多中心蛛网状城市网络形态。广州作为城市网络中的中心节点城市，其竞争力的提升不仅与其自身的发展有关，还与其作为城市群中心城市所承担的区域引擎带动作用的发挥程度密切相关，这方面不可避免地将会受到其与群内其他城市竞合关系的影响。尽管城市间客观存在着竞争与合作两种关系，但这两种关系的识别并非易事。原因在于城市的交互作用往往体现为资源要素在城市间的流动，包括人流、物流、资金流、信息流等多个维度，由于多维的城市流数据许多并无统计，也没有明确的起始地和目的地，导致数据获取困难；此外，城市流本身并不直接显示城市间的关系性质，而取决于存在交互作用的城市间的彼此分工互补程度。例如，劳动力在城市间的流动，对于产业同构程度高的城际关系可能主要表现为竞争关系，而对于分工程度高的城际关系则可能表现为合作关系。为解决这一问题，我们拟借鉴 Dendrinos-Sonis（1988）的模型（简称 D－S 模型）对广州在大湾区的城市竞合关系进行测度和识别。

（一）方法、变量与数据

理论上，城市群一旦形成，即意味着群内城市间的交互联系较之群外城市更为频繁而稳定，这种因交互作用差异而形成的联系边界往往伴随城市群发育水平的提高而日趋显现，群内城市间的交互作用也将随之增强，城市发展中的彼此影响也随之加深并趋于网络化扩展。而 D－S 模型的建模思想正是针对存在明确边界的相对封闭的地域系统，基于系统内部次级地域单元的动态变化数据，将其既定关系进行直观准确地予以体现。

1. 基本的 D－S 模型

令x_i（t）表示第 i 个城市在时间 t 时在城市群中的份额。此外，假设城市群中有 n 个城市。由此，城市份额的分布可写为：

$$X(t)=[x_1(t),x_2(t),\cdots,x_i(t),\cdots,x_n(t)] \quad i=1,2,\cdots,n;\ t=1,2,\cdots,T$$

式 2－1

在这里可以看出，各个城市的份额分布是一个离散的动态分布，所以相对离散的社会空间动力方程可以由下式列出：

$$x_i(t+1)\left(\frac{H_i[x(t)]}{\sum_{j=1}^{n}H_j[x(t)]}\right) \quad i,j=1,2,\cdots,n;t=1,2,\cdots,T$$

式 2－2

其中，$\sum_{i=1}^{n}x_i(t+1)=1$。$H_i[x(t)]$ 只要满足正值性质就可以采取任意形式，表示 t 时期该城市所享有的地理位置和时间上的比较优势。此外，还需确定一个参考城市。假设把第一个城市看作参考城市，那么可以始终用这个参考城市来陈述另一个城市的观察结果，所以选择参考城市也是一种代表城市互动的方式，因为一个城市并不是独立存在于整个区域中，它与其他城市的相互作用，是通过参考城市来表示的。即：

$$F_j[x(t)]=\frac{H_j[x(t)]}{H_1[x(t)]}\quad j=2,3,\cdots,n \qquad \text{式 } 2-3$$

根据式 2－2 和式 2－3，可以得到以下等式：

$$\begin{cases} x_1(t+1) = \dfrac{1}{1+\sum\limits_{j=2}^{n}F_j[x(t)]} \\ x_j(t+1) = x_1(t+1)F_j[x(t)] \\ \dfrac{F_i[x(t)]}{F_j[x(t)]} = \dfrac{x_i(t+1)}{x_j(t+1)} = \dfrac{H_i[x(t)]}{H_j[x(t)]} \end{cases} \qquad \text{式 } 2-4$$

这里 $H_i[x(t)]$ 被定义为柯布道格拉斯函数形式：

$$H_i[x(t)]=A_j\Pi_k y_{kt}^{a_{jk}}\quad j=2,3,\cdots,n;\ k=1,2,\cdots,n \qquad \text{式 } 2-5$$

然后对等式取对数得到以下模型：

$$\ln x_j(t+1)-\ln x_1(t+1)=\ln A_j+\sum_{l=1}^{n}\beta_{jk}\ln x_l(t) \qquad \text{式 } 2-6$$

其中，系数 $a_{jk}=\dfrac{\partial\ln F_j[x(0)]}{\partial\ln x_{kt}}$ 为弹性概念，是经济增长的百分比变化，也是进行交互分析关注的焦点。当其为正数时，城市 k 对城市 j 而言是合作关系，城市 k 的经济增长份额增加 1% 会导致城市 j 增加 a_{jk} 个百分点；反之，当 a_{jk} 为负数时，城市 k 对城市 j 而言是竞争关系，城市 k 的经济增长份额增加 1% 会导致城市 j 减少 a_{jk} 个百分点。从对系数 a_{jk} 的含义解析不难看出，对于城市 k 和城市 j 而言，彼此关系可能并非一定是对称关系，即 a_{jk} 和 a_{kj} 的符号及其在统计上是否显著未必是一致的。如何理解这种关系呢？简单来说，这种情况可能是由两个城市之间的交易不平衡造成的。

据此，根据 a_{jk} 和 a_{kj} 两个系数的显著程度和符号，可将城市间的互动关系总体上归纳为对称和非对称两种类型，其中，各自又包括 3 种次级类型。对称类型包括双向合作关系（系数均显著为正）、双向竞争关系（系数均显著为负）、相对独立关系（系数均不显著）；非对称类型包括合作竞争关系（一个系数显著为正，另一个显著为负）、单向合作关系（一个系数显著为正，另一个不显著）、单向竞争关系（一个系数显著为负，另一个不显著）。

2. 变量设定与数据来源

课题拟选取 GDP、服务业产值、制造业产值和 R&D 支出四个变量分别对广州在大湾区的总体经济增长、服务业、制造业和创新活动的竞合关系进行测度，系统评估广州在四个方面对粤港澳大湾区的引擎驱动作用，所涉及相关变量数据均来自 2000～2018 年的《广东统计年鉴》、各市统计年鉴，以及香港、澳门的官方统计网站。相关经济变量均以 2017 年为基期进行了不变价处理。

（二）基于 GDP 的城市总体竞合关系

1. 数据描述

粤港澳大湾区 11 个城市 2000～2017 年的 GDP 总量变动如图 4 所示。图 4 显示，18 年来，大湾区各城市的经济总量以不同的增长速度总体上均呈增长态势。香港、广州、深圳三市的经济总量一直位居前三位，经济中心地位凸显。其中，香港、澳门作为具有独立关税的微型经济体，因国际化程度高，自 2008 年国际金融危机爆发以来，增长速度时有波动，在较高发展水平上总体增速相对平缓，而广州和深圳的 GDP 一直处于快速增长的态势并与其他城市的绝对差距持续扩大。2017 年深圳的 GDP 总量已超过香港，并与广州合计约占大湾区 GDP 总量的 58%，显示出广深两市在大湾区的经济增长引擎地位。

2. 城市总体竞合关系识别

基于模型 2-6，根据研究目的，我们选取 GDP 相对最小的肇庆作为基准参照城市，可得到基于 GDP 的大湾区城市互动系数估计结果（见表 4），其中，列表示解释变量，行表示被解释变量。

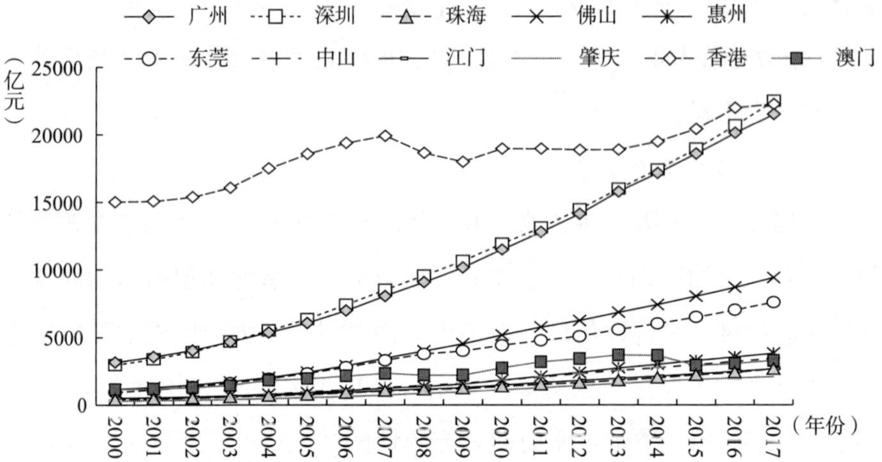

图 4　粤港澳大湾区 11 城市的 GDP 变动

表 4　大湾区各城市基于 GDP 的城市互动系数估计结果

	广州	深圳	珠海	佛山	惠州	东莞	中山	江门	肇庆	香港	澳门	R^2
广州		+	0	−	0	+	+	+	0	+	−	0.998
深圳	0		0	−	0	0	+	+	−	+	−	0.9943
珠海	−	+		−	+	+	−	0	0	+	0	0.9954
佛山	−	+	−		0	+	0	+	−	0	−	0.9974
惠州	−	+	0	−		−	+	+	0	0	−	0.9776
东莞	−	+	+	−	+		+	0	−	+	−	0.9991
中山	0	+	0	−	0	−		0	0	+	0	0.9878
江门	−	+	0	−	+	0	0		0	+	−	0.9983
香港	0	0	0	−	−	−	0	0	+		−	0.9994
澳门	0	+	−	0	0	−	+	+	−	+		0.9918

注：“+”和“−”表示在1%、5%或10%水平上显著；“0”表示不能通过显著性检验。

3. 城市总体竞合关系特征

（1）粤港澳大湾区城市竞合关系发育水平较高。首先，从城市交互的显著关系数占全部关系数的比重来看，大湾区城市总体竞合关系发育水平已达65%。在全部城市对中，仅约7%的城市对属于彼此交互作用均不显著的相对独立类型，而绝大多数（约占93%）城市组合中，彼此的经济增长均会产生不同程度（单向或双向）的显著影响，反映出大湾区城市间彼此交互作用强度已颇为显著，城际联系紧密而复杂，整体城市关系网络已呈蛛网状形态。其次，无论从单向城市交互作用关系或是从两两城市交互作用形成的城市对关系看，大湾区均呈现出城际竞争与城际合作并存，且城际合作关系略占优势的特点。以上反映出大湾区的城市分工已较为显著，但城市同构现象依然存在并较明显。

（2）广州、深圳、香港彼此单向合作关系显著。广州、深圳和香港作为大湾区的三个中心城市，彼此之间已形成了显著的单向合作关系。表现为深圳和香港对广州以及香港对深圳而言是合作关系，而广州对深港两市以及深圳对香港的关系在统计上尚不显著。换句话说，深圳的经济增长对广州具有显著的促进作用，而香港的经济增长对广州和深圳均有正向影响。反映出三市彼此联系较为紧密，城市间的产业分工与功能互补关系已显著形成，但存在城际关系的不对称性。

（3）广州的城市群引领带动作用较之深港有待增强。从大湾区中心城市对群内其他城市的交互作用看，深圳和香港对其他城市的显著交互作用均表现为合作关系，而广州则相反，均主要表现为竞争关系。从其他城市对中心城市的显著交互作用看，每一中心城市均同时包括对其表现为竞争关系或合作关系的城市。其中，对广州表现为合作关系的城市数量最多。反映出三大中心城市已深度参与城市竞合互动，与群内城市联系密切，但对城市群发展的引领带动作用具有明显的不平衡性。其中，深圳与香港的辐射效应较为突出，引擎带动作用明显；广州则以集聚效应为主，辐射带动作用有待进一步加强。

（三）基于主要非农产业的城市竞合关系

1. 服务业产值变动及其城市竞合关系识别

粤港澳大湾区 11 个城市的服务业产值变动趋势与 GDP 变动大致类似，如图 5 所示。

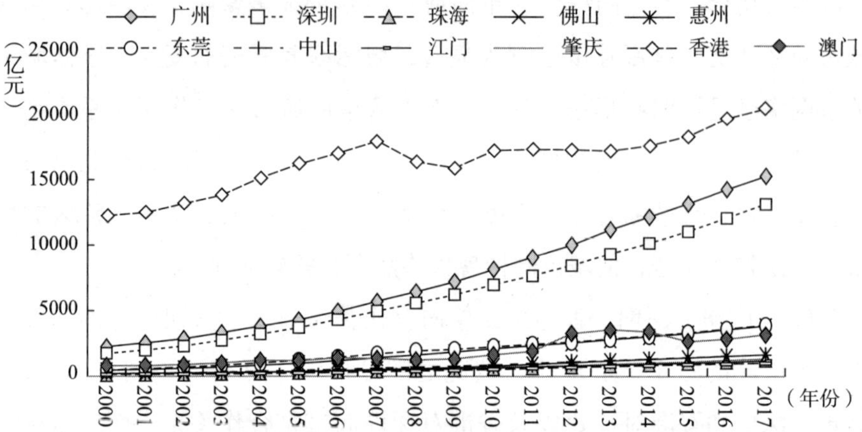

图5　粤港澳大湾区11城市的服务业产值变动

从基于服务业产值的大湾区城市互动系数估计结果来看（见表5），粤港澳大湾区及广州的城市竞合关系有以下特征。

表5　大湾区内各城市基于服务业的城市互动系数估计结果

	广州	深圳	珠海	佛山	惠州	东莞	中山	江门	肇庆	香港	澳门	R^2
广州		0	–	–	0	+	0	+	0	0	0	0.8701
深圳	+		–	–	0	+	0	+	0	0	0	0.9345
珠海	0	0		–	0	+	0	+	–	–	–	0.9466
佛山	0	0	–		0	+	–	+	+	0	0	0.7724
惠州	0	+	–	0		0	0	+	0	0	0	0.9804
东莞	0	0	–	–	0		0	0	0	0	0	0.7802
中山	+	0	–	–	+	0		+	+	0	0	0.9342
江门	0	0	0	–	0	0	0		0	–	0	0.9129
香港	+	–	0	–	0	0	–	+	0		0	0.9957
澳门	–	–	+	–	–	+	+	+	–	–		0.9942

注：“+”和“–”表示在1%、5%或10%水平上显著；“0”表示不能通过显著性检验。

（1）粤港澳大湾区城市服务业竞合关系发育水平明显低于总体水平。表5显示，基于服务业的大湾区城市竞合关系显著水平约为48%，明显低于城市总体竞合关系发育水平（65%），同时，在全部显著的竞合关系中，竞争关系（约占54%）较之合作关系（约占46%）具有明显优势。反映出基于服务业的大湾区城际联系较之城际总体联系的紧密程度明显偏低，在服务业联系紧密的城际关系中，竞争关系与合作关系并存，但同构竞争关系相对突出。

（2）广州、深圳和香港三市的服务业竞合关系具有显著的不对称性。图5显示，广深港三市作为大湾区服务业中心城市无可争议。从表5来看，三市的竞合关系具有明显的不对称性。其中，广州的服务业发展与深港具有明显的互补性，表现在广州与深圳和香港已分别形成了单向合作关系，也就是说，广州服务业的增长对深圳和香港服务业的发展均具明显的促进作用，但深圳和香港的服务业发展对广州的影响并不显著。同时，深圳对香港则显示为显著的单向竞争关系。一定程度上反映出广州的服务业发展与深圳和香港联系紧密，并存在明显的服务业分工。而深圳与香港服务业发展的联系也较紧密，但行业同构性明显。

（3）广州在服务业方面的引领作用较之于深圳和香港更为明显。广州、深圳和香港作为大湾区的3个中心城市，尽管各自均与大湾区的8个城市在服务业发展方面呈现出显著的单向竞合关系，但比较而言，广州与其他城市显著的竞合关系中，以单向合作关系为主，约占62.5%。而深圳和香港在与其他城市的竞合关系中则主要表现为单向竞争关系，所占比重分别为50%和75%。反映出广州与大湾区其他城市在服务业发展中较之深圳和香港存在更为明显的行业分工，引领带动作用的发挥相对更为明显。

2. 制造业产值变动及其城市竞合关系识别

粤港澳大湾区11个城市的制造业产值变动趋势如图6所示。

从基于制造业总产值的大湾区城市互动系数估计结果来看（见表6），粤港澳大湾区及广州市的城市竞合关系呈现以下特征。

（1）基于制造业的粤港澳大湾区城市竞合关系发育水平较低。表6显示，基于制造业的大湾区城市竞合关系显著水平仅约33%。同时，在全

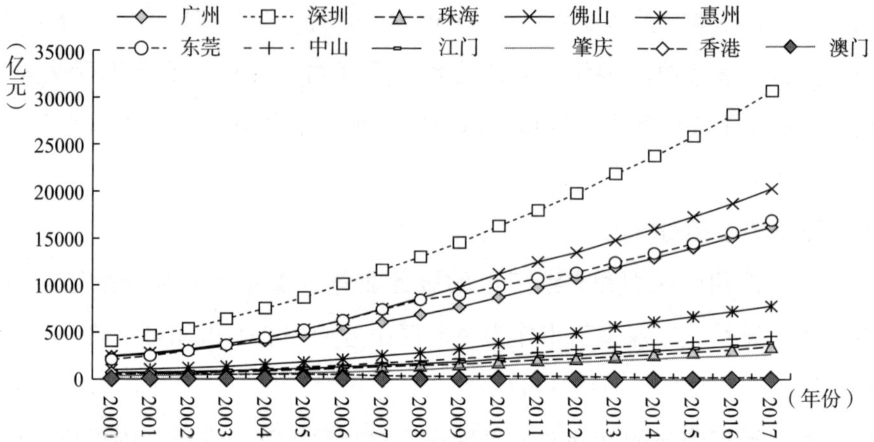

图 6　粤港澳大湾区 11 城市的制造业总产值变动

部显著的竞合关系中，城市竞争关系（约占 58%）较之合作关系（约占 42%）具有明显优势。进一步从城市对的关系类型看，42% 的城市对不存在显著的竞合关系，属于相互独立类型。反映出大湾区制造业的城际联系紧密程度较之服务业明显更低，在制造业联系紧密的城际关系中，竞争关系与合作关系并存，但同构竞争关系更为突出。

表 6　大湾区内各城市基于制造业的城市互动系数估计结果

	广州	深圳	珠海	佛山	惠州	东莞	中山	江门	肇庆	香港	澳门	R^2
广州		0	+	0	–	0	+	–	0	0	0	0.9610
深圳	0		+	0	–	0	+	0	0	0	0	0.9190
珠海	0	0		0	–	0	+	–	0	0	+	0.9577
佛山	0	–	0		–	0	+	–	0	–	+	0.9429
惠州	–	–	0	0		0	+	–	0	0	0	0.8554
东莞	0	0	0	0	0		0	0	0	0	0	0.8052
中山	0	0	0	0	–	0		0	0	0	0	0.9519
江门	0	0	+	+	0	+	+		0	0	0	0.9620
香港	0	–	0	–	–	0	0	–	0		0	0.9899
澳门	–	0	+	0	–	0	0	0	0	0		0.9819

注：“+”和“–”表示在 1%、5% 或 10% 水平上显著；“0”表示不能通过显著性检验。

（2）广州与大湾区其他制造业中心城市的竞合关系不显著。深圳、佛山、东莞和广州可看作大湾区的 4 大制造业中心城市，从表 7 来看四市之间的竞合关系，除深圳与佛山呈现单向竞争关系外，其他均不显著，反映出广州与其他三市的制造业支柱行业彼此具有一定的独立性，相互联系并不紧密，同构竞争与分工合作关系均不明显。

（3）广州、深圳和香港对城市群制造业的发展带动作用均不明显。广州、深圳和香港作为大湾区的 3 个中心城市，深圳对香港表现为单向竞争关系，而广州与深圳和香港的制造业交互作用均不显著。穗深港三市与大湾区其他城市的制造业交互作用均呈现出以竞争关系为主的特点。反映出三市，尤其是广州和深圳的制造业发展，集聚效应远大于辐射效应，对大湾区其他城市制造业的发展带动作用尚不明显。

（四）基于 R&D 支出的城市创新竞合关系

1. 城市 R&D 支出变动

粤港澳大湾区 11 个城市的 R&D 支出变动情况如图 7 所示。

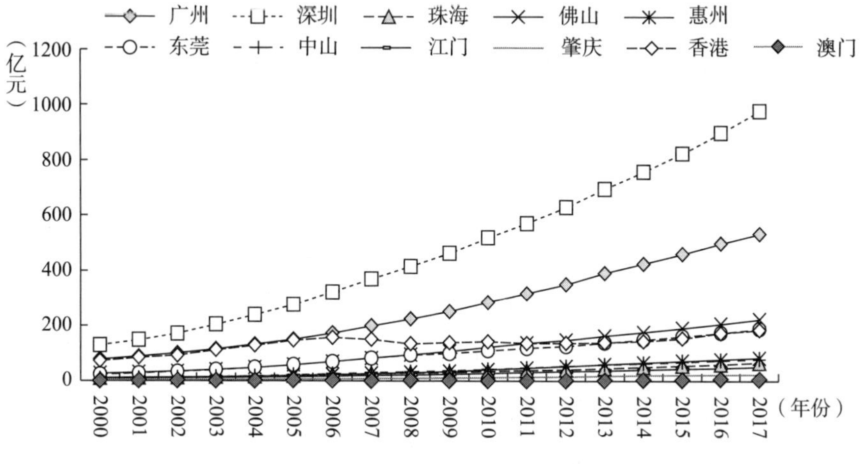

图 7　2000～2017 年粤港澳大湾区 11 城市 R&D 支出变动

图 7 显示，2000 年以来，深圳和广州的 R&D 支出持续快速上升，在大湾区始终位居前两位，较之于其他城市领先优势不断扩大。对比各市

R&D 支出规模及其变动趋势，显示出深圳与广州已成为大湾区创新活动最为活跃、创新资源最为集中的两个创新中心城市。

2. 城市创新竞合关系识别与特征

基于 R&D 支出数据，对大湾区城市互动关系进行估计，结果如表 7 所示，粤港澳大湾区及广州的城市创新竞合关系总体上有以下特征。

（1）大湾区城市创新交互活跃，合作互补关系明显。从城市单向交互作用关系看，城市创新交互的显著关系数约占全部关系数的 52%，虽略低于城市总体交互格局的显著水平（65%），但已超半数，并明显高于服务业与制造业的城市竞合格局的显著水平。同时，与城市总体交互格局中竞争关系与互补关系大致相当的竞合模式有明显区别，城市创新交互格局中，互补关系约占 67%，远高于竞争关系所占比重，显示出非对称单向互补关系主导模式。进一步考察四大中心城市的参与水平发现，它们在全部显著的交互关系中，参与比重高达 71%，在互补关系中的参与比重更高达 83%，一定程度上既反映出粤港澳大湾区创新资源分布具有集中性和城际不平衡性，也反映出大湾区的创新活动具有较强的城际溢出效应。

表 7　大湾区各城市基于创新活动的交互系数估计结果

	广州	深圳	珠海	佛山	惠州	东莞	中山	江门	肇庆	香港	澳门	R^2
广州		+	+	0	–	–	+	–	0	+	+	0. 9925
深圳	+		+	0	–	–	+	–	0	+	+	0. 9894
珠海	0	+		–	+	0	0	–	0	+	+	0. 9938
佛山	0	+	+		0	0	0	0	0	+	+	0. 9946
惠州	0	+	0	0		–	+	0	0	0	+	0. 9769
东莞	0	+	+	–	+		+	–	0	+	+	0. 9979
中山	0	0	+	0	–	–		–	0	0	0	0. 9852
江门	+	+	+	0	0	–	0		0	+	+	0. 9986
香港	0	0	0	–	–	0	0	0	0		+	0. 998
澳门	0	0	0	0	+	0	0	0	0	0		0. 8609

注：“+”和“-”表示在 1%、5% 或 10% 水平上显著；“0”表示不能通过显著性检验。

（2）广州与大湾区其他中心城市对城市群发展的创新驱动协同引领作用显著。穗、深、港、澳作为大湾区的四个中心城市，彼此之间已不同程度地形成对称或不对称的合作互补关系。其中，尤以穗、深表现突出，业已形成显著的对称双向互补关系。同时，四大中心城市对其他城市不同程度地均显示为互补关系，这也意味着四大中心城市对交互显著的其他城市均表现为创新带动作用，反映出四大中心城市对城市群的创新驱动发展战略发挥着不同程度的协同引领作用，并在一定程度上印证了推进“广州－深圳－香港－澳门”科技创新走廊建设具有良好的现实基础和较为充分的可行依据。

（3）广州的创新引领作用发挥程度较之深圳、香港和澳门相对较弱。观察表7，纵向来看，广州、深圳、香港与澳门分别与2个、6个、6个和8个城市形成了单向互补关系，反映出深圳、香港和澳门较之广州与更多的城市在研发活动方面形成了合作互补关系，这也意味着，随着三市研发活动的增加，将带动更多的城市同步增加研发活动，从这个意义上说，三市较之广州具有更显著的创新引领带动作用。究其原因，很大程度在于广州的研发投入主要来自高校、科研机构和政府部门，而来自企业和市场的研发投入明显不足。

（五）小结

城市本身是一个复杂巨系统，城市交互作用具有显著的多维特征。本文分别选取GDP、服务业产值、制造业产值和R&D支出四个变量，从4个维度对粤港澳大湾区及广州的竞合关系进行测度，总体呈现如下特征。

首先，粤港澳大湾区城市总体竞合关系发育水平较高，显著水平已达65%，城市分工合作与同构竞争两种现象在大湾区半数以上的城际关系中显著存在并大致相当。其中，广州、深圳和香港作为大湾区的3个中心城市，彼此联系紧密，分工合作关系较为显著，均已深度参与大湾区城市竞合互动，但对城市群发展的引领带动作用具有明显的不平衡性。

广州作为省会城市，集聚效应明显，多数城市与其形成了显著的分工合作关系，而深圳和香港则显示出较强的辐射效应，对其他城市的引领带动作用相对更为明显。

其次，基于主要非农产业的大湾区城市竞合关系发育水平明显偏低。基于服务业与制造业的城市竞合关系显著水平分别为48%和33%，并以竞争关系居多，显示出城市的产业联系水平低于总体水平，城市间的产业同构程度相对较高，而分工合作发育水平偏低，尤以制造业表现突出。其中，广州在服务业方面，与深圳和香港均已形成显著的单向分工合作关系，并显示出较明显的区域引领带动作用，但在制造业方面，与两市的竞合关系不显著，区域引领带动作用有待加强。

最后，大湾区城市创新交互显著水平已达52%，一定程度上反映了大湾区的城市创新驱动战略实施水平。同时，城市创新交互关系总体呈现出非对称单向互补主导模式，穗、深、港、澳四大中心城市创新互动紧密，合作关系显著，协同引领城市群创新发展态势明显，反映出大湾区创新驱动发展格局已初步形成。但较之于城市总体经济交互格局的发育水平，城市创新交互作用的显著水平仍明显偏低，创新资源的城市分布还具有较明显的不平衡性，反映出大湾区的创新动力支撑水平仍有较大发展空间。

三　基于粤港澳大湾区的广州城市竞争力评价

鉴于粤港澳大湾区城市群网络化特征明显，有必要首先从城市网络视角对城市的竞争力获取源泉进行解构分析，并构建基于城市网络的城市竞争力分析框架和概念模型。

（一）城市网络视角的城市竞争力获取源泉及其概念模型

1. 城市网络视角的城市关系属性

随着城市研究范式由等级向网络转向，城市间基于等级体系的单一竞争关系已开始受到质疑。网络的本质特性决定了相互性是所有网络的核心，网络体系中的成员不仅要考虑自身的发展，而且还必须为整个网络的发展做出贡献。从这个意义上说，合作是城市网络中城市间固有的关系。由此，可将城市间的竞争关系看作城市等级过程的产物，而合作关系则来自城市的网络过程。通常，因受行政区划调整、门户城市地位、经济周期变动等偶发因素的影响，城市间不可避免存在竞争关系，同时，影响城市竞争关系的偶发因素在现实世界又是普遍存在的。但受信息化、服务化的影响，城市间的合作关系对城市发展的重要性正日益凸显。对于具有城市网络性质的特定城市密集地区，如城市群、大都市带，区域同质性与地域临近性决定了城市间存在更为显著的双重关系，即等级竞争关系与网络合作关系，这种既竞争又合作的竞合关系成为推动城市发展的根本动力。

2. 城市网络视角的城市竞争力源泉

基于中心地理论的传统城市竞争力研究，主要关注城市间的竞争关系，从城市内部的属性要素寻找竞争力的解释证据，而对城市间客观存在并对城市发展日益重要的合作关系及其对城市竞争力提升的重要影响，很大程度上被忽视甚至被排除在分析框架之外。事实上，城市竞争力的本质在于，某一城市与其他城市比较所显示出的更强的发展能力和潜力。而城市间的网络合作关系对于双方的发展能力和潜力提升无疑是有帮助的。从城市网络角度来看，城市间并存两种关系，即城市间的竞争关系与合作关系。前者通过强调单体城市的综合实力及其自身结构优化能力，催生了城市的内生竞争力，后者通过强调城市间的网络合作能力及其在网络中的节点优势，[①] 催生了城市的外生竞争力。城市网络视角的这种竞

① 所谓节点优势是指，在城市网络中每个城市都是网络中的一个节点。经济流、技术流和信息流等各种空间要素流冲破城市行政边界的束缚，在网络体系中的流动和扩散使城市网络具有显著的外部性，表现为城市节点位置的网络交叉性越强，城市可获取的知识、信息、创新等资源的能力越强，节点优势越明显。

合关系，决定了城市竞争力的获取不同于传统视角的单一内生来源，而是源自城市内生竞争力与外生竞争力的有机整合，同时，这种有机整合的程度或水平高低又与地方政府及其制定的城市发展战略密切相关。

3. 基于城市网络的城市竞争力概念模型

基于上述分析，城市作为节点存在于城市网络中，城市竞争力的大小由城市的内生竞争力、外生竞争力和战略竞争力共同决定。其中，内生竞争力主要源自城市内部资本，由城市内部因素构成其解释基础；外生竞争力，主要基于城市在外部与其他城市因交互联系而形成的外部资本，由城市在网络中的节点优势及所在网络的外部性水平构成其解释基础；而战略竞争力则决定于城市发展战略的竞合策略选择及其政策实施效果，可由城市对资源的吸引、转化能力构成其替代解释基础。由此，城市竞争力的概念模型用函数的形式可表达为：

$$UC = G\{f_1(E_n), f_2(E_x), f_3(E_d)\} \qquad \text{式 } 3-1$$

其中，UC 代表城市竞争力；f_1代表城市的内生竞争力，f_2代表城市的外生竞争力，f_3代表城市的战略竞争力；E_n代表城市的内部因素矩阵，E_x代表城市的外部因素矩阵，E_d代表城市的战略因素矩阵。

一般来说，对于城市网络中的特定城市，其内生竞争力与外生竞争力并非相互独立的关系，而是在城市发展战略作用下，彼此存在着相互影响、相互制约和相互促进的复杂联系。内生竞争力、外生竞争力和战略竞争力分别建立在城市的竞争关系、合作关系和发展战略的实施效果基础之上，三者共同构成了城市获取竞争力的主要源泉，同时由于城市的类型、规模和性质不同，三者对城市竞争力的贡献程度又往往存在一定的差异。

（二）城市竞争力评价指标体系

针对粤港澳大湾区的自身发展特点，依据式 3－1，遵循系统性、科学性、可比性和数据可得性原则，构建粤港澳大湾区城市竞争力评价指标体系，如表8所示。该指标体系包括3个分目标层、6个准则层和47个基础指标，简述如下。

表8 粤港澳大湾区城市群城市竞争力评价指标体系

总目标层	分目标层	准则层	一级指标	二级指标
城市竞争力	战略竞争力	资源吸引能力	要素集聚	人口综合增长率、固定资产投资增长率
		资源转化能力	产出效率	人均GDP、地均GDP、单位GDP能耗增长速度、单位GDP电耗增长速度
	内生竞争力	城市宜业水平	城市规模	GDP、常住人口、社会消费品零售总额、进出口总额
			产业结构	第三产业比重、现代服务业占比、先进制造业增加值占工业增加值比重、高技术制造业增加值占工业增加值比重
			创新环境	研发人员占比、全社会R&D经费支出占GDP比重、工业企业新产品产值、专利申请量
			营商环境	FDI、新增企业增长率、金融机构存贷款总额、企业所得税税率、国际旅游外汇收入
		城市宜居水平	市政设施	公共交通车辆标准运营数、每平方公里道路通车里程、邮递数量、移动电话用户普及率
			生活品质	每万人公共图书馆藏书量、博物馆数、人均可支配收入、居民人均消费支出
			教育医疗	普通高等学校在校学生数、小学专任教师数、普通中学在校学生数、中等职业教育专任教师数、每万人拥有医院床位数、每万人拥有卫生技术人员数量
			生态环境	PM2.5年均值、PM10年均值、NO_2年均值、SO_2年均值
	外生竞争力	空间位置优势	区位条件	距国际机场的距离、机场级别与数量、高速公路过境条数、集装箱吞吐量
		城市交互优势	网络地位	城市网络链接值、网络中心度

1. 战略竞争力

战略竞争力主要反映城市政府所制定发展战略的前瞻性、科学性、选择弹性以及对战略的落实能力和水平。战略竞争力具有长期性、累积性和不可直接量度性，对城市的竞合关系形成，内外部资源吸引、转化和整合具有重要影响。这里拟从城市对资源的吸引和转化能力两方面予以间接量度。考虑数据可得性，共选取6个二级指标。

（1）资源吸引能力。与城市发展战略和相关政策的制定密切相关，主要考察人口和资本两个方面，选取了人口综合增长率和固定资产投资增长率2个指标予以反映。

（2）资源转化能力。很大程度上可看作城市发展战略及其执行水平的反映，具有一定的长期性。主要从人均GDP、地均GDP、单位GDP能耗增长速度、单位GDP电耗增长速度4个指标予以反映。

2. 内生竞争力

城市内生竞争力主要源于城市间的竞争关系，考虑到城市作为财富创造和生活居住的双重空间载体属性，主要从城市宜业水平和宜居水平两个方面构建评价指标，参考已有研究，共选取了35个二级指标。

（1）城市宜业水平。拟从四个方面予以反映，包括城市规模、产业结构、创新环境以及营商环境。

①城市规模。用于反映城市的综合实力和市场规模，这也是城市参与生产性竞争的现实基础，主要选取了4个二级指标予以反映。

②产业结构。用于反映城市的经济资源配置水平和发展潜力。主要从服务业和制造业两方面选取了4个二级指标予以体现。

③创新环境。创新是城市发展的关键动力，创新环境涉及诸多方面，这里主要从研发资金投入、研发人力资本及创新产出等方面选取了4个指标予以反映。

④营商环境。考虑数据可得性，主要从吸引投资、新增企业、存贷款、企业税率、国际旅游外汇收入等方面选取了5个指标予以综合体现。

（2）城市宜居水平。从市政设施、生活品质、教育医疗、生态环境4个方面予以反映。

①市政设施。市政设施的供给水平体现着城市高效运行的保障程度，既对城市经济发展起支撑作用，也是保证城市居民便捷、舒适生活的前

提和基础。受数据获取限制，这里主要选取了4个指标。

②生活品质。主要从收入、消费和满足精神文化需求等角度选取了反映居民生活品质的4个指标。

③教育医疗。教育医疗事关人的发展和健康，是城市宜居竞争力的重要体现。主要从教育资源规模和医疗保障水平角度选取了6个指标予以反映。

④生态环境。考虑大湾区的实际情况，这里重点从空气质量角度选取了4个指标予以反映。

3. 外生竞争力

城市外生竞争力主要源自城市间的网络合作能力及其在网络中的节点优势。这里主要从城市的空间位置优势和城市交互优势两个方面，分别从城市区位条件与网络地位两个角度，选取了6个二级指标予以反映。

（1）空间位置优势。城市的实体空间位置具有独占性和不可移动性，城市发展和联系有赖城际交通设施的互联互通，区域性交通基础设施的布局则塑造了城市的交通区位优势。若城市拥有便利的区位条件，便可以通过较低的交通运输成本，获取更多的资源和发展机遇，进而对城市经济发展和城市竞争力的提升产生重大影响。这里主要选取了4个指标。

（2）城市交互优势。这里主要将城市看作大湾区城市群网络中的节点，通过考察城市的网络地位及其在网络中的联系强度，来反映城市获得外部资本的能力。一般来说，城市在网络中的地位越高、权力越大，与其他城市节点的联系强度越大，则城市交互优势越明显，获取外部资本的能力也就越强，外生竞争力也就越突出。这里选取城市网络链接值和网络中心度指标予以反映。

（三）粤港澳大湾区城市竞争力评价

1. 数据、方法与技术路线

（1）数据类型与来源

评价指标体系中主要包括城市属性数据和关系型数据两种类型，属性数据主要来自《广东统计年鉴（2019）》及相关城市的统计部门官方网站，港澳的部分数据来自世界银行等国际组织的官方网站和评估报告。城市关系型数据，主要来自本报告第一部分的内容，即广州在粤港澳大湾区城市功能网络中的地位的实证测度结果。

需要说明的是，由于香港、澳门、广州、深圳、珠海、佛山、东莞、中山 8 个城市的市区与辖区范围相同，故采用全市统计口径；而惠州、江门、肇庆 3 个城市因涉及多个下辖县，根据对城市的概念界定，采用市辖区统计口径。其中，惠州统计范围包括惠城区、惠阳区、大亚湾区和仲恺区；江门统计范围包括蓬江区、江海区和新会区；肇庆统计范围包括端州区、鼎湖区、高要区和高新区。

（2）数据处理

指标体系中包括正向指标和逆向指标两种类型。对于逆向指标，如单位 GDP 能耗增速、单位 GDP 电耗增速、企业所得税税率、空气中有害气体的浓度和距国际机场的距离等，我们进行了正向化处理。主要参考叶宗裕的做法，对原始数据取负值，即令

$$x_i = -x_i \qquad 1 \leqslant i \leqslant 11 \qquad \text{式 3-2}$$

进行正向化处理后，再对各指标进行无量纲化处理，以消除不同指标量纲不统一的影响。

（3）方法与技术路线

城市竞争力的评价主要采用主成分分析方法进行多指标客观赋权综合。技术路线主要针对评价指标体系，采取由下而上分层逐级综合的思路，确定各层次指标的综合函数的权系数，进而计算各层指标的综合指数。

以准则层城市宜居能力的计算为例，首先对城市宜居能力对应的一级指标指数 $Z_{ijm}, \cdots, Z_{ijl}$ 进行主成分分析，以累积信息量不小于 80% 为原则，提取前 n 个主成分 $F_{ijk}, \cdots, F_{ijn}$，以各主成分的方差贡献率 a_n 为权数，构造综合函数：

$$Z_{ij} = a_1 F_{ij1} + a_2 F_{ij2} + \cdots + a_n F_{ijn} \qquad 式3-3$$

进而，由各主成分 $F_{ij1}, F_{ij2}, \cdots, F_{ijk}$ 的得分，计算出城市宜居能力 Z_{ij} 的指数。按照上述技术路线，再由准则层各指数 Z_{i1}，…，Z_{ik}，测算分目标层各指数 Z_i，最后由分目标层指数测算出城市竞争力指数 Z。

为便于比较分析，对于各层次综合指数进一步做最大值为 100 的等比等距变换，公式为：

$$B = A + (1 - A_{\min}) \qquad 式3-4$$

$$C = B \times (100 / B_{\max}) \qquad 式3-5$$

其中，A 为原始得分列向量，B 为转换列向量，C 为变换目标列向量，$A_{\min}$ 为 A 的最小元素，$B_{\max}$ 为 B 的最大元素。

2. 粤港澳大湾区城市竞争力评价结果

通过运用主成分分析法和等比等距变换，计算得到粤港澳大湾区的城市竞争力综合得分，如图 8 所示。从评价结果来看，深圳的城市竞争力居首；广州紧随其后，城市竞争力得分 88.48，位居第二位；香港的城市竞争力得分 83.49，排名第三；澳门、佛山、珠海、东莞、中山、江门、惠州的城市竞争力得分依次降低，肇庆居于末位。总体上，粤港澳大湾区 11 个城市的竞争力得分排序基本符合预期，并呈现明显的层级差异。

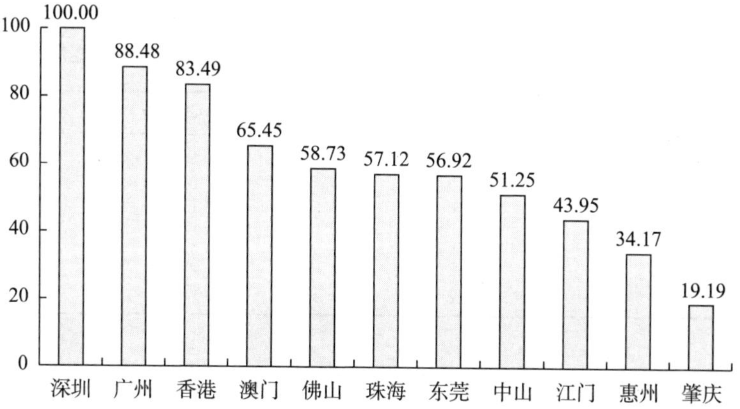

图 8　粤港澳大湾区城市竞争力综合得分

依据大湾区城市竞争力得分分布，可大致将大湾区的城市竞争力划分为三个层级。第一层级包括深圳、广州和香港三市，这三个城市是大湾区的中心城市，相对于其他城市，各方面相对均衡，并具明显优势，在大湾区发展中起着核心引领作用。第二层级包括澳门、佛山、珠海、东莞、中山五市，这五个城市的竞争力得分彼此较为接近，在影响竞争力的诸多因素中，多数城市在一个或多个方面表现出相对突出的竞争优势。如，澳门在资源转化能力、生活品质和生态环境方面在大湾区居于首位，佛山在创新能力方面、珠海在资源吸引方面竞争优势突出，东莞在宜业能力方面仅次于第一层级诸市等。第三层级则包括江门、惠州和肇庆，比较而言，三市在各方面表现均相对靠后，竞争力综合得分相对较低。

3. 粤港澳大湾区的城市竞争力源泉结构

根据评价结果，我们依据城市网络视角的城市竞争力概念模型，对城市竞争力及其三种来源，即内生竞争力、外生竞争力与战略竞争力做相关分析，结果如表 9 所示。分析显示，城市竞争力与三个分项竞争力均高度相关，根据相关系数由高到低依次为内生竞争力（0.923）、外生竞争力（0.865）和战略竞争力（0.842）。反映出在当前粤港澳大湾区城市网络发育水平下，城市的竞争力来源具有显著的多元特征，但内生竞争力总体上仍居主导地位。

表 9　粤港澳大湾区城市竞争力及其三个分项竞争力的相关矩阵

	城市竞争力	战略竞争力	内生竞争力	外生竞争力
城市竞争力		0.842	0.923	0.865
战略竞争力			0.609	0.498
内生竞争力				0.870
外生竞争力				

从分项竞争力之间的相关关系来看，内生竞争力与外生竞争力具有较高的相关系数（0.870），其次为内生竞争力与战略竞争力（0.609），

而战略竞争力与外生竞争力相关水平最低（0.498），反映出城市在网络中的地位及其对外部资源的获取能力总体上与其自身实力和内生竞争力密切相关，城市发展战略的制定仍主要着眼于竞争关系，“以我为主”的战略思维在大湾区仍居主流。

（四）广州的城市竞争力及其主要影响因素解析

1. 广州的城市竞争力主要来源

比较粤港澳大湾区城市竞争力排名前四位也即其四大中心城市的城市竞争力及分项竞争力得分发现（见图9），广州的城市竞争力得分低于深圳，略高于香港，排名第二。在城市竞争力的3个来源中，其内生竞争力和战略竞争力得分均略低于香港而位居第三和第四位，但其外生竞争力得分略高于深圳而位居第一位，反映出外生竞争力已成为其城市竞争力的最主要来源。这显然与大湾区整体的城市竞争力来源以内生竞争力为主导不同。

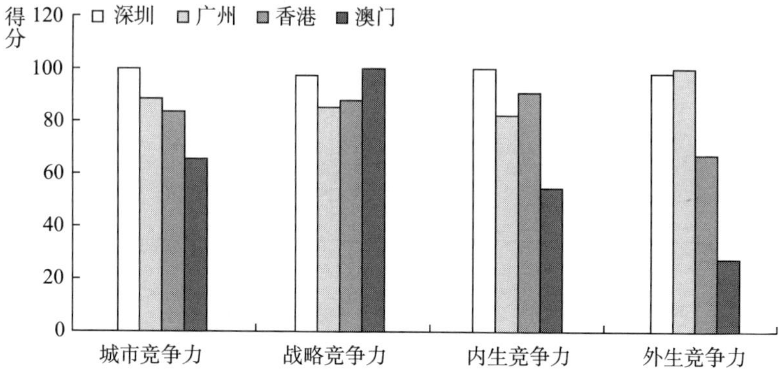

图9 粤港澳大湾区四大中心城市的城市竞争力及分项竞争力得分比较

2. 广州的战略竞争力

城市发展战略对于一个城市的发展和特色塑造具有全局性、长期性和累积性影响，从这个意义上说，对其直接评估颇为困难并存在一定程度的不可测性，但从其作为城市获取竞争力的源泉角度，或可通过将城市的资源吸引能力和转化能力看作其实施后果的集中体现，对其进行间接评估和城际比较。

由表 10 可以发现，广州的资源吸引能力和资源转化能力分别位居大湾区 11 个城市的第三位和第五位。其中，资源吸引能力得分低于深圳，与珠海大致相当而稍低。在资源转化能力方面，得分低于澳门、香港和深圳，稍低于东莞并与佛山相当，很大程度上反映出其在经济高质量发展、空间集约化和产业结构优化升级方面仍有较大提升空间。

表 10　粤港澳大湾区城市的战略竞争力比较

城市	资源吸引能力		资源转化能力	
	得分	排名	得分	排名
深圳	100.00	1	83.88	3
珠海	74.37	2	68.69	8
广州	74.08	3	76.64	5
佛山	51.27	4	76.64	5
澳门	49.30	5	100.00	1
肇庆	44.79	6	27.10	10
江门	42.54	7	65.89	9
中山	37.75	8	71.26	7
惠州	36.34	9	23.36	11
香港	34.65	10	89.95	2
东莞	28.17	11	77.57	4

3. 广州的内生竞争力

从内生竞争力综合得分来看（见表 11），广州在宜业能力和宜居能力两方面的得分均低于深圳和香港，且在宜居方面与澳门大致相当而略低。

表 11　粤港澳大湾区城市内生竞争力主要影响因素得分与比较

城市	宜业能力		宜居能力	
	得分	排名	得分	排名
深圳	100.00	1	100.00	1

续表

城市	宜业能力		宜居能力	
	得分	排名	得分	排名
香港	89.51	2	93.87	2
广州	78.26	3	89.07	4
东莞	55.75	4	50.93	8
惠州	50.64	5	57.33	6
佛山	48.34	6	45.33	9
珠海	42.20	7	57.87	5
中山	38.62	8	54.93	7
江门	30.69	9	41.07	10
澳门	25.83	10	90.13	3
肇庆	25.58	11	26.67	11

（1）从宜业能力的四个一级指标来看（见图10），对比深圳和香港，广州除在城市规模上具有比较优势外，在产业结构和创新环境两方面优于香港，较之深圳有待提升。在营商环境上较之深圳，尤其是香港仍有改善空间。

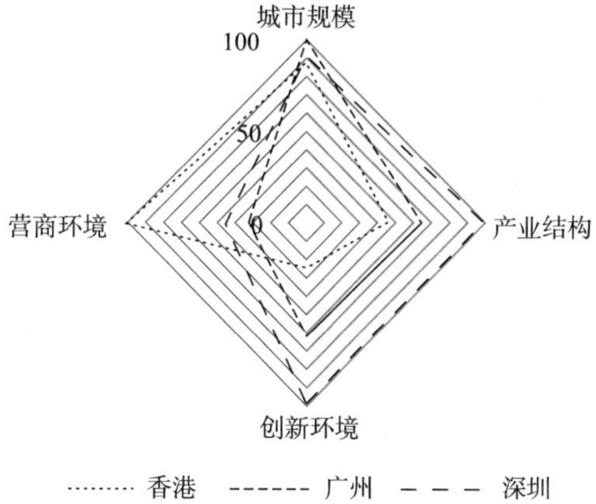

图10　穗、深、港宜业能力各影响因素得分雷达图

具体来看，广州在城市规模的得分居大湾区首位。广州在经济总量和进出口总额两方面低于深圳和香港，但在常住人口和社会消费品零售总额方面较之深圳和香港具有明显优势。综合四个方面，广州在城市规模上较之深圳和香港具有一定的比较优势。

在产业结构方面，第三产业已成为广州、深圳、香港三市的主导行业，在 GDP 中所占比重均大于 50%。比较而言，香港的服务业占比已在 90% 以上，过高的城市服务业水平导致其制造业规模偏小、占比过低，实体经济空心化现象较为明显。广州的服务业占比略高于 70%，比深圳高出 10 多个百分点，城市服务业水平处于较高水平。但从服务业的高级化程度来看，广州的现代服务业占比虽略高于香港，但明显低于深圳。制造业作为广州和深圳经济的重要组成部分，从先进制造业和高技术制造业占工业增加值的比重来看，广州分别为 59.5% 和 13.7%，低于深圳的 71.2% 和 66.7%，反映出广州在产业结构方面较之深圳存在较大的优化提升空间。

在创新环境方面，虽然广州和香港在科研机构、高等院校等方面较之深圳具有显著优势，但因其在企业自主研发投入方面与深圳差距明显，导致整体创新环境无论是创新投入还是创新产出均不及深圳。2017 年深圳的社会研发支出在 GDP 中所占比重高达 4.34%，高于广州的 2.48% 和香港的 0.80%；研发人员的数量分别是广州和香港的 2.2 倍和 9.4 倍；规模以上工业企业新产品产值分别实现了广州和香港的 2.9 倍和 6.5 倍，专利申请量分别达到广州和香港的 1.5 倍和 12.7 倍，这反映出深圳的创新氛围较之广州和香港更显浓厚。

从营商环境来看，香港的比较优势突出，这得益于其高度的国际化水平和作为低税率、低管治的国际自由港城市性质。无论是吸引外来直接投资、金融机构存贷款总额还是国际旅游外汇收入、企业所得税率等方面，香港较之广州和深圳均具显著优势。对比广州和深圳，广州除在国际旅游外汇收入方面略具优势外，在其他方面，尤其是新增企业增长率方面则落后于深圳。

（2）从城市宜居能力来看，广州在市政设施和教育医疗发展方面较之深圳和香港具有一定的比较优势，但在生态环境和生活品质方面则相对落后，如图 11 所示。

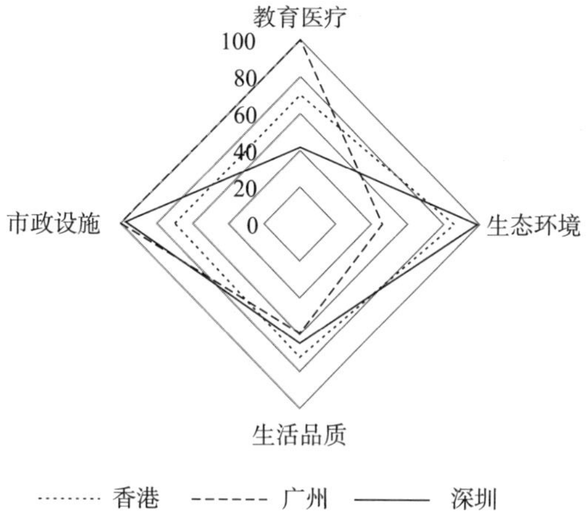

图 11　穗、深、港宜居能力各影响因素得分雷达图

广州作为广东省会，华南门户，城市发展历史悠久，是华南地区的经济、商贸、教育、医疗、文化和交通信息中心。经过长期的城市建设和城市更新改造，市政设施先进而完备。以反映市政设施的交通、通信支撑能力为例，2017 年广州的邮递数量约为 41 亿件，在大湾区城市中以绝对优势位居首位，分别是位居第二位和第三位的深圳和香港的约 1.5 倍和 3.5 倍。同时，广州也是华南地区教育和医疗优质资源的汇聚之地，教育医疗设施先进健全。除在万人拥有卫生技术人员数量方面略低于香港外，在普通高等教育在校学生数、中小学专任教师数、万人拥有医院床位数等指标上均位居大湾区首位。

在生活品质方面，广州文化底蕴深厚，文化氛围浓郁，设施完备而齐全，较之深港具有一定的比较优势。但在反映居民收入和消费水平的指标上相对落后。如广州 2017 年的人均可支配收入为 50782 元，略低于深圳的 52938 元，但远低于香港的 325067 元。人均消费支出约为 56348 元，与深圳的 56789 元大致持平，但与香港相比仍有较大的差距。同时，广州在生态环境方面，较之深港差距明显。从反映空气质量的四个指标来看，广州在 PM2.5 和 PM10 的年平均浓度以及 SO_2 和 NO_2 的年均值上均高于大湾区城市的平均水平，综合评价得分仅为 46.08，位列第八位。比较而言，深圳和香港的产业多以服务业和高新技术制造业为主，且城市主体临近海岸，环境容量大，空气质量明显较好，在大湾区分别以 99.29 和 85.99 的综合得分而位居第三位和第五位。

4. 广州的外生竞争力

从外生竞争力的主要影响因素得分来看（见表 12），广州、深圳和香港在城市区位优势和区域网络优势两方面均位居大湾区城市的前三位。其中，广州在城市区位优势得分上位居大湾区首位，区域网络优势得分仅次于深圳，位居第二位。综合两个方面，广州外生竞争力得分略高于深圳，位居大湾区首位。

表 12　粤港澳大湾区城市外生竞争力主要影响因素得分与比较

城市	城市区位优势		区域网络优势	
	得分	排名	得分	排名
广州	100.00	1	98.52	2
深圳	95.35	2	100.00	1
香港	64.65	3	73.89	3
佛山	52.79	4	59.26	4
惠州	50.00	5	42.96	8
珠海	46.28	6	52.59	6
澳门	45.35	7	18.52	11
东莞	41.16	8	58.15	5
中山	39.30	9	49.81	7
江门	37.91	10	41.67	9
肇庆	23.26	11	26.11	10

从城市区位优势来看，广州在大湾区的地理中心位置凸显，高等级海陆空大尺度现代交通基础设施完备，较之深圳和香港，陆路交通枢纽优势尤为明显。从城市的区域网络优势来看，广州作为省会城市，是华

南地区的门户城市和传统的政治、经济和文化中心，区域内部城际交往历史久远而紧密。尽管近年随着深圳的迅速崛起，其在区域城际经济联系强度上逐渐被深圳赶超，但其网络中心性地位依然显著，并远超位居大湾区第三位的香港。

5. 小结

综合前述分析，根据城市竞争力综合得分，粤港澳大湾区 11 城市可大致划分为 3 个层级，其中，深圳、广州和香港三个中心城市归属第一层级，它们的综合得分及分项竞争力得分均远高于其他层级城市。广州的城市竞争力得分低于深圳但略高于香港，位居第二位。

较之于深圳，广州的竞争优势突出表现在交通区位、城市规模、市政设施、教育医疗等方面，而这些优势又与其作为广东省会的城市性质密切相关。首先，广州临江面海，地处珠江干流入海口，优越的地理位置奠定了广州成为区域行政管理中心、商贸集散中心和交通运输中心的自然地理基础。其次，广州的城市发展战略随时代变迁而不断调整，综合性行政中心功能在历史累积作用下不断强化，中心城市功能日趋凸显、市政设施日渐完备，人口、产业、商贸、教育、医疗及文化、交通等资源要素持续集聚，城市能级与规模效应日渐增强，其国家中心城市、综合性门户城市的功能特色和城市性质日趋显著而不可替代。

从广州的竞争短板来看，广州在战略竞争力和内生竞争力方面的表现相对不及深圳，具体主要在资源转化能力、产业结构、创新环境、营商环境、生活品质和生态环境等方面较之深圳存在一定差距，而这几个方面又存在一定的内在逻辑联系，这种联系很大程度上可归结为它们产业结构的差异。总体上，广州的产业结构已形成了工业以汽车制造、服务业以批发零售为首位支柱行业，国有经济占主导地位的特色。而深圳则形成了工业以计算机电子通信设备制造、服务业以金融业为首位支柱行业，民营经济占主导地位的更具效率和活力的现代产业体系。

产业结构的差异很大程度上是导致广州的城市竞争力总体上落后于

深圳的主要原因，而这种差异的形成又与城市发展战略的历史选择密切相关。

首先，从制造业来看，大致在2000年前后，随着珠三角工业用地紧张，劳动力成本上升，产业转型升级成为大势所趋。广州适时确立了以重化工业为重点的工业发展战略，选择了以石化、钢铁和汽车制造作为支柱行业来带动经济增长。深圳同一时期则选择了跨越重化工业阶段，着力发展高新技术产业的工业发展战略，将发展重点放在了计算机电子通信设备制造、互联网、新能源和生物科技等新兴行业上。经过十多年的快速发展，国内外经济形势发生了深刻变化，随着我国经济发展步入新常态，尤其是供给侧结构性改革之后，广州除汽车制造业保持持续增长外，石化、钢铁行业相继增长乏力，而深圳的计算机电子通信设备制造业则增长迅猛，成为其制造业的首位支柱行业，并孕育出以华为等为代表的一大批充满活力的创新型民营企业，在工业增长尤其是高技术制造业方面，广州与深圳的差距不断拉大。

其次，从服务业结构来看，广州和深圳的服务业占GDP的比重均超过50%，但侧重点有明显差异。广州的支柱行业，前两位分别是批发零售业和金融业，深圳与广州相同但排序发生了互换。2017年，广州的批发零售业增加值约为深圳的1.3倍；而深圳的金融业增加值则是广州的约1.5倍。广州的第一支柱行业批发零售业对经济的带动作用显然不如深圳的金融业。在直接融资方面，深圳拥有证券交易所，方便本地企业上市和融资，而广州在这方面一直缺乏，直到2019年上交所南方中心才落地广州。在扶持中小企业、推动创新创业的风险投资方面，广东约75%的私募基金管理人位于深圳，而广州无论在私募基金管理机构的数量或资金管理规模方面较之深圳均存在明显差距，这也是广州在企业创新方面落后于深圳的重要原因。在间接融资方面，因银行贷款多偏向国有企业或大型企业，广州较之深圳，中小企业存在贷款难或融资成本过高等问题，不利民营经济的发展和成长。

应该说，广州和深圳因城市性质不同，城市的经济发展战略各有侧重，形成了各具特色的产业结构体系，由此导致城市竞争力表现也各具优势和短板。

四　增强广州城市竞争力的策略与建议

（一）基本判断

综合前述分析，我们有如下三点基本判断：

首先，粤港澳大湾区城市群网络化特征明显，已形成多中心蛛网状城市网络结构。广州、深圳、香港和澳门四个中心城市特色鲜明，竞合关系显著，均已深度参与大湾区城市竞合互动。

其次，广州总体上与深圳和香港的分工合作关系显著，三市在大湾区经济增长中的引擎带动作用具有明显的协同性和不平衡性。其中，不平衡性主要表现在广州的集聚效应明显，而深圳和香港则显示出较强的辐射效应。

最后，广州当前的城市竞争力在大湾区仅次于深圳。总体而言，广州的竞争优势突出体现在由交通区位和区域网络地位综合反映的外生竞争力方面；较之深圳，其竞争短板主要表现在以产业结构优化调整为主线的战略竞争力和内生竞争力两方面。

（二）路径与策略

基于城市网络的城市竞争力获取源泉分析显示，城市竞争力的提升路径主要涉及三个方面，即战略路径（政府决策）——竞争路径（城市能级）——合作路径（网络优势），三条路径相互联系、协调统一、三位一体，共同决定着城市竞争力的提升水平。

从当前粤港澳大湾区城市群所处发展阶段来看，城际联系已相当密切，城市间的产业同构竞争（尤其体现在制造业方面）与分工合作（尤其体现在协同创新方面）并存，内生竞争力在城市竞争力来源中仍居主导地位。在此背景下，广州的竞争力提升策略无疑应坚持以补齐短板、强化优势为基本原则，紧密围绕国家中心城市、省会城市和大湾区核心城市的功能定位，以我为主、保持战略定力与战略耐心，在与大湾区其他城市尤其是中心城市发展积极的竞合关系基础上，强化战略研究，并以新发展观为引领、高质量发展为主线、产业结构优化调整为重点、城市能级提升为核心，实施创新驱动战略，加快增长动能转换，注重城市内生竞争力提升和核心城市引擎带动作用的发挥，优化并平衡城市获取竞争力的源泉结构，推动城市竞争力持续增强。

（三）主要建议

1. 加强城市发展战略研究，提升城市战略竞争力

城市发展战略决定着城市未来的发展方向，对城市的内生竞争力和外生竞争力的形成具有推动和塑造作用，对城市竞争力的提升具有长期性和全局性影响。

广州当前的城市竞争力在大湾区位居前列，一定程度上与其重视城市战略研究有密切关系。早在2000年前后，广州就借鉴发达国家城市发展经验，在国内率先开展了城市总体发展战略研究（展望至2020年的概念规划）。深圳、香港和澳门作为大湾区城市竞争力居前的三个中心城市对战略研究同样非常重视。2005年前后三市已先后开展了颇具弹性和前瞻性的“2030远景规划与发展策略”研究。应该说，这种长期的战略规划对于城市尤其是引领型城市选择正确的发展方向，指导城市规划、产业结构以及发展决策，及时响应时代要求，应对城市内外部发展环境的变化，并持续保持城市竞争力具有重要意义。

从广州的战略竞争力评价来看，总体表现良好，但较之于深圳、香港和澳门仍存在一定的差距。目前大湾区城市中，深圳已率先对标世界先进城市，将城市未来发展的战略谋划直指2050年。国内的青岛、长

沙、武汉等主要城市也已先后开展了2050年前后的远景规划研究。虽然广州也推出了《飞跃广州2050》的宣传片，但远景规划尚未见到。

鉴于此，广州有必要重视并强化城市发展战略研究，尽快着手开展2050年远景规划与发展策略研究。

2. 以新发展理念为引领，着力提高城市内生竞争力

在城市竞争力的三种来源中，广州的内生竞争力仅次于深圳和香港，在大湾区位居第三位。从内生竞争力主要影响因素来看，广州较之深圳和香港，优势与短板并存。

2019年，为深入贯彻落实习近平总书记视察广东重要讲话精神，广州提出了推动综合城市功能、城市文化综合实力、现代服务业和国际化营商环境四个方面的“出新出彩”行动方案并获得了广东省的全力支持。从四个行动方案的具体内容和2022年应达目标来看，对于广州强优势、补短板，提升内生竞争力无疑具有很强的针对性。同时，广东省明确提出要以同等力度对广州的“四个出新出彩”与深圳先行示范区建设进行全力推动实施，为广州全面提升内生竞争力，加快实现老城市新活力带来了难得的发展契机。

需要注意的是，2018年，广州的人口密度和地均GDP分别约为2056人/平方公里和29663万元/平方公里，仅相当于深圳的31.5%和24.5%，香港的30.5%和13.7%。从这个意义上说，广州较之于深港，具有更大的城市发展空间，其内生竞争力的提升也将是一个长期的过程。因此，广州有必要在落实“四个出新出彩”行动方案基础上，对标世界先进城市，聚焦城市能级和内生竞争力提升，进行更为长远的战略谋划。

3. 树立正和博弈思维，发挥核心城市的引擎带动作用

在当前粤港澳大湾区城市群网络化发展背景下，城市间交互作用强烈，城际竞合关系不对称现象突出，城市间产业同构竞争与分工合作现象复杂交织，这种竞合关系已成为城市竞争力提升的重要动力源泉。

从广州在大湾区的网络地位和竞合格局来看，广州已与深圳、香港

和澳门不同程度地形成了显著的分工合作关系，并在与其他城市的竞合互动中发挥着城市网络核心的功能，这种网络核心优势已成为广州获取外部资本，增强城市竞争力的重要动力源泉。从这个意义上看，广州未来应进一步树立正和博弈思维。

一方面，基于竞争视角，广州应立足自身城市性质和功能定位，以先进制造业、现代服务业和新兴产业为重点，大力发展民营经济，实施创新驱动战略，加速推进产业结构优化升级和经济增长动能转换，不断完善国际化营商环境，持续增强对高端资源要素的吸引、集聚和转化能力，全力提升高质量发展水平和城市能级。

另一方面，基于合作视角，广州应充分发挥在交通、信息、科教、医疗、文化等领域的中心地位优势和综合服务功能，加强穗港、穗澳优势互补，强化穗深“双核联动”，深化珠三角城市分工合作，加快推进大湾区在基础设施互联互通、国际科技创新中心建设、产业协同升级、重大合作平台共建、国际一流人文湾区打造以及体制机制创新联动等方面的城际分工与协同。

通过积极发展与大湾区其他城市尤其是中心城市的竞合关系，不仅有利于发挥广州的核心城市引擎带动作用，进一步增强外生竞争力，也将有利于推动粤港澳大湾区实现要素有序流动、资源高效配置和市场深度融合，并加快城市群的高级化演进。

参考文献

程玉鸿、陈利静：《城市网络视角的城市竞争力解构》，《经济学家》2012 年第 8 期，第 72 ~ 79 页。

程玉鸿、汪良伟：《城市群内城市间竞争合作关系研究及实证测度——以粤港澳大湾区为例》，《港澳研究》2018 年第 1 期。

Dendrinos D. and Sonis M. “Nonliniear Discrete Relative Population Dynamics of the U. S. Regions”, *Applied Mathematics and Computation*, 1988（25）：265 - 85.

方创琳、毛其智、倪鹏飞：《中国城市群科学选择与分级发展的争鸣及探索》，《地理学报》2015 年第 4 期。

Hewings G. J. D. “Spatially blind trade and fiscal impact policies and their impact on regional economies”, *Quarterly Review of Economics & Finance*, 2014, 54 (4): 590 - 602.

Hewings G. J. D., Sonis M., Cuello F. A. Mansouri F. “The role of regional interaction Inregional growth: competition and complementarity in the US regional system”, *Australasian Journal Regional Study*, 1996, 2 (2): 133 - 149.

马学广、李鲁奇：《中国城市网络化空间联系结构——基于银行网点数据的研究》，《地理科学进展》2017 年第 4 期。

Nazara S., Hewings GJD., Sonis M. “An Exploratory Analysis of Hierarchical Spatial Interaction: The Case of Regional Income Shares in Indonesia”, *Journal of Geographical Systems*, 2006, 8 (3): 253 - 268.

Sonis M., Hewings GJD. “Regional competition and complementarity: comparative advantages/disadvantages and increasing/diminishing returns in discrete relative spatial dynamics”, In: Batey, PWJ., Friedrich, P. (eds.). *Regional Competition.* Springer, Berlin Heidelberg Newyork, 2000, pp. 139 - 158.

Taylor PJ. “Specifileation of the world city network”, *Geographical Analysis*, 2001, 33 (2): 181 - 194.

粤港澳大湾区金融产业集群与广州金融发展路径研究*

徐维军　于孝建　张卫国**

摘　要： 金融业对大湾区的经济贡献每年维持在10%左右，2018年金融业增加值占大湾区GDP的10.6%。对比长三角城市群、京津冀城市群、长江中游城市群和成渝城市群，粤港澳大湾区的金融产业集群水平最高，核心城市如香港、深圳等在金融产业集聚方面表现突出，城市群内部协同程度较高，发展潜力巨大。从大湾区内香港、广州、深圳三大城市的金融竞争力对比来看，广州在绿色金融和航运金融等现代金融业领域具有明显优势。广州应发挥成熟造船业基础和广州航交所船舶交易服务平台优势，借助广州绿色金融改革创新试验区建设经验，着力发展广州航运金融产业和绿色金融产业，同时注重弥补科技金融短板。文章结合广州金融发展路径选择，对

* 本项目为粤港澳大湾区发展广州智库2019年度重点课题（2019GZWTZD03），项目名称：粤港澳大湾区打造具有国际竞争力的金融产业集群研究；中央高校基本科研业务费专项资金资助（ZKXM201907），项目名称：促进粤港澳大湾区金融发展的财税政策研究；中央高校基本科研业务费专项资金资助（K5173850），项目名称：粤港澳大湾区金融建设研究；国家自然科学基金－广东联合基金资助（U1901223），项目名称：粤港澳大湾区跨境融资金融风险度量及协同管理创新研究。

** 徐维军，华南理工大学工商管理学院决策科学系主任、广州市金融服务创新与风险管理研究基地副主任、研究员、博士生导师；于孝建，华南理工大学经济与贸易学院金融系副主任、华南理工大学金融工程研究中心副主任、副教授、硕士生导师；张卫国，华南理工大学工商管理学院院长、广州市金融服务创新与风险管理研究基地主任、教授、博士生导师。

标大湾区发展规划和系列政策，分别从传统金融、绿色金融、航运金融和科技金融四个方面，提出广州、深圳、香港和澳门等核心城市金融协同发展建议。

关键词： 粤港澳大湾区　金融产业集群　金融产业竞争力　现代金融业　广州

引　言

粤港澳大湾区是由广州、佛山、肇庆、深圳、东莞、惠州、珠海、中山、江门九市和香港、澳门两个特别行政区组成的城市群，是世界第四大湾区，具有“一二三四”的特点，即一个国家、两种体制、三个关税区、四个核心城市。建设粤港澳大湾区是习近平总书记亲自谋划、亲自部署、亲自推动的国家战略，是新时代推动形成全面开放新格局的新举措，是推动“一国两制”事业发展的新实践。这一区域概念的明确经历了从研究型报告到政府工作报告，从地方政府到中央政府，从“珠江口湾区”到“粤港澳大湾区”的过程。

金融是现代经济的核心，大湾区经济发展需要金融全方位服务与支持。2019 年 2 月，中共中央和国务院印发了《粤港澳大湾区发展规划纲要》（以下简称《纲要》），强调要加快金融等现代服务业发展，推进金融开放创新，有序推进金融市场互联互通，正式绘制了大湾区金融发展蓝图。随着全球经济一体化，金融资源在全球范围内迅速流动，金融产业集群逐渐成为金融业的重要组织形式。金融产业集群通过集聚大量的金融资源，展现出集聚效应、经济效应、规模效应、信息外溢效应和创新效应等，极大地促进了所在地区经济的发展。粤港澳大湾区拥有香港国际金融中心和广州、深圳两个区域金融中心，在发展高质量、极具竞争力的金融产业集群方面具有良好的基础，打造具有国际竞争力的粤港澳大湾区金融产业集群具有重要意义。

广州是改革开放前沿地、海上丝绸之路发祥地，是国家中心城市、国际综合交通枢纽、国家综合性门户城市，是广东省政治、经济、科技、教育和文化的中心，是我国南方最大的交通、通信枢纽和重要的对外贸易口岸，是粤港澳大湾区联系内地、辐射内地的桥梁和纽带，有中国“南大门”之称。在粤港澳大湾区发展建设背景下，广州作为四大核心城市之一，凭借其开放的经济政策、毗邻港澳的区位优势，在建设发展独具特色的金融产业中迎来了新的历史机遇。《纲要》指出，广州要增强国际商贸中心功能；《广东省推进粤港澳大湾区建设三年行动计划》（简称《三年计划》）支持广州建设区域性私募股权交易市场、全球进出口商品质量溯源中心和产权、大宗商品区域交易中心，加快建设广州国际金融城；《中共广东省委全面深化改革委员会关于印发广州市推动“四个出新出彩”行动方案的通知》（简称《通知》）鼓励广州在现代化、国际化营商环境方面出新出彩。因此，广州要抓住机遇，充分发挥在“一带一路”建设和粤港澳大湾区建设中重要战略枢纽的作用，增强全球金融资源配置能力，提升国际交流对话能力，打造绿色金融、航运金融、科技金融等现代金融发展高地，建立与广州相适应、在国内外具有重要影响力的国际化金融中心。与此同时，广州也应与其他城市协同发展，积极推动粤港澳大湾区发展具有特色、功能互补的金融产业集群。

一　粤港澳大湾区金融产业集群的现状分析

金融产业集群是粤港澳大湾区金融协同发展的重要组织形式，其展现出来的集聚效应、外溢效应及创新效应等能极大促进大湾区金融业的高质量发展。随着大湾区金融不断开放，金融政策不断出台，传统金融服务业迎来发展新契机，现代金融服务业绿色金融、航运金融和科技金融以其独特的创新性将强力助推大湾区现代化金融产业集群的发展。

（一）粤港澳大湾区金融产业集群的现实基础分析

1. 粤港澳大湾区金融发展基本情况

近十年来，粤港澳大湾区金融业发展呈现平稳增长态势，金融业规模逐年扩大。金融业对大湾区经济的贡献每年维持在10%左右，2018年金融业增加值占大湾区GDP的比重为10.6%（见图1）。2018年大湾区金融业实现增加值11619亿元，较2017年上升了8%，其中，珠三角九市金融业增加值为6964亿元，香港金融业增加值为4432亿元，澳门金融业增加值为223亿元。整个大湾区金融业增加值年均增速稳定在10%左右，其中，珠三角九市金融业增加值增速与全国水平趋同，而香港金融业增加值增速低于全国水平。

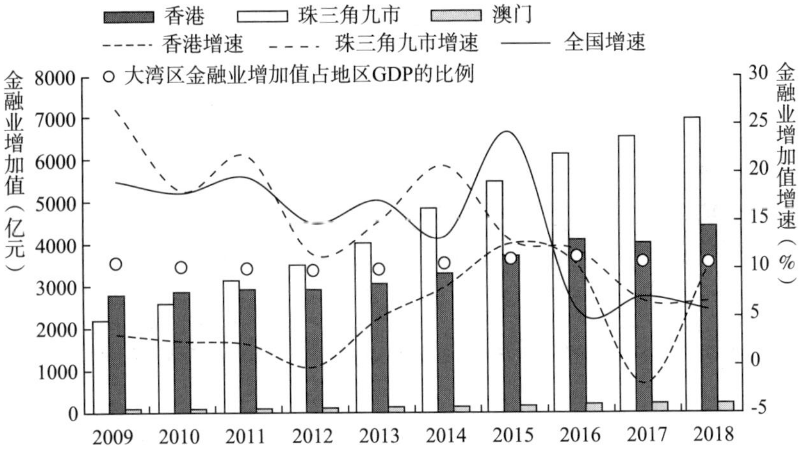

图1　2009～2018年粤港澳大湾区金融业增加值及增速变化趋势图

数据来源：《中国统计年鉴》、各市统计年鉴、统计公报。香港、澳门金融业增加值根据当年平均汇率换成人民币，下同。

粤港澳大湾城市群内部形成了以香港、深圳、广州为首，佛山、东莞居后，惠州、中山、澳门、江门、珠海、肇庆为第三梯队的三个明显的金融梯队（见表1）。除香港、广州和深圳金融业增加值有相对较大的增幅外，澳门和其他七个重点城市金融业增加值增长都较为低缓。截至

2017 年底，粤港澳大湾区金融从业人数为 64 万人，占全国金融就业人数的 5.4%，较 2015 年同比增长 8.3%。

表 1　2018 年粤港澳大湾区金融业指标

城市	金融业从业人数（人）	金融业增加值（亿元）	金融机构本外币存款余额（亿元）	金融机构本外币贷款余额（亿元）	保费收入（亿元）	上市公司市值（亿元）
香港	233480	4150	115932	87827	4568	102417
深圳	114846	3067	72550	52540	1192	53061
广州	121730	2079	54788	40749	1156	11840
佛山	61452	422	15373	10458	458	5843
东莞	26602	511	14157	8210	490	1305
惠州	24664	218	6171	4887	158	896
中山	21172	210	5930	4036	190	1277
澳门	11300	223	7169	4133	176	—
江门	36245	141	4529	3141	151	370
珠海	18561	210	7543	5238	128	3972
肇庆	12066	81	2496	1825	68	378
合计	682118	11314	306639	223045	8735	181358

数据来源：《中国统计年鉴》、各市统计局统计年鉴、统计公报、wind 数据库。香港和澳门的数据分别按港币和人民币、澳门元和人民币当年平均汇率换算成人民币计价数值，下同。深圳、佛山、东莞、珠海、肇庆的金融业从业人数 2018 年数据未更新，故以 2017 年数据替代。珠三角九市上市公司市值数据只统计了沪深 A 股上市公司的市值，香港上市公司市值只统计了港股上市且注册地在香港的上市公司市值，澳门上市公司数据由于不便统计，故不纳入表格中。

2018 年大湾区金融机构本外币存款余额为 30.66 万亿元（见表 1），同比增长 26.56%；本外币各项贷款余额为 22.30 万亿元，占全国的 14.26%（见图 2），同比增长 37.87%，存贷比为 1.38。其中，广州地区本外币存贷款增速均位居全国五大城市第一位，贷款支持实体经济力度较大。

2. 传统金融业集群

（1）银行业。截至 2018 年底，大湾区四大核心城市银行法人机构共有 259 家，其中香港 186 家，澳门 11 家，广州、深圳各有 25 家和 37 家（全国银行业金融机构达 4588 家），拥有营业网点 6186 家；大湾区银行

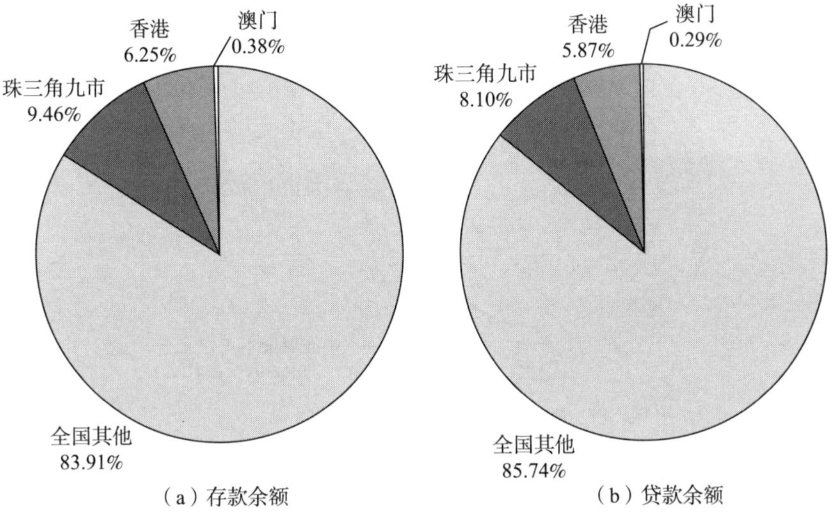

图 2　2018 年粤港澳大湾区金融机构本外币存贷款余额在全国的比重情况

业资产总额达 16.28 万亿元，其中广州 6.50 万亿元，同比增长 1.40%，资产规模略有增长，而深圳银行业总资产达 8.02 万亿元，较 2017 年有小幅下降，同比下降 4.37%。

（2）证券业。截至 2018 年末，全国 131 家证券法人公司中，珠三角九市有 28 家，在全国占比 21.4 %，其中深圳 22 家，广州 3 家，珠海、惠州、东莞各有 1 家，目前澳门尚未有证券法人公司落户。截至 2018 年末，珠三角九市累计培育上市公司 545 家，上市公司注册总资本达 7068.04 亿元。图 3 显示了大湾区珠三角九市证券业的基本发展情况。

（3）保险业。2018 年大湾区实现累计原保费收入达 8147 亿元（澳门币和港币已按当年平均汇率转换为人民币），保费规模占全国的 19.32%。其中，珠三角九市总体财产险保费收入 1035 亿元，寿险保费收入 2217 亿元，意外险保费收入 152 亿元，健康险保费收入 545 亿元，合计原保费收入 3991 亿元。2019 年上半年，珠三角九市实现累计原保费收入 2704 亿元，其中广州和深圳保费收入分别为 786 亿元和 770 亿元。从整个广东辖区来看，上半年保险业保费收入 2397.40 亿元，同比增长 21.52%，保费增长较

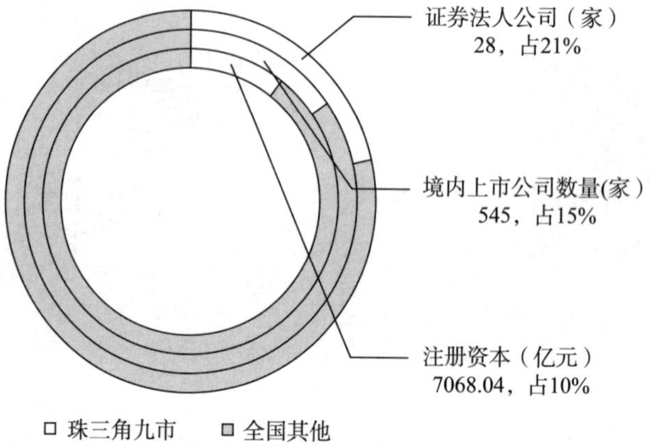

图 3　大湾区珠三角九市证券业在全国发展基本情况

数据来源：各市统计局统计公报、wind 数据库。

快。如图 4 所示，在 2019 年上半年全国各省市原保险费用收入的排名中，广东省位列第一，略高于江苏省，两个省份的保费收入遥遥领先于其他省市。2019 年上半年珠三角九市各市的保费收入结构如图 5 所示。大湾区共有保险法人机构 219 家，其中香港 161 家、澳门 24 家、深圳 27 家、广州 5 家、珠海 2 家。

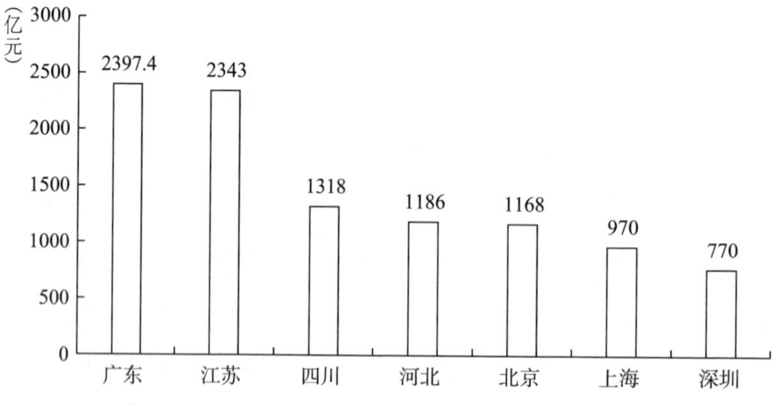

图 4　2019 年上半年全国部分城市原保险费用收入

数据来源：中国银行保险监督管理委员会统计信息。

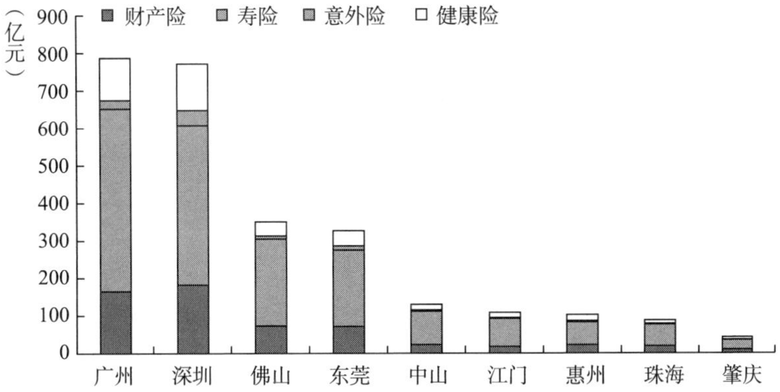

图5　2019 年上半年大湾区珠三角九市保费收入及其构成

数据来源：中国银行保险监督管理委员会统计信息。

3. 现代金融业集群

（1）科技金融。粤港澳大湾区拥有国际科技产业创新中心，正逐步形成科创企业集聚中心，局部形成了支持科技金融发展的专业化体系，拥有境内、境外两个市场的优势，引导金融资源向科技领域配置。落户于广州的各类私募股权投资、创业投资机构数量急剧攀升，居全国城市第 4 位。①

广州方面，截至 2019 年 6 月，广州科技型中小企业信贷风险补偿资金池共推动 8 家合作银行为全市 1352 家科技企业提供贷款，授信总额超过 182.75 亿元，实际发放贷款 114.38 亿元。

深圳方面，截至 2019 年 6 月末，辖内银行共设立科技金融事业部 6 个、科技（特色）支行 46 家，17 家银行制定了科技金融业务考核体系。2019 年上半年，辖内银行共为 1.7 万户科技型企业发放贷款，贷款余额 4388.3 亿元，辖内共有 18 家银行开展知识产权质押融资业务，累计发放贷款 84.6 亿元，累计承保科技保险保单 2.4 万件，为 8300 家科技型企业提供 4700 亿元风险保障。深圳市互联网银行和保险产业产值居全国第一，其中互联网银行累计放贷量行业占比 63.86%，居全国第一。

① 安卓：《广州争抢创投风投资源　6 年数量攀升 50 倍》，《第一财经日报》2018 年 8 月 17 日，A06 版。

得益于香港的融资优势，越来越多的金融科技公司视香港为最佳的融资场所。2014 年至 2018 年 5 年间，以香港为基地的金融科技公司的风险投资基金投资累积总额已超过 11 亿美元。①

（2）航运金融。粤港澳大湾区拥有深圳港、香港港和广州港三个优质港口，拥有航运能力建设水平达世界领先水平的世界第五大港区南沙港区及全球第二大国际航运中心的香港，落地国内首个线上航运保险平台，航运金融发展空间巨大。

广州南沙作为海上丝绸之路的重要节点，船舶交易、船舶融资租赁、航运产业基金等航运金融业不断获得新的发展契机。截至 2018 年底，广州航交所累计完成船舶交易 3175 艘，交易金额 125 亿元。广州航交所还提供人民币交易资金进行代购代偿及结算服务，首创国内航运交易所外汇结算业务，并且南沙航运产业基金已正常运作，实现盈利。②

香港作为全球第二大国际航运中心，具备发达的海上保险、资金结算体系和衍生服务体系，国际主要的航运金融银行和机构都在香港设有分行或办事处。

而深圳则积极推动粤港澳大湾区建设成为亚太高端航运服务的聚集地及航运纠纷解决的首选地。截至 2019 年 11 月 4 日，广深港三地共实现航运保险保费收入 1091343.64 万元，其中货运保险保费收入 348010.22 万元，香港贡献 35%；船舶保险保费收入 743333.42 万元，香港贡献 96%，表现突出。

（3）绿色金融。粤港澳大湾区拥有庞大的制造业产业集群，绿色发展需求较大，绿色金融发展空间巨大。

在推动绿色产业融资方面，广州市作为绿色金融试验区之一，在绿色金融领域已经取得了初步成效，截至 2018 年 6 月末，广州地区中资银行业机构绿色贷款余额达 2501.6 亿元，比 2017 年 6 月试验区获批时增长

---

① 中欣：《香港金融科技公司过去 5 年吸纳风险投资逾 11 亿美元》，《深圳特区报》2019 年 3 月 7 日，A29 版。

② 广州市地方金融监督管理局：《广州金融发展形势与展望 2019》，广州出版社，2019。

29.80%，高于各项贷款增速20多个百分点。截至2018年底，广州碳排放权交易中心累计成交配额突破9300万吨，总成交金额超过18亿元，占全国七个试点总成交金额的1/3以上，位居全国第一、全球第三。

深圳作为绿色金融科技创新中心，截至2018年6月末，其绿色信贷余额达1078亿元，较2017年末增加44亿元，增长4%。

香港作为国际金融中心，将为我国绿色金融领域吸引更多的国际资金，绿色债券市场发展明显加快，发行主体和品种趋于多样化，包括港元和人民币等货币，发行主体从大型商业银行和政策性银行扩展至香港本地机构、内地企业及国际组织机构。2018年上半年已有近16笔绿色债券在港发行，发行量达68亿美元，是2017年发行规模的3倍。

（二）粤港澳大湾区金融产业集群政策分析

根据《纲要》以及广州、深圳等地方政府出台的相关政策，本报告分别从传统金融和现代金融，以及核心城市金融政策定位等方面对各种政策进行了梳理。

1. 大湾区核心城市政策现状

（1）传统金融业集群的政策分析

香港的传统金融已经发展得相对成熟，相关政策主要体现在推动香港市场的资本、技术与信息进入内地，加深香港与内地传统金融机构的交流与合作。

澳门的传统金融政策主要体现在深化与粤港之间的合作，建立以人民币计价结算的证券市场，共享大湾区经济发展成果。

广州的传统金融扶持政策覆盖面广，扶持力度大，不仅设有各类落户奖励、经营状况奖励和并购重组奖励，还针对战略性新兴产业、先进制造业和现代服务业等领域推出各种特色政策。

深圳对传统金融机构落户、增资、并购重组的奖励力度很大，同时，还设立了一系列特色扶持政策，全面支持在深传统金融机构增强资本实力，提高市场竞争力、风险承担能力和综合经营水平，政策竞争力很强。

粤港澳大湾区各核心城市关于银行业、证券业和保险业的相关政策如表2所示。

表2　粤港澳大湾区核心城市传统金融政策对比

城市	银行业	证券业	保险业	相关政策文件
香港	允许在粤香港银行分行设立异地支行；香港银行在内地设立的外资银行营业性机构可建立小企业金融服务专营机构；准许香港银行的内地分行在香港发行人民币债券	降低港资证券公司申请QFII资格门槛；允许港资金融机构在内地设立合资全牌照证券公司；提高港资证券公司在合资证券投资咨询公司中的持股比例	探索建设创新型保险要素交易平台；支持与内地合作开发跨境机动车保险，发展医疗保险和跨境人民币再保险业务	《粤港澳大湾区发展规划纲要》《〈内地与香港关于建立更紧密经贸关系的安排〉补充协议六、七、十》
澳门	允许在粤澳门银行分行设立异地支行	研究在澳门建立以人民币计价结算的证券市场，设立证券交易所	建立出口信用保险制度；参与经营内地交通事故责任强制保险业务；探索澳门社保体系在大湾区内跨境使用	《粤港澳大湾区发展规划纲要》《〈内地与香港关于建立更紧密经贸关系的安排〉补充协议六》《〈内地与澳门关于建立更紧密经贸关系的安排〉投资协议》《国家发展和改革委员会与澳门特别行政区政府关于支持澳门全面参与和助力“一带一路”建设的安排》
广州	落户奖励、并购重组奖励、建立粤港澳大湾区国际商业银行	推进战略性新兴产业、支柱产业、先进制造业和现代服务业的企业尤其是民营企业上市；支持广州建设区域性私募股权交易市场	落户奖励；经营状况奖励；并购重组奖励；支持保险机构参与知识产权金融服务；支持保险机构推进农产品加工业发展	《广州市人民政府关于印发支持广州区域金融中心建设若干规定的通知》《广州市人民政府办公厅关于加快推进农产品加工业发展的实施意见》《广州市人民政府关于印发广州市创建国家知识产权强市行动计划（2017—2020年）的通知》

续表

城市	银行业	证券业	保险业	相关政策文件
深圳	落户奖励、增资奖励、并购重组奖励	落户奖励；增资奖励；并购重组奖励	并购重组奖励；探索政府主导和商业保险运作相结合；研究建立小微企业信用保证保险基金；对购买信用保险和贷款保证保险的小微企业给予贷款优惠政策；支持深圳建设保险创新发展试验区	《深圳市推进普惠金融发展实施方案》《深圳市人民政府关于印发扶持金融业发展若干措施的通知》

（2）现代金融业集群的政策分析

香港在航运金融方面，提出巩固及提升其自身国际航运中心地位，发展离岸贸易，打造货权交割地；在绿色金融方面，支持打造大湾区绿色金融中心，推出借款上限为1000亿港元的政府绿色债券发行计划；在科技金融方面，鼓励港深在创业孵化、科技金融、成果转化、科技服务等领域开展深度合作，共建国家级科技成果孵化基地和粤港澳青年创业就业基地等成果转化平台。

澳门在绿色金融方面，提出建立以人民币计价结算的绿色金融平台；在科技金融方面，支持澳门与内地合作促进科技成果转化。

广州在航运金融方面，鼓励建立航运保险公司，创新航运险种；在绿色金融方面，研究设立以碳排放为首个品种的创新型期货交易所，建设绿色金融创新中心、绿色金融服务中心、绿色金融研究中心；在科技金融方面，致力于将广州打造成具有国际影响力的风投创投中心，扩大科技信贷风险补偿资金池规模，推动合作银行累计科技企业贷款金额达200亿元以上，通过企业重组并购打造20家科技领军企业，努力使上市科技企业累计达到130家。①

① 《广州市人民政府关于印发支持广州区域金融中心建设若干规定的通知》《广州市促进科技金融发展行动方案（2018－2020）》。

深圳在航运金融方面，以前海深港合作区为平台，学习和借鉴香港现代物流业发展的制度经验，实施深港物流制度、物流政策、物流标准的全面对接；[①] 在绿色金融方面，鼓励保险机构持续推进创新型责任险等绿色保险，实施绿色保险保费补贴，完善绿色保险增信机制；在科技金融方面，促进企业信托融资和股权投资基金发展，支持符合条件的高新技术企业改制、挂牌、上市、在代办股份转让系统挂牌、通过债券市场融资。同时，建立深圳科技保险试点，创新科技保险产品。此外，深圳大力发展科技金融中介服务机构，培育科技金融孵化器，探索符合条件的高新技术企业和金融机构在香港发行人民币债券。创新财政资金资助方式，通过股权投资、再担保、联保贷款、集合债、银政企合作梯级贴息、委托无息借款等方式，发挥专项资金的引导和放大作用。

（3）政策汇总

结合《中共中央　国务院关于支持深圳建设中国特色社会主义先行示范区的意见》（简称《意见》）、《关于构建“一核一带一区”区域发展新格局促进全省区域协调发展的意见》（简称《一核一带一区》）等重要指导性政策文件，本部分从粤港澳大湾区四个核心城市的传统金融和现代金融两方面进行政策梳理。金融财政扶持政策主要覆盖领域如表 3 所示。

表 3　粤港澳大湾区核心城市金融产业集群政策对比分析

城市	传统金融							现代金融			政策评价
	机构落户	机构增资	并购重组	经营状况	小额贷款	普惠金融	跨境业务	航运金融	绿色金融	科技金融	
广州	√	√	√	√	√	√	√	√	√	√	涵盖面广，体系健全，力度大
深圳	√	√	√	√	√	√	√	√	√	√	

① 深圳市交通运输局：《深圳市现代物流业“十三五”规划》（2017 年 1 月 4 日），http://jtys.sz.gov.cn/zwgk/xxgkml/ghjh/fzgh/201701/t20170104_5863174.htm。

续表

城市	传统金融							现代金融			政策评价
	机构落户	机构增资	并购重组	经营状况	小额贷款	普惠金融	跨境业务	航运金融	绿色金融	科技金融	
香港	√						√	√	√	√	主要目标为加深与内地金融机构的交流合作
澳门	√						√		√	√	

注："√"表示具有相应的政策。本表系课题组根据表 1 和表 2 分析结果所制。

2. 大湾区核心城市金融政策定位

本节结合《纲要》等重要指导性政策，对大湾区核心四市的政策定位进行了梳理，大湾区四大核心城市金融政策定位如表 4 所示。

表 4　粤港澳大湾区核心城市金融政策定位

城市	政策定位	相关政策文件
香港	强化全球离岸人民币业务枢纽地位；巩固提升国际金融、航运、贸易中心和国际航空枢纽地位；发展为大湾区高新技术产业融资中心；建设为亚太地区国际法律及争议解决服务中心	《粤港澳大湾区发展规划纲要》
澳门	建设世界旅游休闲中心；建设中国与葡语国家商贸合作服务平台	《粤港澳大湾区发展规划纲要》
广州	增强国际商贸中心功能；建设区域性私募股权交易市场、全球进出口商品质量溯源中心和产权、大宗商品区域交易中心，加快建设广州国际金融城；以广州、深圳为重点研究制定珠三角地区产业疏解清单	《粤港澳大湾区发展规划纲要》《中共广东省委全面深化改革委员会关于印发广州市推动"四个出新出彩"行动方案的通知》《广东省推进粤港澳大湾区建设三年行动计划》《关于构建"一核一带一区"区域发展新格局促进全省区域协调发展的意见》
深圳	科技金融中心；推动深圳建设中国特色社会主义先行示范区，创建社会主义现代化强国的城市范例；以广州、深圳为重点研究制定珠三角地区产业疏解清单	《粤港澳大湾区发展规划纲要》《中共中央国务院关于支持深圳建设中国特色社会主义先行示范区的意见》《关于构建"一核一带一区"区域发展新格局促进全省区域协调发展的意见》

二　粤港澳大湾区金融产业集群水平测算

金融产业集群水平最能凸显一个区域金融协同发展水平的高低。本部分对比分析了粤港澳大湾区与国内其他城市群包括长三角城市群、京津冀城市群、长江中游城市群和成渝城市群的金融集聚水平，以及各城市群核心城市的金融产业竞争力情况。

（一）测算数据与测算方法

粤港澳大湾区、长三角城市群、京津冀城市群、长江中游城市群和成渝城市群是我国最具代表性的五大国家战略城市群。这些城市群中2018年GDP排名前20的城市如图6所示，其中GDP最高的是上海，达32680亿元。为了对比分析各城市群核心城市经济和金融发展水平，本报告选取了2018年GDP超过1万亿元的15个城市。考虑到石家庄是京津冀地区河北省的省会城市，也将其列入分析，总共16个核心城市，分别是粤港澳大湾区（广州、深圳、香港），长三角城市群（上海、杭州、南

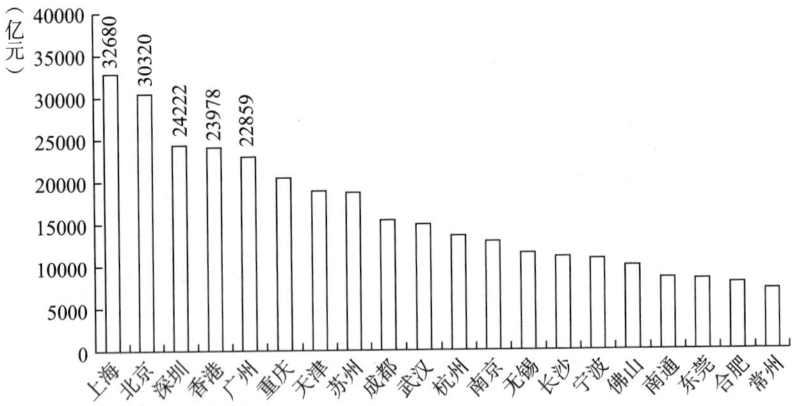

图6　2018年五大国家战略城市群前20个城市的GDP对比

数据来源：wind数据库、香港统计年鉴。香港的GDP按当年港币和人民币平均汇率转化为人民币计价数值。

京、宁波、苏州、无锡），京津冀城市群（北京、天津、石家庄），长江中游城市群（武汉、长沙）和成渝城市群（成都、重庆）。16 个核心城市 2009 ~2018 年的金融业增加值和 GDP 总量分别如表 5、表 6 所示。

表 5　五大国家战略城市群各城市金融业增加值

单位：亿元

城市群	城市	2009 年	2010 年	2011 年	2012 年	2013 年	2014 年	2015 年	2016 年	2017 年	2018 年
粤港澳	广州	551	671	856	971	1142	1422	1629	1820	1999	2079
	深圳	1111	1301	1564	1721	1951	2195	2543	2877	3060	3067
	香港	2369	2523	2585	2636	2818	2915	3293	3671	4180	4710
长三角	上海	1804	1951	2277	2450	2824	3400	4163	4766	5331	5782
	杭州	518	606	744	791	879	882	941	988	1055	1297
	南京	342	420	552	722	846	959	1122	1242	1355	1473
	宁波	324	382	443	451	492	441	478	483	464	564
	苏州	392	487	633	820	961	1022	1180	1334	1421	1521
	无锡	221	280	347	424	451	480	597	687	779	890
京津冀	北京	1604	1864	2215	2537	2943	3358	3926	4271	4655	5085
	天津	461	573	757	1002	1236	1390	1588	1735	1952	1967
	石家庄	110	142	182	208	278	308	366	423	506	595
长江中游	武汉	293	352	398	530	607	700	837	941	1025	1134
	长沙	145	174	203	231	276	322	426	568	686	738
成渝	成都	294	437	638	741	893	1076	1253	1412	1611	1729
	重庆	390	497	705	916	1080	1225	1410	1643	1814	1939

数据来源：各省市统计局统计年鉴，wind 数据库等。其中 2018 年香港、无锡、石家庄、武汉的真实数据和长沙 2007 年、2009 年、2010 年、2013 年的数据暂时缺失，使用插补值替代，香港金融业增加值已按当年港币和人民币平均汇率转化为人民币计价数值。

表 6　五大国家战略城市群 GDP 总量

单位：亿元

城市群	城市	2009 年	2010 年	2011 年	2012 年	2013 年	2014 年	2015 年	2016 年	2017 年	2018 年
粤港澳	广州	15420	13551	12423	10748	9138	16707	18100	19547	21503	22859
	深圳	14500	12950	11506	9582	8201	16002	17503	19493	22490	24222
	香港	17080	16576	16057	15479	14622	17902	19265	21306	23081	23978

续表

城市群	城市	2009 年	2010 年	2011 年	2012 年	2013 年	2014 年	2015 年	2016 年	2017 年	2018 年
长三角	上海	21818	20182	19196	17166	15046	23568	25123	28179	30633	32680
	杭州	8344	7802	7019	5949	5088	9206	10050	11314	11621	13509
	南京	8080	7202	6146	5131	4230	8821	9721	10503	11715	12820
	宁波	7165	6601	6075	5181	4334	7610	8004	8686	9847	10746
	苏州	12970	12012	10717	9229	7740	13761	14504	15475	17320	18597
	无锡	7770	7568	6880	5793	4992	8205	8518	9210	10500	11439
京津冀	北京	19801	17879	16252	14114	12153	21944	23686	25669	28015	30320
	天津	14442	12894	11307	9224	7522	15722	16538	17885	18595	18810
	石家庄	4864	4500	4083	3401	3001	5170	5441	5928	6461	6083
长江中游	武汉	9051	8004	6762	5566	4621	10069	10906	11913	13410	14847
	长沙	7153	6400	5619	4547	3745	7825	8510	9455	10536	11003
成渝	成都	9109	8139	6855	5551	4503	10057	10801	12170	13889	15343
	重庆	12783	11410	10011	7926	6530	14263	15717	17741	19425	20363

数据来源：《香港统计年鉴》，wind 数据库。香港 GDP 已按当年港币和人民币平均汇率转化为人民币计价数值。

本报告采用区位熵方法测算每个城市群金融产业集群水平和核心城市竞争力。区位熵指标用于衡量某一区域要素的空间分布情况，反映某一产业部门的专业化程度。区位熵公式如下：

$$LQ_{ij} = \frac{q_{ij}/q_j}{q_i/q}$$

上式中，LQ_{ij}指的是j地区的i产业在全国的区位熵，q_{ij}表示j地区的i产业的相关测算指标，q_j表示j地区的所有产业的相关指标，q_i表示全国范围中i产业的相关测算指标，q表示全国所有产业的相关指标。

区位熵LQ_{ij}值越高，表示j地区的i产业在全国的区位熵越大，说明该产业在该地区的集群水平越高。当$LQ_{ij} > 1$时，表示j地区的区域经济在全国范围内是具有优势的；当$LQ_{ij} < 1$时，表示j地区的区域经济在全国范围内是欠缺优势的。

（二）各城市群金融产业集群水平比较

基于表5的数据，本报告在城市群金融产业集群水平测算分析中，选择各城市群的金融业增加值代表公式中的 q_{ij}；选择各城市群的GDP代表公式中的 q_j；选择全国金融业增加值代表 q_i；选择全国GDP代表 q。得到五大国家战略城市群的区位熵，即金融产业集群指数，如表7所示。

表7　五大国家战略城市群金融产业集群指数测度——基于区位熵

城市群	2009年	2010年	2011年	2012年	2013年	2014年	2015年	2016年	2017年	2018年
粤港澳	1.90	1.90	1.90	1.82	1.74	1.72	1.57	1.63	1.67	1.74
长三角	1.31	1.29	1.35	1.35	1.35	1.34	1.29	1.34	1.38	1.45
京津冀	1.44	1.46	1.51	1.56	1.58	1.57	1.48	1.53	1.63	1.73
长江中游	0.79	0.79	0.74	0.78	0.76	0.76	0.75	0.83	0.87	0.91
成渝	0.93	1.05	1.21	1.24	1.25	1.26	1.16	1.20	1.25	1.29

通过对比分析2009~2018年五大国家战略城市群金融产业集群水平得出：

（1）总体而言，五大国家战略城市群金融产业集群水平在时间上基本呈现先下降后上升的趋势（见图7），这主要是由于在2009~2013年期间，部分城市金融业飞速发展，缩短了城市间金融业发展差距，降低城市群集群水平；而在2013年后，核心城市金融优势进一步显现，城市间缓慢拉开差距，金融集群水平小幅上升。其中，五大城市群在2015年均出现下滑拐点，这说明2015年，中国股市发生的股灾给全国的金融业都带来了很大的影响，全国金融产业集群水平均出现下滑。

（2）从各城市群来看，粤港澳大湾区的金融产业集群水平较高，其次是京津冀城市群、长三角城市群、成渝城市群，长江中游城市群金融产业集群水平最低，且与其他四个城市群的金融产业集群水平有明显差距。

（3）从时间演化来看，五大国家战略城市群金融产业集群水平层次

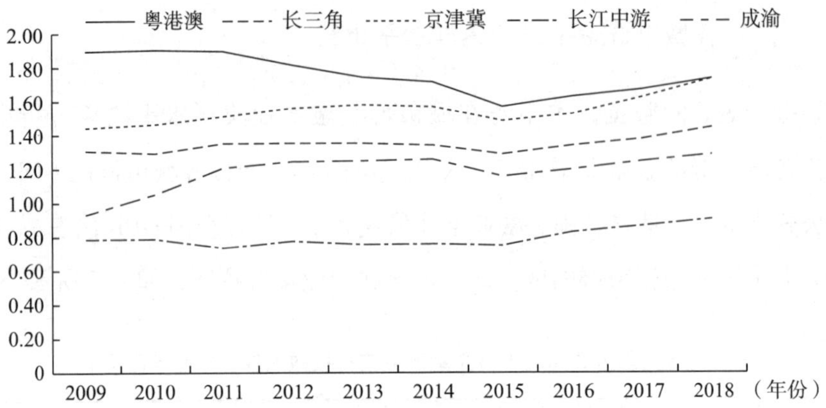

图7　五大国家战略城市群金融产业集群水平比较

比较稳定，粤港澳大湾区金融产业集群水平过去10年在全国处于领先地位，且大湾区层面的金融产业集群指数正处于逐年稳步增长的状态，发展潜力巨大。可以预见，在相互协作的基础上，以核心政策文件为指引，粤港澳大湾区金融产业势必迎来更大的发展机遇。

（三）各城市群核心城市金融产业竞争力测算分析

本报告在核心城市金融产业竞争力测算分析中，选择各城市群中各城市的金融产业增加值代表公式中的 q_{ij}；选择各城市的GDP代表公式中的 q_j；选择全国金融增加值代表 q_i；选择全国GDP代表 q。

经过测算，得到2009～2018年基于区位熵的五大国家战略城市群核心城市的金融产业竞争力指数，如表8、表9所示：

表8　2009～2013年五大国家战略城市群核心城市的金融产业竞争力指数

五大国家战略城市群	核心城市	2009年	2010年	2011年	2012年	2013年
粤港澳	广州	0.907	0.946	1.043	1.052	1.027
	深圳	2.035	2.058	2.059	1.951	1.865
	香港	2.434	2.471	2.439	2.334	2.287

续表

五大国家战略城市群	核心城市	2009 年	2010 年	2011 年	2012 年	2013 年
长三角	上海	1.815	1.723	1.798	1.782	1.794
	杭州	1.531	1.544	1.607	1.487	1.461
	南京	1.215	1.242	1.362	1.471	1.452
	宁波	1.122	1.119	1.105	1.002	0.951
	苏州	0.761	0.800	0.895	1.001	1.027
	无锡	0.665	0.733	0.764	0.823	0.805
京津冀	北京	1.983	2.002	2.065	2.083	2.060
	天津	0.921	0.942	1.014	1.140	1.186
	石家庄	0.553	0.635	0.677	0.679	0.792
长江中游	武汉	0.951	0.959	0.892	0.972	0.930
	长沙	0.582	0.581	0.548	0.530	0.536
成渝	成都	0.982	1.194	1.411	1.336	1.359
	重庆	0.897	0.950	1.066	1.178	1.171

表 9　2014～2018 年五大国家战略城市群核心城市的金融产业竞争力指数

五大国家战略城市群	核心城市	2014 年	2015 年	2016 年	2017 年	2018 年
粤港澳	广州	1.132	1.038	0.980	1.127	1.139
	深圳	1.824	1.675	1.734	1.650	1.586
	香港	2.165	1.971	2.025	2.197	2.460
长三角	上海	1.918	1.910	1.987	2.110	2.215
	杭州	1.273	1.080	1.026	1.101	1.202
	南京	1.475	1.331	1.389	1.403	1.439
	宁波	0.770	0.689	0.654	0.572	0.657
	苏州	0.987	0.938	1.013	0.995	1.024
	无锡	0.778	0.807	0.876	0.900	0.975
京津冀	北京	2.093	1.911	1.955	2.015	2.100
	天津	1.202	1.107	1.140	1.273	1.309
	石家庄	0.792	0.776	0.838	0.950	1.224

续表

五大国家战略城市群	核心城市	2014 年	2015 年	2016 年	2017 年	2018 年
长江中游	武汉	0.924	0.885	0.928	0.927	0.956
	长沙	0.547	0.578	0.706	0.790	0.840
成渝	成都	1.417	1.338	1.363	1.407	1.411
	重庆	1.142	1.035	1.088	1.132	1.192

通过对比分析 2009 ~2018 年五大国家战略城市群核心城市的金融产业竞争力指数得出：

（1）横向对比来看，16 个核心城市的金融产业集群水平可以分成三个梯队。第一梯队包含金融产业竞争力指数近几年排名前 4 位的香港、上海、北京、深圳，从图 8 可以清晰地看出，这 4 个核心城市金融产业竞争力远高于其他核心城市。香港一直保持领先的地位，相比上海、北京、深圳，其竞争力有着很大的优势；第二梯队的是历年金融产业竞争力指数基本位于 1 ~1.5 的城市，包含广州、杭州、南京、天津、成都和重庆 6 个城市，这些城市的金融产业竞争力较高，其金融产业在全国范围内比较有优势；第三梯队历年的金融产业竞争力指数基本都小于 1，包括宁波、苏州、无锡、石家庄、武汉和长沙 6 个城市，这些城市的金融产业与所对比的城市相比较为靠后。从数据结果上可以看出，粤港澳大湾区内的核心代表城市金融产业竞争力指数整体要强于其他城市，尤其是香港和深圳，在全国处于领先地位。

（2）从时间演化来看，各城市群内大多核心代表城市近十年的金融产业竞争力指数相对比较平稳，稳中有进。其中，由于股灾的原因，大部分城市的金融产业竞争力在 2015 年出现拐点，经历过短期的下降之后开始出现明显的上升趋势。过去的 10 年，在粤港澳大湾区核心城市中，区位熵排名为：香港 > 深圳 > 广州。香港和深圳的金融产业竞争力在全国来看都是比较高的，尤其香港金融产业竞争力领先较多，然而深圳的金融产业竞争力在逐年下降，广州的金融产业竞争力在全国范围内都不

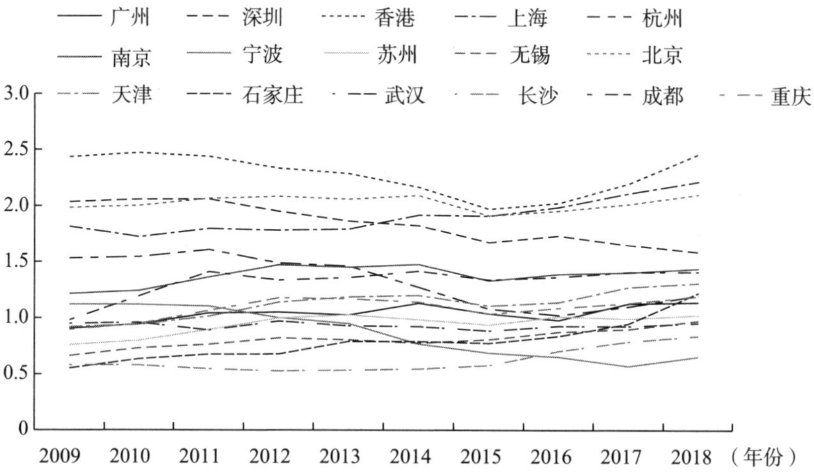

图 8　五大国家战略城市群核心城市近十年金融产业竞争力指数比较

高，和香港、深圳的金融产业竞争力差距更大。在长江中游城市群中，武汉和长沙的金融产业集群水平在全国范围内相对比较落后，说明长江中游城市群的金融产业在这些大城市群中相对靠后，从其地理位置来看，长江中游的大部分城市都在长三角城市群和粤港澳大湾区的辐射范围内，该区域内的金融产业主要往长三角城市群和粤港澳大湾区城市群集聚，这可能是导致长江中游核心城市金融产业竞争力不高的重要原因。

对五大国家战略城市群核心城市 2009 年、2013 年和 2018 年的金融产业竞争力指数进行分析比较可以得到以下结论：

（1）从各年整体水平来看，成渝城市群和长江中游城市群的金融产业集群水平一直不高，而京津冀、长三角、粤港澳大湾区城市群中，长三角的金融产业集群水平相对较高，粤港澳大湾区次之。

（2）在金融产业集群水平比较高的城市群中，京津冀城市群主要依赖于北京，长三角城市群依赖于上海，粤港澳大湾区城市群主要依赖于香港，但实际上香港、深圳、广州的金融产业竞争力相对比较平均，这导致与京津冀、长三角城市群比较，粤港澳大湾区的金融产业集群水平相对较低。

（3）从2009年到2018年这10年的变化来看，京津冀城市群的金融产业集群水平有所下降，随着天津和石家庄金融产业竞争力的增强，会逐渐缩小与北京的差距；长三角城市群的金融产业集群水平在提升，上海核心地位更加凸显；而粤港澳大湾区的金融产业集群水平也略有下降趋势，深圳金融产业竞争力正在减弱，香港金融产业竞争力有所提高。

三 广州金融产业竞争力与发展路径研究

广州是粤港澳大湾区的重要中心城市。本部分通过构建金融产业竞争力指标体系，分别从传统金融与现代金融两个角度测算和分析粤港澳大湾区三个主要金融中心——广州、深圳与香港的金融产业竞争力，并针对广州金融产业发展提出发展路径，以更好地服务于大湾区经济建设。

（一）金融产业竞争力指标体系设计

金融产业竞争力指标体系分为三个层级。一级指标为金融产业竞争力总括，包括传统金融竞争力、科技金融竞争力、航运金融竞争力和绿色金融竞争力；二级指标反映一级指标的行业发展特征，包括交易规模、金融环境、融资水平等方面。三级指标为二级指标下细化的具体度量指标，包括机构存贷余额、机构资产净值等指标。

1. 传统金融产业竞争力测算指标体系

传统金融产业指面向区域整体经济的金融体系，其竞争力可以从金融交易规模、金融机构规模与金融生态体系3个二级指标来测算。参考杨建辉（2019）构建的城市金融服务体系评价水平指标，并综合考虑三个城市的数据可得性，本报告构建了图9所示的传统金融产业竞争力评价指标体系，在3个二级指标下共设计17个三级指标。

金融交易规模衡量区域内金融产业对区域整体经济的金融服务金额总量的支撑力度，分为信贷、证券、保险以及基金四个层面。信贷方面使用银行各类贷款余额衡量金融体系对社会的信贷支持。证券方面考察

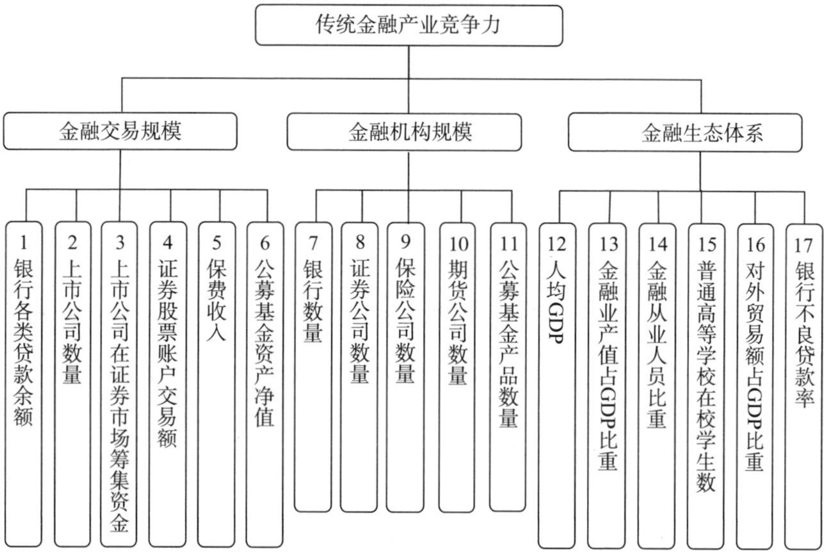

图 9　传统金融产业竞争力评价指标体系

指标来源：第 6、10、11、13、15 号指标为本报告新增，其他指标参考杨建辉《广州金融服务体系发展与水平评价研究》，《城市观察》2019 年第 4 期。

一级市场中当地的上市公司数量、募集额以及当地的股票账户在二级市场的交易额。保险方面从保费收入衡量该城市的保险水平，基金方面使用公募基金资产净值衡量城市的资产管理规模。

金融机构规模衡量区域内金融产业对经济的支撑力度。金融机构包括银行、证券、保险、期货及基金五类常见机构。前四类机构采用营业厅数量或分支机构数量衡量规模、基金则使用当地公募基金公司发行的产品数量来衡量。

金融生态体系衡量区域内金融产业在经济水平、人力资源、对外开放程度以及社会信用等要素上的竞争力。经济水平使用人均 GDP 与金融产业的 GDP 占比衡量。人力资源用金融从业人员占比与高校在校学生数量衡量。对外开放程度使用对外贸易额占 GDP 比重衡量。社会信用以银行的不良贷款率为衡量指标。其中，不良贷款率是反向指标，即城市该方面数值越小，得分越高。

2. 现代金融产业竞争力测算指标体系

现代金融产业包括科技金融、航运金融和绿色金融。科技金融指通过信贷市场、资本市场的产品设计和模式创新，在融资和风险管理等方面为高科技企业提供配套服务，助推高科技企业的发展。航运金融是航运企业运作过程中发生的融资、保险、货币保管、兑换、结算和融通等经济活动而产生的一系列与此相关业务的总称。绿色金融是通过制度安排和金融产品设计引导资金流向节约资源开发和生态环境保护产业，引导企业生产更注重绿色环保，引导消费者形成绿色消费理念和方式，促进环保和经济社会的可持续发展。

（1）科技金融

科技金融竞争力可以从科技金融投入、科技金融环境以及区域科技产出 3 个二级指标来测算。参考周柯和郭凤茹（2019）以及王海芸和刘杨（2019）所构建的科技金融指数和科技金融发展水平指标，并综合考虑三个城市的数据可得性，本报告构建了图 10 所示的科技金融产业竞争力评价指标体系，在 3 个二级指标下共设计 12 个三级指标。

科技金融环境衡量该城市培养科技企业的意愿与能力以及科技企业本身的研究能力，可以反映城市的科技金融发展潜力与需求。科技金融环境主要考察早期投资、风险投资、私募股权投资机构数量、创业孵化器数量以及企业中的研究人员数量。研究人员数量以当地人口做参数，考察每万人口中的规模以上工业企业研究人员数量，其中香港以工商机构研究人员数量作为规模以上工业企业研究人员的替代指标。

科技金融投入衡量城市金融体系对科技企业的金融支持。科技金融投入主要来源有政府、股权投资机构、银行以及资本市场。政府的科技金融投入以地方财政中科学技术的支出占比衡量，其中香港以政府支出中的创新与科技基金为对应指标。股权投资机构科技金融投入以早期投资、风险投资以及私募股权投资总金额、区域内的被投资企业数以及单位孵化企业所获风投额衡量。银行的科技金融投入以区域的科技信贷累计发放量衡量。资本市场的科技金融投入则以区域内的企业在创业板上的累计募资总额衡量。区域科技产出衡量城市的科技产出能力，一定程度上反映科技推动经济发展的能力。三级指标主要有专利申请量、专利授权量以及高新制造业占工业总产值比重。

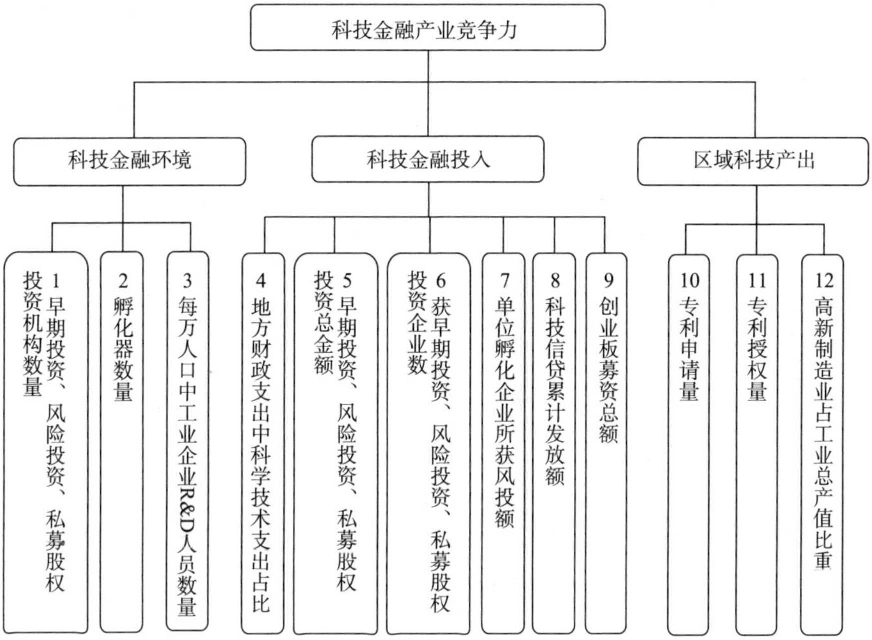

图 10　科技金融产业竞争力评价指标体系

指标来源：第 6 号指标为本报告新增，第 1、8 号指标参考周柯和郭凤茹（2019），其他指标参考王海芸和刘杨（2019）。

（2）航运金融

航运金融竞争力可以从船舶融资、航运保险、航运企业以及航运基础 4 个二级指标来测算。参考钟寒声（2019）、张珺（2018）以及王孟欣等（2017）的航运金融指标体系并综合广州航运业和金融业的发展现状，本报告构建了图 11 所示的航运金融产业竞争力指标体系，在 4 个二级指标下共设计 11 个三级指标。

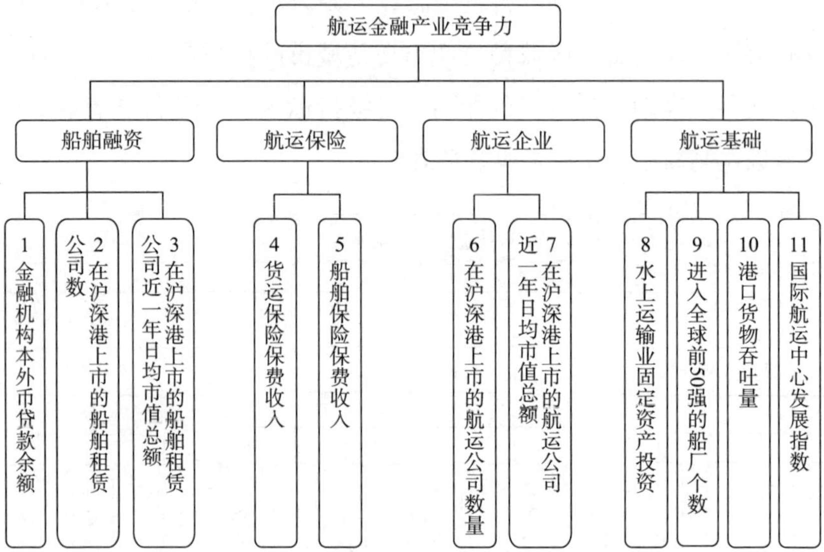

图 11　航运金融产业竞争力指标体系

指标来源：第 9、11 号指标为本报告新增，第 1、2、3 号指标参考吴建环（2010），第 6、7 号指标参考王孟欣等（2017），其他指标参考钟寒声（2019）。

船舶融资方面，目前我国的船舶融资主要是航运企业在各大银行的贷款，其中出口信贷是银行提供船舶融资的重要方式（吴建环，2010）。由于城市总贷款细分投向数据不可得，此处本报告仍用金融机构本外币贷款余额来衡量各个城市在航运金融信贷的相对规模。此外，船舶租约是企业获得银行船舶贷款的充分条件，（吴建环，2010）船舶租赁公司数量与规模可以作为船舶融资发展指标。对此本报告采用各城市在沪深港上市的船舶租赁企业数和其近一年日均市值总额来衡量。

在航运保险方面，我国最具代表性的两个险种为货运险和船舶险，货运险以船上所运输的各类货物为保险标的，船舶险以各类船舶本身为保险标的。两个险种主要由保险公司经营，此处本报告使用货运保险保费收入和船舶保险保费收入来衡量。

航运金融的发展不仅依赖于金融产业的支持，也依赖于航运产业自身的发展，当航运产业规模增大时，航运产业各方面的金融需求也会随之增强，从而寻求与金融产业更深入的结合，促进航运金融的产生和发展（王孟欣等，2017）。因此，本报告对航运金融集群竞争力的衡量还包括对航运产业水平的衡量，并分为航运企业和航运基础方面。航运企业方面用上市航运公司数量及市值衡量，航运基础方面用水上运输业固定资产投资、全球前50强的船厂个数、港口货物吞吐量以及国际航运中心发展指数衡量。

（3）绿色金融

绿色金融竞争力可以从绿色贷款、绿色证券、绿色保险、绿色基金、碳金融和生态体系6个二级指标来测算。参考李常武等（2018）和巫剑飞（2019）构建的绿色金融发展指数测度体系，并考虑数据的可得性后，本报告构建了图12所示的绿色金融产业竞争力指标体系，在6个二级指标下共设计8个三级指标。

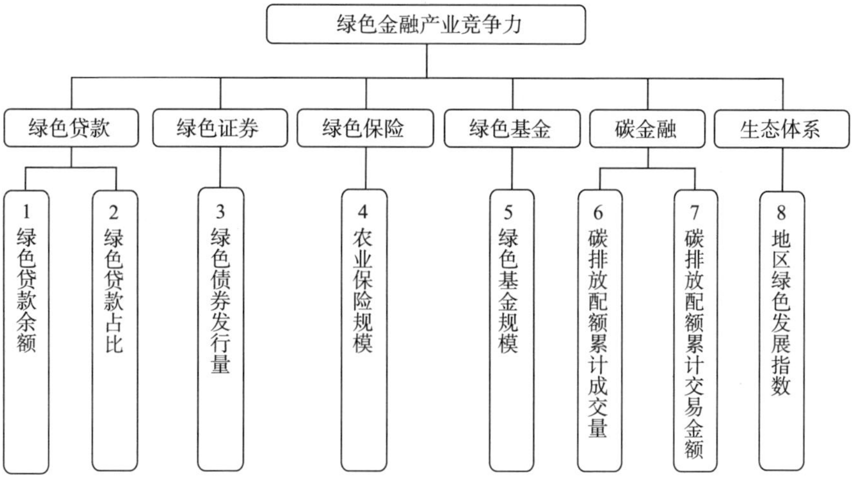

图12　绿色金融产业竞争力指标体系

指标来源：第1~3、5~8号指标参考李常武等（2018）；第4号指标参考巫剑飞（2019）。

绿色贷款指标下的三级指标包括绿色贷款余额和绿色贷款占比。其中，绿色贷款余额衡量一个地区银行业支持绿色金融发展的力度；绿色贷款占比，即绿色贷款余额占地区各贷款余额比重，反映了信贷市场对绿色金融的支持力度。

绿色证券指标下的三级指标为地区企业的绿色债券发行量，其反映了地区企业与绿色产业相关的融资总量和融资水平。

绿色保险指标下的三级指标为农业保险规模，即农业保险保费收入。由于绿色保险的发展较为缓慢，地区内规模较小，缺乏系统、全面的统计数据，而农业受自然环境影响较大，能在一定程度上反映绿色保险对地区绿色金融发展的支持程度，因此采用农业保险规模作为绿色保险的测度指标。

绿色基金指标下的三级指标为绿色基金规模，反映地区政府、企业、社会资本等组织的基金发行规模及水平。

碳金融指标下的三级指标包括碳排放配额累计成交量和碳排放配额累计交易金额。二者共同反映了地区内碳金融的交易水平。

生态体系指标下的三级指标为地区绿色发展指数。绿色发展指数通过资源利用、环境治理、生态保护、增长质量、绿色生活和公众满意程度等方面对地区的绿色发展水平进行衡量。由于该指标每五年测算一次，本报告采用其在2016年公布的最新数据。

（二）金融产业竞争力测算及分析

1. 金融产业竞争力测算方法

对于同一指标，首先使用归一化法对获取的数据进行标准化，归一化算法是对正项序列 $x_1, x_2, \cdots, x_n$ 进行如下的变换：

$$y_i = \frac{x_i}{\sum_{j=1}^{n} x_j}$$

得到新序列 $y_1, y_2, \cdots, y_n \in [0,1]$，且 $\sum_{i=1}^{n} y_i = 1$。归一化操作达到去量纲目的，排除不同数据之间的单位差别，衡量某一城市的该指标相对其他城市的大小。

标准化后，本报告使用主观加权法，综合考虑各项指标的意义与重要性，对每项指标赋予合理的权重，进而对各个指标标准化后的值进行加权求和，测算出金融产业竞争力。

2. 传统金融的金融产业竞争力测算

传统金融产业竞争力各指标权重和测算结果如表10所示。对于传统金融，权重侧重于最能体现金融产业竞争力的金融交易规模和金融机构规模，各赋予40%的权重，金融生态体系作为发展环境与发展潜力的衡量，赋予20%的权重。金融交易规模中，本报告对于信贷、证券交易、保险收入以及基金净值分别赋予10%的权重，其中证券交易三项子项进行内部分配。其他各二级指标的权重基本采用等权分配的方式赋权。

表10　传统金融产业竞争力测算结果

指标		广州	深圳	香港
金融交易规模（40%）	银行各类贷款余额（10%）	0.0251	0.0368	0.0381
	上市公司数量（2.5%）	0.0015	0.0043	0.0192
	上市公司通过证券市场筹集资金（2.5%）	0.0053	0.0138	0.0059
	证券股票账户交易额（5%）	0.0034	0.0319	0.0147
	保费收入（10%）	0.0168	0.0172	0.0660
	公募基金资产净值（10%）	0.0206	0.0629	0.0165
	总计	0.0727	0.1669	0.1604
金融机构规模（40%）	银行数量（8%）	0.0378	0.0259	0.0162
	证券公司数量（8%）	0.0203	0.0257	0.0340
	保险公司数量（8%）	0.0244	0.0178	0.0378
	期货公司数量（8%）	0.0322	0.0185	0.0294
	公募基金产品数量（8%）	0.0110	0.0466	0.0224
	总计	0.1257	0.1345	0.1398
金融生态体系（20%）	人均GDP（2.5%）	0.0057	0.0070	0.0123
	金融业产值占GDP比重（2.5%）	0.0056	0.0078	0.0116
	金融从业人员比重（2.5%）	0.0032	0.0028	0.0189
	普通高等学校在校学生数（2.5%）	0.0226	0.0022	0.0002

续表

指标		广州	深圳	香港
金融生态体系（20%）	对外贸易额占 GDP 比重（5%）	0.0045	0.0129	0.0326
	银行不良贷款率（5%）	0.0121	0.0161	0.0219
	总计	0.0537	0.0488	0.0975
传统金融产业竞争力		0.2521	0.3502	0.3977

数据来源：《广州统计年鉴 2018》；《2018 年广州市国民经济和社会发展统计公报》；广州市地方金融监督管理局白皮书《广州金融发展形势与展望 2018》；《深圳统计年鉴 2018》；《2018 年深圳市国民经济和社会发展统计公报》；中国人民银行深圳市中心支行《深圳金融运行报告 2018》；证监会深圳分局市场统计信息；《香港统计年刊 2018》；香港金融管理局统计信息；Wind 数据库。

根据表 10 测算结果，在传统金融业总体指标各二级指标上，广州的大部分指标落后于深圳与香港，传统金融产业竞争力较弱，但仍有一定的比较优势。从二级指标来分析，广州的金融机构规模较大，金融生态体系较好。广州的金融机构规模优势主要来源于银行业，银行营业网点多，基础金融覆盖能力较好。其次在保险业与期货业上的规模方面，相对深圳而言广州更具优势。广州的金融生态体系优势主要来源于人口资源，即金融从业人员占比与高校在校学生数量。金融从业人员占比高是广州维持良好金融规模的重要基础，广州作为省会城市培养了大量的金融人才服务本地金融业或对外输出，是大湾区重要的人才培养基地。在金融交易规模方面，广州在信贷市场、资本市场、保险市场方面均落后于深圳与香港，但在本地公募基金产品的净值方面仍相对于香港有总量上的优势。

3. 科技金融的金融产业竞争力测算

科技金融产业竞争力测算结果如表 11 所示。在确定指标权重方面，由于科技金融投入最能体现城市的科技金融水平与竞争力，因此赋予 50% 的权重。考虑到股权投资的重要性，对其相关指标包括投资总额、投资企业数和风投额总共赋予 20% 的权重。而科技信贷累计发放额和创业板集资则各赋予 10% 的权重。科技金融环境反映城市培养科技企业的能力以及未来的科技金融发展潜力与需求，相比科技产出，对科技金融更有意义，因此赋予 30% 的权重，剩余 20% 的权重赋予区域科技产出。

根据测算结果，总体而言，广州的科技金融产业竞争力高于香港，低于深圳，处于中间位置。从投入、环境和产出三个二级指标分别考察，广州全面落后于深圳，只在个别三级指标上存在优势。在科技金融投入方面，广州在科技信贷累计发放额和单位孵化企业获得的风投额上有较好的优势，即在债权支持与单间科技企业培养深度上或优于深圳。但是由于高科技企业通常是高风险产业，同时融资需求较大，因此，科技金融的投入更多来自于股权投资机构的贡献，深圳在此方面拥有最多的投资额与企业数，科技金融竞争力优势明显，目前广州在此方面较为欠缺。此外，深圳的优势也体现在政府与资本市场对科技金融的重视与支持。在科技金融环境方面，广州拥有更多的孵化器，是广州科技金融的优势所在。区域科技产出方面，广州在专利申请数、授权数和高新制造业方面相对深圳都不占优。总的来说，广州在科技金融竞争力上拥有更好的孵化器资源以及银行贷款资源，但是股权投资资源、政府资源、资本市场资源和科技产出效率相对较弱。

表 11　科技金融产业竞争力测算结果

指标		广州	深圳	香港
科技金融投入（50%）	地方财政支出中科学技术支出占比（10%）	0.0381	0.0594	0.0024
	早期投资/风险投资/私募股权投资总金额（10%）	0.0320	0.0600	0.0080
	获早期投资/风险投资/私募股权投资企业数（5%）	0.0143	0.0336	0.0021
	单位孵化企业获得的风投额（5%）	0.0193	0.0153	0.0153*
	科技信贷累计发放额（10%）	0.0380	0.0310	0.0310*
	创业板集资（10%）	0.0172	0.0645	0.0183
	总计	0.1589	0.2639	0.0772
科技金融环境（30%）	早期投资/风险投资/私募股权投资机构数量（10%）	0.0174	0.0716	0.0110
	孵化器数量（10%）	0.0601	0.0199	0.0199*
	每万人口中工业企业 R&D 人员数量（10%）	0.0255	0.0680	0.0065
	总计	0.1030	0.1595	0.0375

续表

指标		广州	深圳	香港
区域科技产出（20%）	专利申请量（5%）	0.0191	0.0286	0.0023
	专利授权量（5%）	0.0186	0.0291	0.0022
	高新制造业占工业总产值比重（10%）	0.0316	0.0369	0.0316 *
	总计	0.0693	0.0947	0.0361
科技金融产业竞争力		0.3312	0.5181	0.1508

注：由于香港关于科技金融的相关数据缺乏，* 标记的数据取其他两个城市的最低值填补。

数据来源：《广州统计年鉴2018》；广州市天河区人民政府文件资料；《深圳统计年鉴2018》；《深圳市南山区科技金融发展白皮书》；广东省科学技术厅统计信息；《香港统计年刊2018》；清科研究中心私募通数据库。

4. 航运金融的金融产业竞争力

航运金融的金融产业竞争力测算结果如表12所示。航运金融的重点在于航运企业运行过程中发生的经济活动，而非航运产业自身的发展，故本报告对二级指标中的船舶融资、船舶保险、航运企业和航运基础分别赋予30%、30%、20%、20%的权重。对于船舶融资中的指标，鉴于金融机构的本外币贷款对船舶融资的衡量更直接，且金融租赁公司对船舶融资只起间接的促进作用，本报告对其赋予的权重为20%。对于船舶保险、航运企业和航运基础中的指标，因为其不存在明显差异，本报告在二级指标权重基础上对其进行等权处理。

根据表12测算结果分析，广州的航运金融产业竞争力落后于香港，但略优于深圳。具体而言，广州的船舶融资水平和船舶保险水平相较深圳和香港更低，反映了广州金融体系对船舶企业支持较弱，而深圳和香港由于具有较大规模和更健全的金融体系，因此对船舶企业的资金融通和保险理赔支持力度更大。在航运企业方面，广州优于深圳，这表明广州具有更优的航运生态环境和充足的航运金融发展动力。最后，在航运基础方面，广州凭借雄厚的造船业基础和繁荣的港口贸易位居三城首位，可见广州具有良好的航运金融发展基础和发展潜力。除此之外，广州航交所船舶交易平台作为我国华南地区规模最大、服务功能最完善的船舶交易服务平台，对广州航运金融竞争力的积极影响也是不容忽视的。总的来说，尽管广州在航运金融产业竞争力方面处于中层，但良好的航运企业与航运基础给广州的航运金融提供了广阔的发展空间，广州的航运金融仍有较大发展潜力。

表 12　航运金融产业竞争力测算结果

指标		广州	深圳	香港
船舶融资（30%）	金融机构本外币贷款余额（20%）	0.0432	0.0587	0.0981
	在沪深港上市的船舶租赁公司数（5%）	0.0000	0.0000	0.0500
	在沪深港上市的船舶租赁公司近一年日均市值总额（5%）	0.0000	0.0000	0.0500
	总计	0.0432	0.0587	0.1981
船舶保险（30%）	货运保险保费收入（15%）	0.0311	0.0377	0.0811
	船舶保险保费收入（15%）	0.0035	0.0021	0.1444
	总计	0.0345	0.0399	0.2256
航运企业（20%）	在沪深港上市的航运公司数（10%）	0.0083	0.0000	0.0917
	在沪深港上市的航运公司近一年日均市值总额（10%）	0.0111	0.0000	0.0889
	总计	0.0194	0.0000	0.1806
航运基础（20%）	水上运输业固定资产投资（5%）	0.0215	0.0137	0.0148 *
	进入全球前 50 强的船厂个数（5%）	0.0500	0.0000	0.0000
	港口货物吞吐量（5%）	0.0269	0.0187	0.0117
	国际航运中心发展指数（5%）	0.0151	0.0137	0.0213
	总计	0.1135	0.0388	0.0477
航运金融产业竞争力		0.2107	0.1373	0.6520

注：由于香港关于航运金融的相关数据缺乏，* 标记的数据通过合理估计填补。

数据来源：《广州统计年鉴 2018》；《深圳统计年鉴 2018》；中华人民共和国交通运输部《2018 年规模以上港口货物、游客吞吐量》；香港政府统计处统计信息；香港保险业监管局统计信息；《2018 新华·波罗的海国际航运中心发展指数报告》；英国船舶市场研究机构克拉克森统计信息；Wind 数据库。

5. 绿色金融的金融产业竞争力

绿色金融产业竞争力的测算结果如表 13 所示。参考曾学文等（2014）

和巫剑飞（2019）并结合产业实际发展情况，对各级指标做以下赋权。由于绿色贷款到目前为止仍是绿色金融的主要内容，因此对该指标赋予40%的权重。绿色证券、绿色保险和绿色基金方面考虑其发行行业的发展水平、资产规模等因素，依次赋予20%、15%、15%的权重。碳金融作为新型的金融交易品种，其发展程度较低，影响力也较小，赋予5%的权重。同时政府、公众对绿色发展的关注程度也会对一个地区的绿色金融发展产生一定影响，因此赋予生态体系指标5%的权重。对于三级指标则采取平均赋权的方式。

表13　绿色金融产业竞争力测算结果

指标		广州	深圳
绿色贷款（40%）	绿色贷款余额（20%）	0.1340	0.0660
	绿色贷款占比（20%）	0.1500	0.0500
绿色证券（20%）	绿色债券发行量（20%）	0.1467	0.0533
绿色保险（15%）	农业保险规模（15%）	0.1481	0.0019
绿色基金（15%）	绿色基金规模（15%）	0.0925	0.0575
碳金融（5%）	碳排放配额累计成交量（2.5%）	0.0169	0.0081
	碳排放配额累计交易金额（2.5%）	0.0128	0.0122
生态体系（5%）	地区绿色发展指数（5%）	0.0245	0.0255
绿色金融产业竞争力		0.7254	0.2746

注：由于缺乏香港关于绿色金融的相关数据，这里仅对广州和深圳进行绿色金融竞争力的测算。

数据来源：《广州统计年鉴2018》；广州碳排放权交易所统计信息；广州市人民政府文件资料；《深圳统计年鉴2018》；中国人民银行深圳市中心支行《深圳金融运行报告2018》；深圳碳排放权交易所统计信息；广东省统计局《2016年广东省生态文明建设年度评价结果公报》；中国金融信息网绿色债券数据库。

根据表13的测算结果，广州相比深圳在绿色金融产业竞争力方面优势明显。从二级指标上分析，无论是绿色贷款、绿色证券、绿色保险还是绿色基金，广州都拥有绝对优势，其绿色金融产业已粗具规模。在碳金融方面，尽管广州与深圳的交易金额相当，但交易量约为深圳的两倍，说明广州企业在碳排放交易上更为活跃。而在生态体系方面广州不及深圳，说明广州生态体系建设有待加强，作为大湾区绿色金融创新改革试点，环境整治、生态保护等一系列生态环境治理措施也应跟上绿色金融改革创新的步伐。总的来说，在粤港澳大湾区中，广州拥有良好的绿色金融发展基础和产业竞争力，绿色金融是广州最为突出的现代金融产业。

（三）广州现代金融业发展的路径选择

对粤港澳大湾区金融产业水平测算指标体系的分析表明，广州航运金融和绿色金融产业相对大湾区内其他城市具有较为成熟的产业结构和发展规模，科技金融发展较为落后。应当发挥广州成熟造船业基础和广州航交所良好的船舶交易服务平台优势，借助广州绿色金融改革创新试验区建设经验，着力发展广州航运金融产业和绿色金融产业，同时弥补科技金融方面的短板。针对广州的现代金融业发展提出以下路径：

航运金融方面，一要加大政策扶植力度，做好统筹规划。规划广州航运金融发展的具体战略，避免湾区城市港口间盲目吸引航运吞吐量的自杀式竞争补贴。引导本地非银机构的航运融资，避免对商业银行的过度依赖。同时由政府牵头或参股，鼓励建立航运金融服务机构，特别是鼓励国有大行建立专门的航运金融部门支持航运金融的发展。二要加快航运基础金融产品以及相关衍生品推出。加强银行等金融机构航运金融产品研发，推出更多兼顾企业需求以及规避风险的金融产品。加快广州航运交易所的业务多元化改革，积极搭建航运现货远期交易和航运运价指数衍生品场外交易等平台服务，及时推出运费远期衍生品、航空货运类等衍生品以及船舶资产类场外衍生品来帮助企业防控风险。三要在广州设立航运金融相关机构，促进大湾区航运金融协同发展。在广州建立大湾区船舶交易中心，集聚大湾区航运要素，提升交易双方信息对称性，同时促成交易与结算的配套服务。在南沙自贸区内设立大湾区船舶检验评估中心、资信评级机构中心和法律调解中心，加强与航运业密切相关的检验服务、评级建设和法律服务等基础服务的发展。建立航运大数据和咨询中心，通过数据挖掘洞察航运行业发展现状和服务需求变化，为政务、交通等领域提供更多决策支持。设立粤港澳大湾区商业银行，探索建立与粤港澳大湾区发展相适应的账户管理体系，促进航运跨境贸易、投融资结算便利化。

绿色金融方面，一要稳定当前绿色金融发展形势，拓展绿色金融新领域产业服务。强化花都区在广州市绿色金融改革创新试验区建设中的核心地位，深化花都作为绿色金融改革创新试点的影响力。丰富绿色金融产品种类，为推动企业绿色产业结构转型提供动力支持，着力发展新型绿色金融产品，构建完善的绿色金融产业结构体系。构思绿色金融与传统产业的融合方式，把绿色概念深入各产业中，使得绿色金融成为产业发展的内生动力。二要完善绿色金融评价体系，加强生态体系建设。建设互联互通的绿色金融产品服务、绿色企业和项目认定、绿色信用评级评估、绿色金融统计、金融机构及上市企业环境信息披露等标准体系。加强广州市区生态体系建设，合理利用资源，加强环境治理力度，设立生态保护区，贯彻落实绿色金融与环境治理携手发展的理念，打造大湾区绿色金融生态城市。三要加强广州与大湾区其他城市的绿色金融产业交流合作，围绕大湾区绿色金融中心建设，加强大湾区绿色金融市场相互联系。鼓励在穗绿色企业在香港上市融资，提升资本市场对绿色金融的支持力度。同时鼓励在穗机构开展境外业务，提升绿色金融改革创新试点对大湾区绿色金融中心绿色金融产品开发的支持力度，深化大湾区绿色金融双核驱动效应，完善穗港两地绿色金融产业互联互通机制。

此外，还应注意科技金融配合科技产业发展。发挥政府的引导作用，引领搭建科技金融服务平台，并积极引导深圳的一些先进的金融机构在广州设立分部，推动建立广州的科技融资、科技保险和科技担保体系。另外，可利用广州高校集中的优势，深化产学研融合，加强科技成果转化，促进大湾区科技金融的协同发展。

四　粤港澳大湾区金融协同发展建议

粤港澳大湾区金融协同发展是一个动态的过程，关键在于金融机构融合发展。为了配合大湾区发展规划逐步实施、实现内地金融与国际接轨，使大湾区能够向全国乃至全球提供更好的金融服务，本报告提出以下建议：

（一）传统金融

针对粤港澳大湾区一个国家、两种体制、三个关税区的特点，要在发展巩固一般传统金融政策的同时，充分考虑粤港澳大湾区的实际情况。作为粤港澳大湾区内金融发展最成熟的香港应该继续保持其国际金融中心地位，在维持自由港的基础上，着重注意管控系统性金融风险，特别是巩固发展好全球最大人民币离岸交易中心的地位，以此加强大湾区的全球辐射力和影响力。深圳作为粤港澳大湾区内金融龙头城市，要依托政策优势，强化金融创新，以深交所、前海自贸区等为突破口，与香港进一步合作，优势互补，引领大湾区金融创新。广州的金融业较前两个城市而言，相对较弱，但从金融集聚测算结果来看，广州也展现出强劲的发展势头，在整个大湾区内，广州应做好与香港、深圳的协调和互补工作，以此辐射粤港澳大湾区及更广大的地区。澳门金融业发展相对较弱，要借筹办澳门证券交易所的契机，将澳门证券交易所打造成为人民币离岸市场的纳斯达克，与此同时，在保持自身稳固发展的前提下，可以考虑进一步发展与葡语系国家间的金融、贸易往来。粤港澳大湾区核心城市传统金融定位框架如图 13 所示。

针对传统金融，提出以下三点建议：

第一，发挥港资银行、澳资银行跨境业务优势，推动三地银行机构协同发展。内地应适当放宽设立分行制度和外资并购规定，适当放宽控股份额，推动粤港澳大湾区资金双向融通，破除制度壁垒。积极发挥金

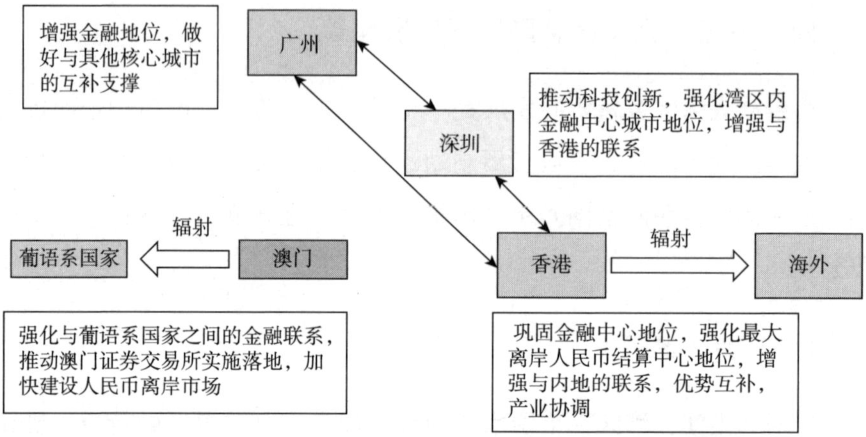

图 13　粤港澳大湾区核心城市传统金融定位框架图

融服务实体经济的效能，推动解决中小企业融资难、融资慢的问题。

第二，推进港澳保险业在内地开展医疗保险和财险业务。港澳的保险业发展较为成熟，具备丰富的国际经验。建议港澳的保险公司和广东本地的保险公司加强合作，在境内提供优质的、多元化的港资、澳资保险产品，进一步推进大湾区金融协同发展。

第三，推动澳门证券交易所打造成人民币离岸市场的纳斯达克，更好地推动人民币国际化进程，服务国家“一带一路”建设，助力大湾区金融开放迈向新台阶。依托中资银行在澳门的金融基础，支持内地商业银行和保险机构等各类金融机构以收购、入股、兼并等方式进入澳门和葡语国家金融市场。

（二）科技金融

科技金融在助推科技产业与金融产业的融合发展，促进科技进步等方面发挥着重要的作用。粤港澳大湾区经过多年发展，在科技金融创新方面涌现出以深圳为代表的一批典型城市。如今大湾区内科技企业和金融的良性循环已经初步构建起来。前序测算结果显示，深圳在科技金融产业集群方面优势最为明显，其次是广州，最后是香港。深圳作为龙头城市，政府要继续发挥积极的引导作用，不断完善科技金融发展的支撑体系，继续引领大湾区科技金融发展。广州要更注重高新科技型中小企业的培育，在现有孵化器的平台和银行信贷支撑下，给予适当政策倾斜，继续向科技领域配置，发展科技金融。澳门在培育本土科技型企业的同时，应该积极在科技金融方面下功夫，建议与珠海横琴新区共同联动培育科技型中小企业。在制度安排方面，除了货币自由流通外，还要力争在税收、人才引进、风险分担机制等方面做更进一步的优化。粤港澳大湾区核心城市科技金融定位框架如图 14 所示。

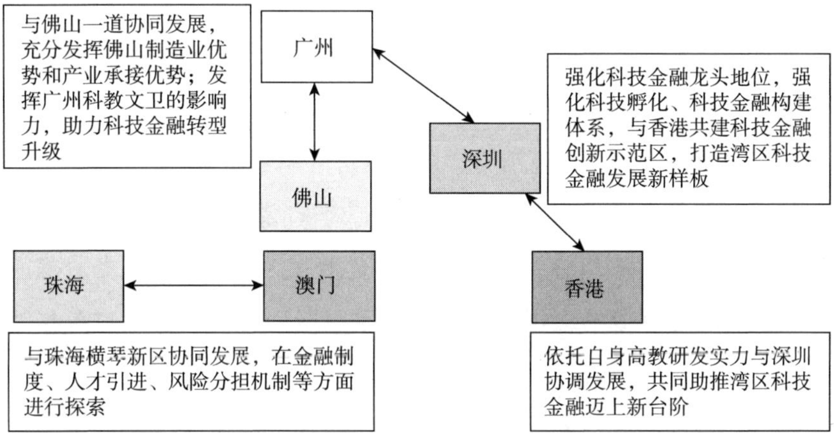

图 14　粤港澳大湾区核心城市科技金融定位框架图

针对科技金融，提出以下七点建议：

第一，完善科技金融发展的法律法规体系。加快推动粤港澳大湾区的制度性整合，加快建设基于市场一体化的创新要素跨境流动协调机制，形成一套保障机制，包括税收扶持机制、组织机构的保障和协同机制等，推动现有的科技创新平台实现深度沟通和合作，突破粤港澳三地之间科技合作的局限，构建完善的科技创新合作机制，形成有利于科技金融发展的政策环境。

第二，健全科技金融服务市场体系。加快推进以科技信贷、股权投资、资本市场、科技保险四位一体的科技金融服务市场体系，积极培育和发展创业投资、科技企业孵化器天使投资引导基金等，加大推动科技支行建设力度，鼓励创新科技金融产品，支持金融机构创新研究有关知识产权质押、产业链融资、投贷联动、股权质押融资、融资租赁等方面的新型产品，探索科技金融发展新模式，如建立科技金融综合网络、知识产权质押融资、建设科技企业信用服务系统等发展模式，推进大湾区国际创新中心建设。

第三，构建科技金融服务产业链平台。依托粤港澳三地的经济合作优势，整合大湾区内部城市群科技金融的产业资源，实现科技服务、孵化服务、众创科技、品牌多点协同创新联动，推动粤港澳大湾区科技金融服务产业链平台的发展。加快打造高效协同的科技金融服务创新平台，依托广州市科技金融平台，构建特色科技企业上市服务链，鼓励开展国际科技金融服务，增强创新活力，协同推进区域创新能力的提高。

第四，鼓励全国性大型金融机构在广东省设立金融科技研发中心。拓展基于多币种金融 IC 卡为载体的移动金融在大湾区公共服务、旅游酒店、物业管理等领域的应用，进一步探索银联闪付、刷脸支付等移动支付新金融技术的跨境运用。

第五，发挥区域私募基金发展优势，加快建设建成国际风投创投中心。把握重点产业，培育优质项目源，建设项目展示平台。

第六，推广落实普惠性科技金融政策，建立面向科技型中小企业的普惠性科技金融工作机制，拓宽小微科技企业贷款适用范围，解决小微科技企业融资难问题。

第七，积极开展金融科技创新，探索金融监管沙盒机制。全力支持银行、证券、保险等传统金融机构依托互联网，探索大数据、云计算、人工智能以及区块链等技术的应用，搭建统一管理平台，实现数据集中化管理和信息共享，在管控风险的同时提升服务效能，更好地为科技型中小企业的成长保驾护航。

（三）航运金融

随着港珠澳大桥的建成通车和粤港澳大湾区珠三角三大自由贸易区的快速发展，粤港澳大湾区的航运金融实现稳步发展，取得了可喜的成绩，但是也存在缺少航运衍生品、融资渠道狭窄等问题。从测算的结果来看，香港的航运金融集群竞争力要明显强于广州和深圳，而广州的航运金融集群竞争力略优于深圳。大湾区内各核心城市要充分发挥自身港口和金融相结合的优势，在航运金融创新方面取得更大的进展。粤港澳大湾区核心城市航运金融定位框架如图 15 所示。

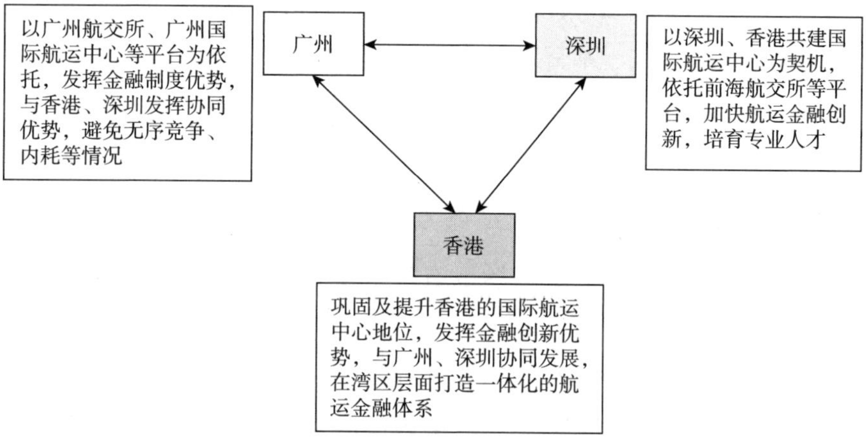

图 15　粤港澳大湾区核心城市航运金融定位框架图

针对航运金融，提出以下六点建议：

第一，加快航运衍生品的发展。依托广州航运交易所、香港国际金融和航运中心、深圳前海航空航运交易所，探索开展航运运价指数期货等航运金融衍生品的开发和交易等业务，打造航运衍生品交易市场，推动粤港澳航运金融服务发展，健全航运金融市场产品体系。

第二，推动航运金融中介服务机构的发展。加强航运业与金融中介服务机构的合作，实现包括航运经纪、咨询、代理、法律仲裁、会计审计等航运金融中介服务。推动国内外银行机构在粤港澳大湾区设立专业的发展机构、航运金融相关的部门以及资金运作、货币结算等功能型的专业机构，积极培育和引进与航运相关的专业保险机构，提高航运金融资源的集中度，提升航运金融资源的配置效率。

第三，拓宽融资租赁渠道。一方面，充分发挥银行系金融租赁企业如工银租赁、招银租赁以及非银行系融资租赁企业如中交融资租赁（广州）有限公司、越秀融资租赁、珠江金融、中国船舶（香港）航运租赁有限公司等企业的带动作用，开展贸易融资服务，支持航运企业抵押、质押等融资业务需求。另一方面，学习德国 KG 基金、新加坡海事信托基金等国外基金的经验，推动信托基金与融资租赁的结合，降低投资风险。通过拓宽融资租赁渠道，减少对商业银行的高依赖性，从而实现银行贷款、租赁、资本市场、基金等渠道的多元化融资。

第四，完善航运金融相关的法律法规。充分发挥自由贸易区的中心政策优势和功能优势，借鉴学习国际航运中心的先进法制建设经验，构建既与国际惯例接轨又具有粤港澳大湾区特色的法律法规和政策体系，加快完善融资租赁法律制度，健全法律监管体系，营造有利于航运金融发展的制度环境。

第五，推动粤港澳大湾区世界级航运中心平台的建设。充分发挥广州航运交易所、香港国际航运中心的区位优势，推进航运企业、航运金融机构、航运服务机构三位一体的有机结合，构建航运金融生态系统，打造航运产业链的集群体系、综合航运金融市场体系以及高端专业的服务体系，实现航运金融的需求、供给以及服务三者的协同发展。

第六，培育壮大航运保险。应充分发挥香港航运金融的标杆作用，争取广州、深圳在航运金融领域享受等同于上海的税收优惠政策，整体降低大湾区航运金融成本。大力推进粤港澳航运保险深度合作，引导保险资金参与粤港澳大湾区航运产业发展。推动设立粤港澳大湾区保险投资基金，并下设航运发展专项子资金，专门投资建设粤港澳大湾区内港口、码头等基础设施以及船舶制造、航运管理与交易等产业。加快培育相关航运保险主体，重点支持在南沙申报设立航运专业保险公司、航运专业自保公司，探索设立航运保险协会、大湾区统一的航运交易所。推动保险资源、平台向大湾区聚集。探索研究在大湾区内实现航运保险数据共享。探索三地保险公司在大湾区内通过共保等方式进行合作，并鼓励保险公司与香港的保险人加强境外业务合作。加强与香港在金融人才引进和培养方面的合作。

（四）绿色金融

目前，粤港澳大湾区在发展绿色金融方面投入力度之大前所未有，各地积极出台相关政策，也取得了卓有成效的成果。从测算结果来看，广州在绿色金融领域的发展较为突出。广州应以粤港澳大湾区整体战略规划为指引，加快建成以碳排放等品种为特色的创新型期货交易所，加快建设绿色金融创新中心、绿色金融服务中心、绿色金融研究中心等。目前香港在政府积极引导，金融机构的密切配合下，绿色金融的规模、广度、深度都有了较大的提升，建议香港在出台绿色债券刺激计划的同时，还应积极与粤港澳大湾区内部密切交流合作，以香港发达的金融业为基础，助力香港加快建成大湾区绿色金融中心，建设国际认可的绿色债券认证机构。深圳在绿色金融方面以尝试和探索为主，建议深圳在绿色金融领域加大宣传力度，积极配合广州、香港绿色金融战略规划，形成优势互补的协同发展新格局。澳门在绿色金融方面的探索较少，建议可以结合建成人民币离岸结算中心来开展相关计价证券探索，与广州和香港形成协同发展格局。粤港澳大湾区核心城市绿色金融定位框架如图 16 所示。

针对绿色金融的发展，提出以下四点建议。

第一，建议针对广州碳排放交易所（广碳所）和深圳排放权交易所（深排所）设计金融衍生品市场，积极吸引金融机构参与绿色金融，改善非银行金融机构参与绿色金融不足的现状。鼓励粤港澳金融机构发展碳排放相关的咨询、投融资、信用担保和委托等一系列衍生业务。

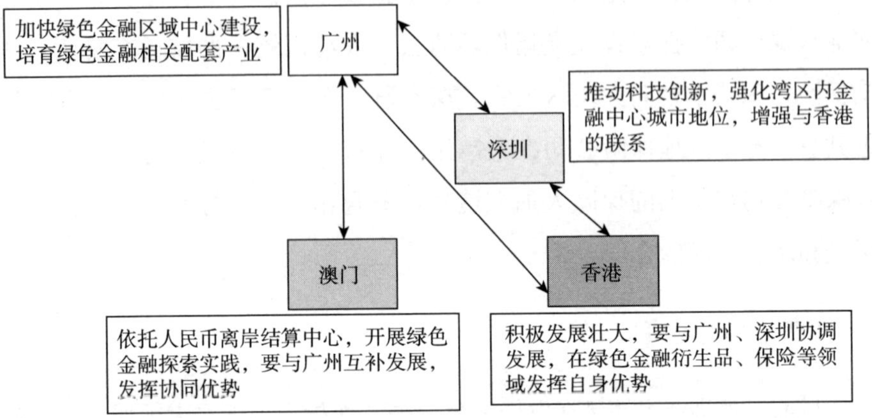

图 16　粤港澳大湾区核心城市绿色金融定位框架图

第二，港资银行业可以针对在深广交易所交易的企业创新绿色信贷产品，推动港资银行业在广东省的发展。如开发特色的个人绿色跨境金融商品，购买绿色环保汽车的优惠贷款、绿色存款、绿色信用卡以及购买节能设备的优惠贷款等。

第三，借鉴欧元区绿色债券的发展经验，金融机构可以考虑将企业碳排放量等指标纳入贷款申请人的信用评分体系。

第四，粤港澳政府可考虑合作创建专门的政策性绿色金融机构，如成立绿色发展银行来担当绿色金融主体，提升绿色金融的专业化水平，推进绿色金融不断深化发展。

参考文献

李常武、蔡永卫、姜涓涓：《绿色金融发展指数构建与思考》，《甘肃金融》2018 年第 9 期，第 31 ~ 35 页。

王海芸、刘杨：《区域科技金融发展水平测度与分析》，《技术经济》2019 年第 4 期，第 50 ~ 56 页。

王孟欣、张军茹、王猛：《基于 BP 神经网络的我国城市航运金融竞争力评估》，《海南金融》2017 年第 8 期，第 9 ~ 15 页。

巫剑飞：《浙江省绿色金融发展水平测度研究》，《现代商贸工业》2019 年第 30 期，第 3 ~ 6 页。

吴建环:《2010 年中国航运金融市场发展报告》,《新金融》2010 年第 12 期,第 8 ~ 15 页。

杨建辉:《广州金融服务体系发展与水平评价研究》,《城市观察》2019 年第 4 期,第 57 ~ 65 页。

曾学文、刘永强、满明俊、沈启浪:《中国绿色金融发展程度的测度分析》,《中国延安干部学院学报》2014 年第 6 期,第 112 ~ 121 + 105 页。

张珺:《广州航运金融生态环境的评估及建议》,《城市观察》2018 年第 4 期,第 48 ~ 55 页。

钟寒声:《上海市航运金融生态评价》,《广西质量监督导报》2019 年第 3 期,第 122 ~ 123 页。

周柯、郭凤茹:《中部六省科技金融指数构建与评价》,《金融与经济》2019 年第 6 期,第 88 ~ 92 页。

(致谢本课题组参与成员:华南理工大学工商管理学院博士生:彭子衿;华南理工大学工商管理学院硕士生:陈琪琪、张晓晴、黄静龙、陈树坚、高海、金今、朱丛淙;华南理工大学经济与贸易学院硕士生:廖至楠、詹爱娟、曾文正、梁柏淇、冯小涛、刘建林、黄敏宜)

• 开放合作篇 •

充分发挥广州南沙自贸区优势
携手港澳建设高水平对外开放门户

杜金岷　吕　寒　林　涛　吴　非　刘作珍　杨贤宏*

摘　要： 本文探讨了新时代对外开放的内涵与意义，结合南沙自贸区现阶段的机遇与挑战，从融入粤港澳深度合作，增进服务"一带一路"倡议，加快产业转型升级，推进体制机制创新等维度，深入探讨了南沙自贸区建设高水平对外开放门户的必要性与可行性，并提出了具体的实施路径。

关键词： 粤港澳大湾区　南沙自贸区　对外开放门户

---

* 杜金岷，暨南大学发展规划处处长、中国（广东）自由贸易试验区研究院常务副院长、广州南沙自由贸易试验区研究基地主任、教授、博士生导师、博士，主要研究方向为现代金融理论、公司金融、金融机构与风险管理。

吕寒，暨南大学中国（广东）自由贸易试验区研究院及广州南沙自由贸易试验区研究基地研究人员、经济学博士。

林涛，暨南大学中国（广东）自由贸易试验区研究院及广州南沙自由贸易试验区研究基地研究人员、博士。

吴非，暨南大学中国（广东）自由贸易试验区研究院及广州南沙自由贸易试验区研究基地研究人员、经济学博士。

刘作珍，广东省社会社会科学院港澳台研究中心副研究员，暨南大学中国（广东）自由贸易试验区研究院及广州南沙自由贸易试验区研究基地研究人员。

杨贤宏，暨南大学中国（广东）自由贸易试验区研究院及广州南沙自由贸易试验区研究基地研究人员。

一　新时代提升对外开放水平的内涵和意义

（一）概念内涵

习近平总书记指出，“中国将采取一系列重大改革开放举措，加强制度性、结构性安排，促进更高水平对外开放”。[①] 经过70年的发展，中国与世界其他各国的关系正站在一个全新的历史节点上，全方位、深层次提升对外开放水平，不仅是经济合作的需要，还是参与全球发展和治理的重要路径。

有鉴于此，习近平总书记提出了“五个更”的重要要求。[②] 第一，更广领域扩大外资市场准入。中国在原有负面清单制度的基础上，进一步加大力度，以更大幅度缩减负面清单，全方位推动产业的对外开放，打破外资在多个领域中的投资限制。第二，更大力度加强知识产权保护国际合作。以更高质量的营商环境对接微观主体的需求，建立健全系统完善的知识产权保护体系，对外国知识产权保护更加重视，严厉打击侵犯知识产权的违法违规行为，推动各国共同开展技术交流与合作。第三，更大规模增加商品和服务进口。中国将进一步在消除关税壁垒上有所作为，打开中国商品双向流通的大门，让高质量产品充分有效流动，促进贸易平衡发展。第四，更加有效实施国际宏观经济政策协调。中国不搞以邻为壑的汇率贬值，将不断完善人民币汇率形成机制，保持人民币汇率在合理均衡水平上的基本稳定。第五，更加重视对外开放政策贯彻落实。高度重视并认真落实同各国达成的经贸协议，建立有效的约束和监督机制，清理废除妨碍公平竞争、扭曲市场的不合理规定、补贴和做法，公平对待所有企业和经营者，完善市场化、法治化、便利化营商环境。

① 习近平：《齐心开创共建“一带一路”美好未来——在第二届“一带一路”国际合作高峰论坛开幕式上的主旨演讲》，《人民日报》2019年4月27日，第3版。

② 同①。

（二）新时代对外开放的实践需求与历史意义

站在国内背景的角度，当今我国正处于进一步推进改革开放的攻坚时刻。按照中国改革开放的过往历史，我们需要不断扩大开放来倒逼攻坚改革的进程。根据世界产业链以及价值链中我国地位的变化情况，我国正处在从货物贸易大国向投资大国、服务贸易大国升级的进程中。首先，我们需要把全球规则关注的重点从贸易的自由国际环境转向投资的公平竞争国际环境；其次，还要将对外开放的重点从制造业领域转向服务业领域。

毋庸置疑，创造对外开放与改革发展良性互动的新格局是一项难度很大的系统工程，特别是在经济全球化以及中国经济发展正在发生重大转折的当前阶段。因此我们必然要实施一系列的体制机制创新来保证新格局的形成。自贸试验区的体制机制创新，从本质上说也是一次我们对改革开放认识的自我深化过程。

（三）基本特征和基础条件

在中国的非均衡发展战略中，必然存在特定区域承担着试验带头的功能。在对外开放的语境下，特定的区域空间承担着对外开放的功能。在中国的改革开放进程中，诸如经济特区、经济技术开发区、保税区等特殊区域都在一定程度上承担着对外开放的特殊职能。在其中，具有一定地理优势区位（如沿海、沿江等）的区域，更容易成为有形生产要素流转的枢纽，并逐步演进为信息、金融、人才集散的空间载体，最终成为特定区域的“枢纽”。

高水平对外开放的门户枢纽具有如下重要特征和基础条件。第一，要在国家乃至全球层面拥有地理上的区位优势。纵观全球经济的发达地带，大多集中在沿海、江湾、三角洲乃至贸易咽喉地带。这些特定空间区域的一个重要特征，就是能够以较低的运输成本和时间成本推动生产要素的充分流动。不难发现，这类区域空间能够凭借良好的生产要素流转对外域产生显著的辐射效应，有逐步成为地区的经济、文化乃至政治中心的潜力。第二，具有高水准的国际化枢纽设施。具备高度通达性的基础设施（海港、空港等），是进一步释放特定空间区域地理优势的重要工具，也是国际要素流转网络的重要支撑，离开了国际化的枢纽设施支撑，即便具备良好的地理要素，也无法有效发挥枢纽作用。第三，具有高规格、与国际接轨的营商环境。良好的营商环境，能够有效吸引生产要素的集聚，提升生产要素涌动的活力，从而进一步推动对外开放迈向更深层次。

（四）高水平对外开放门户的阶段层次与重要目标指向

从高水平对外开放门户枢纽的概念解构来看，这包含了三个层层递进又相互关联的阶段。第一阶段为“门户”；第二阶段为“门户枢纽”；第三阶段为“高水平对外开放”。

第一个阶段层次：“门户”。在该阶段中，更多的是强调有形生产要素在特定区域空间中的集聚、流转、集散。该阶段的生产要素更多依赖的是物理渠道，是有形生产要素集中的一线场所。

第二个阶段层次：“门户枢纽”。该阶段的区域对外开放功能的实现，是在第一阶段层次的基础上，由有形的生产要素流转，逐步叠加了资金、技术、人才等多样要素资源。在“门户”阶段，生产要素的流动大多是自发形成的，并没有一个确定的规则和模式对生产要素进行筛选和引导。然而在“门户枢纽”阶段，则逐步开始形成了筛选要素和引导要素流动的有效规则，注重对各类型生产要素的秩序、结构进行调整，更加注重生产要素的合理配置。

第三个阶段层次：“高水平对外开放”。该阶段是在全球经济发生重大转变的情况下对门户枢纽开放的表述。该层次的对外开放，无论是在开放范围上，还是在开放深度上都较之以往有明显的加强。特别的，这种开放还着重体现了开放思路的创新、结构布局的改进、质量效能的提升。从这个角度来看，第三阶段层次的开放，在门户枢纽资源配置的功能上有着更为严格的要求。

综上所述不难发现，“高水平对外开放门户枢纽”，一开始是一个生产要素充分涌动的过程。在此基础之上，要素的结构组合及其衍生的功能配置，逐步在特定地域上形成了有效的功能节点。在这种不断优化的进程中，特定的辖域空间逐步演变为具有强大辐射力的重要区域。上述情境，可由“流量”“质量”“能量”三个关键词加以刻画，三者之间形成了有效的良性互动机制，驱动资源配置由低端逐步向高端进行多维度的升级优化。

在第一阶段，流量可以分为商品、信息、技术、资金等。流量是资源有效性的重要血脉，具备较高流量的要素，才能凭借门户的特定地域空间向周边地区进行空间溢出。该阶段是形成并巩固门户的重要阶段。在第二阶段，对外开放对传统有形生产要素的依赖度逐渐降低，开始转向依赖高层次生产要素（包括但不限于知识流、价值流、资金流等）。该阶段的一个重要特征，即在于门户枢纽更加依赖无形生产要素而非有形生产要素，生产要素由流量转向了质量。在第三阶段，通过“流量”规模的全球扩张和“质量”层级的全球跃升，世界主要门户城市能量不断积累，主导功能不断演进，逐渐形成了对全球资源配置的“能量”阶段，实现由传统的单一设施向更高等级、更现代化的集疏运体系转变，由功能单一的贸易通道向现代化产城融合的城市转变，由贸易自由向贸易自由、投资自由、金融自由转变，由在岸贸易为主向更加重视拓展离岸功能转变，最根本的是实现由被动接受资源配置转向掌握主动配置全球资源的话语权。

二　粤港澳大湾区建设下的南沙自贸区的优势和挑战

（一）粤港澳大湾区的自贸区发展基础

全球60%的经济总量集中在港口海湾及其腹地，世界上75%的大城市、70%的工业资本和人口集中在距海岸100公里的海岸带地区（世界银行，2010），“湾区经济”已逐渐发展成为全球经济的中枢和引擎。全球最有代表性的湾区包括美国的纽约湾区、旧金山湾区以及日本的东京湾区。

2019年2月18日，《粤港澳大湾区发展规划纲要》（以下简称《规划纲要》）正式出台，对后续20年的粤港澳大湾区发展指明了方向，并就粤港澳大湾区的经济、社会、制度等框架进行了部署。

表1　2018年粤港澳大湾区各城市经济数据对比

城市	金融业增加值（亿元）	人口（万人）	GDP（万亿元）	人均GDP（万元）	GDP增速（%）	城镇化率（%）
深圳	3059.98	1302.66	2.42	18.96	7.6	100
香港	3941.03	748.25	2.39	32.07	3	100
广州	1998.76	1490.44	2.29	15.55	6.2	86.1
佛山	393.59	790.57	0.99	12.52	6.3	95
东莞	474.32	839.22	0.83	9.89	7.4	89.9
珠海	191.57	189.11	0.29	15.94	8	89.4
惠州	164.54	483.00	0.41	8.54	6	69.1
中山	197.60	314.23	0.36	11.06	5.9	88.3
江门	132.00	459.82	0.29	6.46	6.6	65.8
肇庆	72.49	415.17	0.22	5.32	6.6	46.8
澳门	229.68	66.74	0.10	54.81	4.7	100

资料来源：前瞻数据库。

粤港澳大湾区由香港、澳门两个特别行政区与广州、深圳等珠三角九市组成，具有较好的区位优势，作为中国改革开放的最前沿阵地，一直以来都是中国改革创新试验和对外开放的重要窗口。粤港澳大湾区以占全国不到1%的土地面积、5%的人口，创造了全国GDP总量的12%，展现出极高的经济发展潜能。2018年深圳、香港、广州三地GDP均超过2万亿元，深圳的GDP首次超过香港（见表1）。2017年三地金融业增加值均达到2000亿元及以上；东莞、佛山、澳门作为大湾区金融城市群第二梯队，金融体量为200亿～500亿元；第三梯队的中山、珠海、惠州、江门、肇庆五市金融业增加值不足200亿元。

从粤港澳大湾区内部的产业结构来看，香港、澳门的经济支柱为典型的第三产业。在内地城市中，广州市第三产业占比超过70%（见表2），在区域经济发展中可以凭借发达的第三产业基础推动湾区经济的开放与增长；深圳地区除了高新技术制造业之外，金融业、服务业也展现出强大的实力，深圳与香港毗邻的优势地理区位也将有效地将两地的产业链进行融合；佛山、惠州作为全国乃至世界范围内的制造业重心，承担着广州、深圳产业转移的重要任务；其他生产总值相对较低的地区，也有着较大的错位发展空间。

表2　粤港澳大湾区各城市产业占比与支柱产业一览

单位：%

城市	第一产业	第二产业	第三产业	支柱产业
广州	1.0	28.0	71.0	汽车、电气机械及器材制造、石化、电子、批发零售、金融、房地产、租赁和商务服务、交通运输
深圳	0.1	41.4	58.5	金融、贸易、物流、互联网、电子信息、生物医药、新能源、新材料、创意文化、科技服务
珠海	1.8	48.1	50.1	电子信息、家电电器、生物医药、石油化工、机械制造、电力能源
佛山	1.4	57.7	40.9	建材家具、家电、灯饰、陶瓷、机械设备
惠州	4.3	52.7	43.0	数码、石化、服装、水泥、汽车及零部件
东莞	0.3	48.3	51.4	电子信息、电气机械、家具、纺织服装、造纸、玩具、化工、食品饮料
中山	1.6	50.3	48.1	医药、电子、电器、化工、五金、灯饰、服饰、家具
江门	7.0	49.2	43.8	汽车、摩托车、船舶、五金卫浴、纺织、电子信息、石化、印刷、新材料、制鞋
肇庆	15.5	36.6	47.9	汽车零配件、电子信息、农产品、金属加工、食品饮料、化工

续表

城市	第一产业	第二产业	第三产业	支柱产业
香港	0.1	7.2	92.7	金融、贸易、物流、教育、法律、旅游、科技服务
澳门	0.0	5.1	94.9	博彩、旅游、金融、房产建筑

资料来源：前瞻数据库。

对内来看，粤港澳大湾区的城市可以按照城市功能进行二次划分，即“四个中心，七个节点”。“四个中心”分别是香港、澳门、广州、深圳。这四大城市的功能侧重各有不同，香港的功能优势在于金融，深圳的优势在于科技和金融，广州的优势在商贸、教育上更为突出，澳门的优势在旅游。这四大城市擅长的都是高端产业。而“七个节点”（珠海、佛山、东莞、惠州、中山、江门、肇庆）则主要作为承接“四个中心”城市外溢的功能产业，从而在粤港澳大湾区内实现层次梯度的连接。

从外部环境来看，粤港澳大湾区还同中国最大的全域性自贸区——海南自贸区毗邻，有着更好的协同优势地位，更为重要的是，粤港澳大湾区内接腹地，面向东盟的海陆国际大通道，是“一带一路”的重要战略枢纽。粤港澳大湾区无疑将对区域乃至全国的产业结构优化、生产要素流动乃至世界范围内城市群格局产生重大且深远的影响，未来具有极大的发展空间。

粤港澳大湾区并非是区域一体化发展的“加强版”，而是在经济转型优化、改革开放进入深水区的过程中，以高起点、高标准、广视野所提出的一项极具战略意义的规划布局。粤港澳大湾区的外向型经济一直走在我国的最前列，是我国与“一带一路”共建国家经贸合作量最大的地区，也是推动我国外贸经济发展的重要引擎。

（二）南沙自贸区发展的优势

1. 地理区位优势

中国（广东）自由贸易试验区广州南沙新区片区，包含面积为7.06

平方公里的广州南沙保税港区在内，总面积达60平方公里，总计7个区块，具体包括以下部分：

①海港区块，共15平方公里。海港区块之一的龙穴岛作业区，包括南沙保税港区港口区和物流区，总面积为13平方公里。海港区块之二的沙仔岛作业区，其面积为2平方公里。

②明珠湾起步区区块，不含蕉门河水道和上横沥水道，面积为9平方公里。

③南沙枢纽区块，占地面积10平方公里。

④庆盛枢纽区块，占地面积8平方公里。

⑤南沙湾区块，不包括大角山山体，面积为5平方公里。

⑥蕉门河中心区区块，占地面积3平方公里。

⑦万顷沙保税港加工制造业区块，占地面积10平方公里（其中南沙保税港区加工区面积1.36平方公里）。

2. 经济基础优势

2015~2018年广州南沙地区生产总值保持稳定增长，2018年全年实现地区生产总值1458.41亿元，比上年增长5.8%（见图1）。三次产业增加值的比例为3.48：58.86：37.66。第三产业产值稳步增长，从2015年的292.57亿元上升至2018年的549.28亿元，占比由2015年的25.68%上升至37.66%；第二产业产值由2015年的795.34亿元上升至2018年的858.31亿元，占比由69.81%下调至58.86%。从这个角度来看，广州南沙的产业结构尽管仍以第二产业为主，但产业结构的优化调整趋向十分明显，南沙的产业结构正逐步优化。

2018年，广州南沙全区实现税收总额555.67亿元，同比增长17.7%；全区一般公共预算收入由2017年的70.66亿元上升至2018年的75.19亿元，比上年增长6.4%；一般公共预算支出由2017年的150.05亿元上升至2018年的175.03亿元，比上年增长16.6%（见图2）。全年区级财政用于改善民生的投入达141.97亿元，占本级预算支出总额的81.1%。

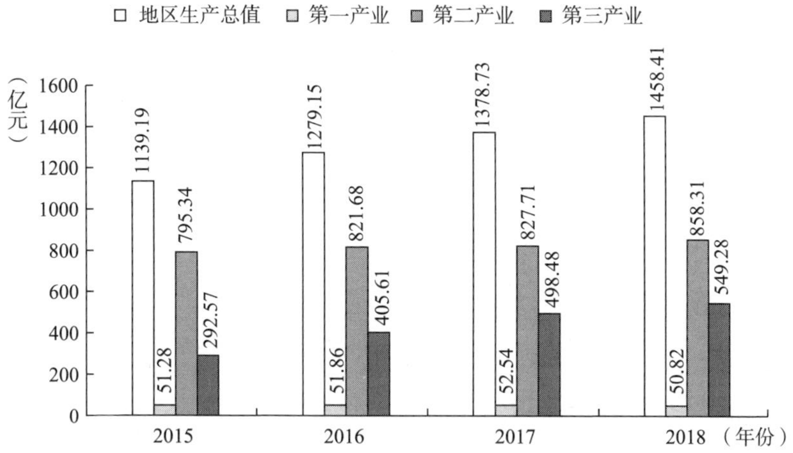

图1　广东自贸区广州南沙新区片区经济结构变迁

资料来源：前瞻数据库。

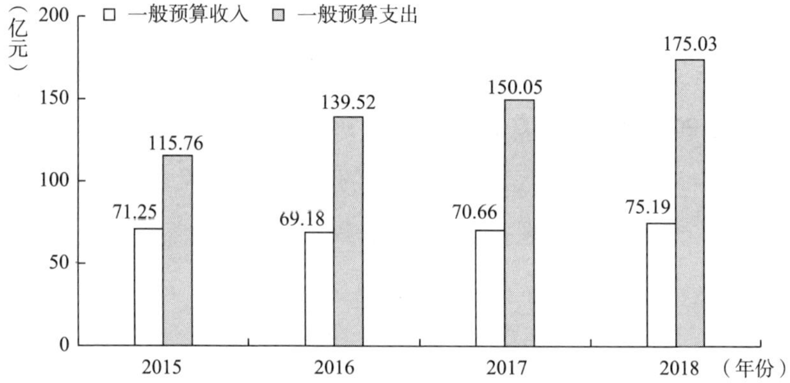

图2　广东自贸区广州南沙新区片区财政状况

资料来源：前瞻数据库。

2018年，广州南沙全区财政科技支出由2015年的5.32亿元上升至2018年的12.68亿元（见图3），展现出对科技创新的强大支持和重视。全区共有高新技术企业475家，增长43.9%。全年全区专利申请量达9875件，增长98.5%，其中发明专利申请量2830件，增长76.3%；授权专利4521件，增长79.8%。授权专利中，发明专利授权460件，增长2%。获得国家支持科技项目2个；获得省资金支持科技项目310个，增长

34.2%；获得市资金支持科技项目239个，共获得上级科技部门支持经费2.2亿元。

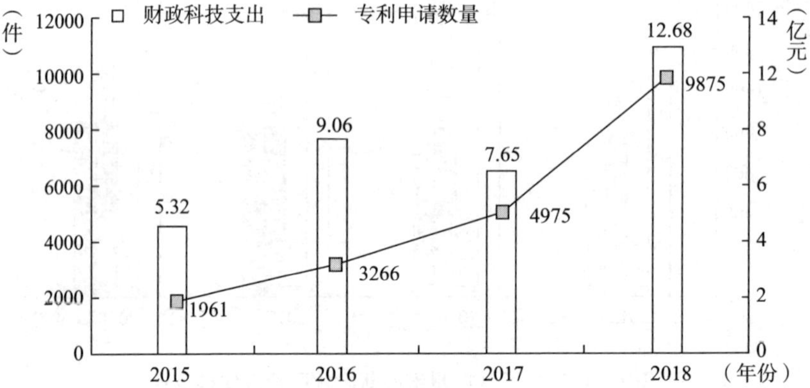

图3　广东自贸区广州南沙新区片区财政科技与专利创新状况

资料来源：前瞻数据库。

2018年，南沙新区片区实现进出口总额2063.9亿元（见图4）。全区进口总额由2015年的80.07亿元上升至2018年的972.06亿元，出口总额由2015年的166.29亿元上升至2018年的1091.84亿元。自2015年以来，南沙区的进出口贸易额呈现井喷式增长，展示了巨大的潜力。

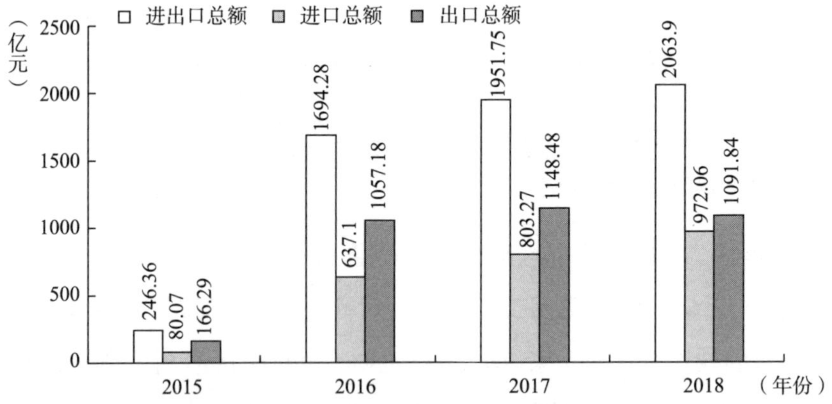

图4　广东自贸区广州南沙新区片区进出口状况

资料来源：前瞻数据库。

（三）南沙自贸区发展的重大挑战

1. 全球经济下行压力增大

全球市场范围内的需求增长动力不足，开拓新市场面临的困难与日俱增，经济增长动能始终呈现疲软的状态。理论上，可以将市场的开拓划分为外延式的市场开拓（依托于地理维度上的市场新发现）以及内涵式的市场开拓（借由存量市场发展壮大）。而在当前全球经济下行的背景下，鲜有实现开拓外延式市场的机会，只能更加依赖于扩大现有市场需求。回顾全球经济发展的历史，我们不难得出市场需求的强弱通常与经济增长的快慢呈现同步趋势的结论。“二战”结束后，日本与欧洲内部均产生了战后恢复重建的需求，这种迫切的需求带来了市场需求的激增，以至拉动了“二战”后到 20 世纪 70 年代初全球经济的增长。反观 20 世纪 70 年代中后期，全球市场需求不再旺盛，需求的偃旗息鼓使得市场经济运行产生失灵的现象，市场上出现了较为明显的产能过剩问题，全球主要经济体经济增速均出现了不同程度的下降，相继陷入经济增长迟缓的僵局。而后随着“亚洲四小龙”经济的飞跃以及中国因改革开放而创造出的巨大需求，全球经济增长止步不前的阴霾终于散去。

2. 世界贸易组织（WTO）模式红利效益递减

2001 年 12 月，我国正式成为世界贸易组织的正式成员，加入世贸组织后，中国获取的世界贸易“红利”是当今中国能成长为世界贸易大国不可或缺的条件。然而，不容忽视的是世贸组织对新成员的 15 年保护期早已于 2015 年到期，在铁的事实面前，我国只能遵守规则，进一步打开国门。一方面，原来受国家管制的钢铁、交通乃至银行、证券等的全部行业必须向外资企业敞开怀抱，允许其参与市场竞争，且相关投标项目可由个人财团参加，国家不得干预；另一方面，海关的关税将不可避免地降低或直接减免，自 2015 年 7 月起，我国进出口商品的海关关税将全部免除。

其影响也是显而易见的，加入世界贸易组织（WTO）以来，我国对外的进出口贸易额不断上升，2009 年，我国已在世界贸易出口国排行中占据第一的位置，2013 年超过美国，一跃成为世界第一大货物贸易国。不过根据2016 年世贸组织的有关资料显示，我国在连续三年排名第一之后，又被美国反超。依据有关资料，2016 年美、中两国的货物贸易总额分别为3.706 万亿美元、3.685 万亿美元，中国落后于美国。尽管在进出口额同比比较中，美、中均有不同程度的下滑，美国减少了3%，而中国的进出口额却分别同比减少了5% 与8%。由于美国进出口额减幅都小于中国，中国仅仅保持了三年的全球贸易额首位的宝座就又让位于美国。

三　加快推进粤港澳合作，建设高水平对外开放门户

（一）粤港澳地区合作的基本情况

从20 世纪50 年代开始，中国政府始终坚持维护香港稳定的政策，并从物资上尽力支持香港的经济发展，从60 年代末开始，广东为香港供应东江水，为其提供了十分紧缺的淡水资源。70 年代后期的改革开放政策把粤港澳的合作推向了新的高度，粤港澳的合作大体经历了三个阶段①②。

第一阶段：改革开放初期，港澳两地把资本、技术、管理等要素转向珠江三角等地，把设计、财务、销售等工序留在港澳，而港澳的资本、技术等要素与珠三角当地廉价的劳动力、土地等资源结合，形成了广东生产、港澳提供生产性服务的“前店后厂”模式。

第二阶段：珠三角地区经过近20 年的高速经济增长，已经成为世界制造业基地。2003 年中央政府先后与香港、澳门特区政府签署CEPA，为深化两地经贸合作建立制度性安排。在CEPA 框架下，内地逐步向港澳开放市场，港澳企业也享有更加有利的条件进入内地市场，极大促进了粤

---

① 梁宏中、王廷惠：《“一国两制”框架下粤港澳大湾区内差异与互补性经济合作机制》，《产经评论》2019 年第3 期，第94 ~101 页；陈广汉、刘洋：《从“前店后厂”到粤港澳大湾区》，《国际经贸探索》2018 年第11 期，第19 ~24 页。

② 郑佩玉、李开云：《“九七”后香港经济社会研究》，广东经济出版社，2002，第175 ~178 页。

港澳之间的贸易和投资。

第三阶段：2013 年“一带一路”倡议正式提出粤港澳大湾区的概念后，粤港澳三地合作进入了新阶段。2019 年 2 月 18 日，中共中央、国务院印发了《粤港澳大湾区发展规划纲要》。粤港澳大湾区旨在促进湾区内的人流、物流、资金流和信息流的高速、便捷流通。粤港澳三地的合作已经上升到国家战略层面，并在中央政府引导和推动下不断深化。

（二）粤港澳地区合作的重要突破口

经过四十年的发展，中国已成为世界第二大经济体，是港澳经济的强大依托。科技合作、文旅合作是粤港澳大湾区未来合作的重要突破口。

1. 科技合作

“具有全球影响力的国际科技创新中心”是建设粤港澳大湾区的战略定位之一。粤港澳大湾区致力于打造国际科技创新中心，符合香港的发展利益，是未来粤港澳合作的重要突破口。近年来，香港特区政府把科技创新作为香港经济的新引擎，竭力推动科技创新，重新审视政府可扮演的角色。[①] 香港拥有雄厚的科研实力、世界级的大学，粤港澳三地可以通过促进技术的合作、产业互动和科技成果的转化，推动大湾区成为国际科技创新中心。另外，香港是全球三大国际金融中心之一，可以为科技发展提供源源不断的资金。[②]

粤港澳大湾区为香港的科技成果转化提供了广阔的经济腹地。为了进一步转化香港上游科研成果，香港科技界及工商界对落马洲河套地区及粤港澳大湾区寄予厚望。深圳与香港联手在落马洲河套地区打造深港科技创新园区，对推动粤港澳合作具有重大战略意义。

---

① 杨伟雄：《改革开放 创新科技迈向前》，载粤港澳大湾区年鉴编纂委员会编《香港经济年鉴 2018》，香港商报社、经济导报社，2018，第 243 - 244 页。

② 林郑月娥：《香港创科的肥沃土壤已慢慢建立起来》，中国新闻网，http://www.chinanews.com/m/ga/2019/04 - 01/8797066.shtml。

2. 旅游合作

发展旅游业是澳门产业结构多元化的重要举措。作为外向型微型经济体，澳门以博彩业作为支柱产业，澳门的产业结构问题是澳门发展备受关注的问题。① 作为中西方文化交流的枢纽，澳门拥有丰富的人文资源，在休闲旅游方面具有较大的竞争力。基于人们不断增长的休闲需求以及澳门自身经济、政治、文化发展的需求，澳门特区政府在 2007 年提出要致力于将澳门发展成为世界旅游休闲中心和区域商贸服务平台的战略定位。

澳门本身地域空间的局限，导致城市基础设施滞后、服务人才短缺，这些因素制约了澳门建设世界旅游休闲中心。在“一带一路”建设和粤港澳大湾区建设的背景下，进一步深化与内地在旅游文化领域的交流合作是推动澳门融入国家文化和旅游发展大局的重要机遇，也是未来粤澳合作的突破口之一。未来，大湾区将支持横琴创建国际休闲旅游岛、加快粤港澳游艇自由行，加强旅游人才培养，推动国际旅游人才交流，促进粤港澳大湾区旅游产业发展。

（三）广州南沙与粤港澳地区的融合与开放路径

1. 打造全面合作示范区

抓紧建设香港科技大学（广州）项目。南沙区已完成征地拆迁工作，2019 年 9 月教育部正式批准筹备设立香港科技大学（广州）。根据建设方案，计划于 2020 年前平整校园首期场地，可以在 18 个月内完成校园的首期建设工作。

成立粤港澳“一带一路”企业合作联盟，推动广州市及大湾区智能制造产业的发展。南沙资讯科技园已成为粤港科技合作的典范，香港科技大学霍英东研究院被科技部授予“国际科技创新合作基地”。2018 年

① 谢四德：《“一国两制”下澳门产业结构优化》，社会科学文献出版社，2013。

至2020年，广州市南沙区人民政府与香港科技大学霍英东研究院合作构建“国际智能制造平台”，进一步推动智能制造产业的发展。

打造粤港澳宜居优质生活圈，形成半小时交通圈。随着广州地铁18号线、22号线、深茂铁路等相继建成，将构建起以南沙为起点的大湾区“半小时交通圈”。建设“AI+智能城市”，依托人工智能产业的发展，积极营造城市智能化生态体系，加快公共服务领域基础设施建设和数据资源有序开放共享。

便利港澳居民到南沙就业、居住。南沙全面落实“港人港税、澳人澳税”政策；降低港澳人才绿卡申请门槛；建立大湾区国际人才“一站式”服务窗口；将共有产权住房试点拓展至符合条件的港澳居民。

2. 建立定期交流制度

构建粤港澳联席会议及粤港澳大湾区跨境协商管治机制。粤港澳大湾区跨境协商管治机制建立后，粤港和粤澳联席会议下原设的专题小组建议继续保留，以便进一步落实三地在金融服务、国际贸易、公共服务等方面已提出的具体合作细则和安排。

打造常态化粤港澳规则对接平台。南沙区政府依托暨南大学在港澳的资源优势，建立了粤港澳各界常态化联系及调研走访机制。对接平台将分领域组建规则对接专项工作小组，了解港澳各界的实际情况和具体诉求。同时，每年将举办4期交流活动，就南沙在各领域率先实现与港澳规则对接开展研究，推进与港澳在法律服务、金融、医疗、建筑等领域的规则对接。

充分发挥大湾区内民间商会、行业协会等民间团体在区域合作中的作用，使其成为地区间同行交流的平台。利用华侨华人企业家圆桌会议等活动，构建粤港澳华商网络体系，促进三地企业及企业家之间的交流和沟通，为其搭建常态化交流平台。

3. 促进生产要素流通

努力实现基础设施的互联互通。2019年4月南沙大桥建成通车，每天有18个航班往返南沙客运港和香港中港城码头、机场码头。2019年11

月 17 日正式启用了国内规模最大的国际邮轮母港首期项目。随着粤港人员往来的需求增加，今后将争取增加广深港高铁经停庆盛站班次，力求香港到南沙的车程缩短至 30 分钟。

推进粤港澳物流合作发展。南沙首创的“粤港跨境货栈”项目，使穗港间物流运输时间压缩了 1/2 以上；澳门至南沙的跨境电商专线实现澳门跨境电商货物在南沙一体清关，同时还建立了进口港澳食品检验互认、标准互认和证书互认机制。南沙自贸区共制定了 54 项具体措施推进口岸通关流程去繁就简，推动实现口岸提效降费。2019 年上半年南沙口岸进出口整体通关时间分别较 2018 年 12 月压缩 20% 和 12%。

4. 深化人文交流

推进粤港澳青年文化交流纵深发展。通过“百企千人”“创汇谷”以及香港科大百万奖金（国际）创业大赛等项目，为港澳青年提供一个低成本、便利化、全要素、开放式的实习、创业平台。2019 年 12 月 30 日启动的“粤港澳台青年艺术交流计划”，围绕粤、港、澳、台两岸四地的青年艺术交流活动，以艺术的形式展现当代华人青年的新思维，以持续、长期、开放的视野助力大湾区的艺术生态建设。

借助一年一度的广州南沙妈祖文化旅游节促进大湾区人文交流。妈祖文化在港澳台地区影响深远，通过妈祖文化可以吸引更多的港澳同胞了解大湾区的人文、历史，丰富粤港澳大湾区的旅游资源，加强港澳同胞及华侨华人与大湾区的人文交流。

四 增进服务“一带一路”倡议，建设高水平对外开放门户

（一）“一带一路”倡议的基本状况

1. “一带一路”倡议形成

（1）“一带一路”倡议形成的时代背景

一是顺应经济全球化，共享发展红利的需要。当今世界生产要素全

球配置，贸易往来日益频繁，经济全球化是世界经济发展的潮流，和平与发展仍然是当今世界的时代主题。改革开放四十多年的实践启示我们，要始终坚持以开放促改革、促发展。“一带一路”倡议的提出正是我国推进构建开放、包容、普惠、平衡、共赢的经济全球化的积极实践，有利于促进共建国家的经济发展，构建和平的国际周边环境，打造全方位对外开放新格局。二是“一带一路”倡议是平衡我国东西部经济发展的需要。长期以来，我国东西部经济发展不平衡，“西部大开发”战略虽在一定程度上缩小了差距，但受多种因素的影响，至今仍未从根本上带动西部地区发展。“一带一路”倡议的提出，为东西部经济协调发展带来了新机遇，带动基础设施、人才、资金、科技等要素向西部流动，释放经济活力。

（2）“一带一路”倡议的发展历程

近几年，“一带一路”倡议经历了雏形初现、顶层推进、全面实施的阶段，取得了可喜成就（见表3）。

表3 “一带一路”事件表

时间	发展历程
2013 年 9 月	提出共建“丝绸之路经济带”
2013 年 10 月	提出建设“21 世纪海上丝绸之路”
2013 年 11 月	十八届三中全会通过《中央关于全面深化改革若干重大问题的决定》，将“一带一路”上升为国家战略
2014 年 12 月	与俄罗斯达成跨欧亚铁路与“一带一路”对接共识
2014 年 12 月	成立丝路基金
2015 年 2 月	“一带一路”建设工作领导小组成立
2015 年 3 月	发布《推动共建丝绸之路经济带和 21 世纪海上丝绸之路的愿景与行动》
2015 年 10 月	中国申请加入欧洲复兴开发银行，为“一带一路”开辟新的融资渠道
2015 年 11 月	习近平总书记出访越南、新加坡，提出欢迎周边国家搭乘中国发展的“快车”“便车”，愿同周边国家共同推进“一带一路”建设
2015 年 12 月	亚洲基础设施投资银行成立

续表

时间	发展历程
2016 年 3 月	“一带一路”写入“十三五”规划
2017 年 5 月	举办第一届“一带一路”国际合作高峰论坛
2019 年 4 月	举办第二届“一带一路”国际合作高峰论坛

2. “一带一路”倡议的内涵

（1）“一带一路”建设的原则

“一带一路”建设的原则是共商、共建、共享，倡导国际关系民主化，坚持国家不分大小、强弱、贫富一律平等。一方面，“一带一路”共建国家大多是发展中国家，在国际政治舞台上处于十分不利的地位，在经济全球化过程中处于低端环节，在生态环境保护的能力上十分有限，共同的困难要求各国应达成共商的共识，通过加强互信合作，相互支持，共同应对挑战。另一方面，“一带一路”共建国家自然资源丰富，文化百花齐放，拥有广阔的市场，但受交通闭塞、贸易壁垒、信息不畅等因素的制约，无法充分发挥自身优势。这就需要各国通过共建，破除发展障碍，促进要素自由流动，让建设成果更多、更公平惠及共建各国人民，共享经济发展成果。

（2）“一带一路”建设的核心内容

“一带一路”建设的概念范畴是“五通”，具体而言，政策沟通，是指“一带一路”共建国家间通过经济政策、法律政策、发展策略等进行充分交流对接，共同制定区域合作发展的政策或措施，通过顶层设计，为区域协作发展提供政策支持，协商解决出现的问题。设施联通是指推动“一带一路”共建国家在交通基础设施、能源基础设施以及通信基础设施建设方面的联通，打通经济发展的瓶颈，提升道路通达水平，畅通能源丝绸之路、信息丝绸之路。

（3）“一带一路”建设的目标

党的十九大报告明确提出推动构建人类命运共同体，始终坚持合作共赢的发展理念，牢牢把握“五通”这个核心内容，搭建“六廊、六路、多国、多港”互联互通架构，践行“各美其美，美人之美，美美与共”的人文精神，促进共建国家经济、文化、生态协调发展，使各国民众在合作中得到实惠，形成更加紧密的利益共同体、命运共同体和责任共同体。

3. “一带一路”倡议下中国与共建国家贸易发展状况

“一带一路”倡议提出以来，无论是国家层面还是广东省层面均在政策沟通、商品互易、文旅交流等方面采取了积极举措，取得了令人瞩目的成绩。政策沟通方面，我国已同120个以上的国家和近30个国际组织签署了一系列合作文件。贸易往来方面，2017年，我国与丝路沿线国家的贸易总额超14亿美元，同比增长13.4%，高于我国整体外贸增速5.9个百分点，占中国进出口贸易总额的36.2%。2018年，广东与丝路沿线国家和地区的贸易总额达16153亿元，增长7.4%，高出同期全省平均水平2.3个百分点。文化旅游方面，中国到丝路沿线国家的游客人次逐年攀升，2013年到2017年，五年间增加了1192万人次，增长率高达77%，年均增速达15%以上。从这些数据可以看出，“一带一路”建设促进了共建国家的互联互通，增进了彼此互信，带来了经济发展的新机遇。

（二）“一带一路”倡议下广州南沙发展的重大契机

1. 搭建基础设施平台，建设国际航运中心

“一带一路”建设发展需要完善的基础设施，尤其是交通基础设施的保障。在这方面，南沙区拥有得天独厚的优势。一是政策优势，《推动共建丝绸之路经济带和21世纪海上丝绸之路的愿景与行动》对南沙港赋予了新期望，提出充分发挥广州南沙的开放合作区作用，加强广州的港口建设。南沙应抓住建设粤港澳大湾区政策机遇，探索港口经济新模式。二是区位优势，南沙港区位于珠江入海口，是广州乃至国家的重要航运通道，地理位置优越，不仅是广州市的副中心，而且处于珠三角的几何中心区域，港阔水深，码头占地两百公顷以上，拥有数个专业化集装箱

泊位，是一个天然良港。三是物流成本优势，“一带一路”倡议提出以来，中国与共建国家的贸易往来不断加强，国际经贸取得了积极进展，我国与共建国家货物贸易额累计超过7.5万亿美元，也给物流运输业提出了更高的要求。其中运输成本在企业经营成本中占有较高的比重，相比陆路运输和航空运输，海上运输具有成本低、运输量大的独特优势，适合国际大宗贸易。

2. 利用优势创新金融业发展

资金融通是“一带一路”建设过程中最重要的物质基础，在“一带一路”建设过程中，各个方面都需要货币的流通和资金的强大支持。《“一带一路”年度报告（2018）》指出，当前我国“一带一路”建设需要投入超过8000亿美元才能使其有效稳健发展。资金赤字问题制约了共建国家基础设施建设的发展，也对地域经济发展稳定性造成一定影响。

南沙区拥有金融业基础优势，应积极把握机遇。南沙可利用国家赋予南沙的特殊政策优势，出台系列扶持金融业的优惠政策。目前，南沙已初步形成“一核双辅”的金融功能区规划，以明珠湾区起步区为核心集聚国际金融新要素，稳步推进蕉门河中心区现代金融服务体系和融资租赁产业集聚区建设。

3. 把握机遇打造“一带一路”人才高地

人才是第一资源，推进“一带一路”建设，离不开人才的支撑。据《“一带一路”人才白皮书》公布的数据显示，大部分企业存在高级人才和特殊技能人才紧缺的问题。针对“一带一路”建设人才紧缺、流动效率较低的情况，我国提出了一系列加强人才交流和培养，提高人才配置效率的政策措施，包括设立“丝绸之路”中国政府奖学金项目；推动落实联合国教科文组织《亚太地区承认高等教育资历公约》；印发《推进共建“一带一路”教育行动》等政策文件。在广东，2017年9月成立了广东省“一带一路”职业教育联盟，2019年举办了对接“一带一路”人才需求的毕业生就业供需见面会等，鼓励人才“引进来”和“走出去”，推动“一带一路”国家间人才融通。

4. 优势互补推进跨境电商发展

“一带一路”共建国家市场广阔，拓展了跨境电商发展的市场范围。“一带一路”共建国家大多为发展中国家，人口众多，市场规模和潜力巨大。广州海关统计数据显示，2014 年至 2018 年广州对丝路沿线国家贸易总额年均涨幅超过 80%，2018 年，广州与丝路沿线国家间的跨境电商贸易总额高达 26.4 亿元，同比上涨 25.9%。

南沙处于“海上丝绸之路”的关键节点，已与世界多数国家或地区开展贸易往来，与多个国家港口建立合作关系。同时，南沙港拥有便利的港口通关体系、现代化的跨境电商仓库、系统化的综合物流管理体系。这均为南沙跨境电商贸易搭上“一带一路”的快车打下了坚实的基础。

（三）广州南沙与国际化组织的互联互通

1. 南沙与“一带一路”共建国家贸易互通

在人类历史上，区域间的互联互通多始于贸易的互通，贸易往来必将带动文化、政治的交流互信，贸易密切程度彰显着地区间的相互依存度。南沙海关统计数据显示，2019 年 1～5 月，南沙区外贸进出口总值达 738.5 亿元，其中进口值为 400.4 亿元，同比增长 14.9%；跨境电商进口增长 25.4%。这主要归功于近几年南沙响应国家推进“一带一路”建设和粤港澳大湾区建设的号召，不断优化营商环境，一方面提高通关效率，另一方面推出系列减税降费政策，降低企业生产经营成本，提高企业竞争优势，积极促进外贸稳定持续发展。

然而，我们也应正视南沙在推动“一带一路”建设过程中在商品贸易方面仍存在亟须改进之处，如港口信息化水平、创新通关及监管模式、建设跨部门综合管理平台等。

2. 南沙与“一带一路”共建国家服务互通

良好的服务，尤其是金融服务和法律服务是经济社会发展的重要支撑，是促进企业健康发展，维护企业家合法权益的制度保障。互联互通金融创新和法律创新，一方面可以拓展企业跨境融资渠道，加快技术创新升级，另一方面可优化纠纷解决机制，增进彼此互信，服务企业“引进来”和“走出去”。

为支持“一带一路”建设，发挥南沙区服务贸易建设优势，南沙区政府积极与金融机构签署合作协议。一方面继续加大对先进制造业、大型工业企业在融资、租赁等方面的支持力度，降低小微企业的融资门槛，缓解其融资难、融资贵的问题；另一方面，进一步加强在“一带一路”共建国家外贸和外经合作领域投放信用资源，切实落实成套设备出口应保尽保。

3. 南沙与“一带一路”共建国家投资互通

南沙强大的“东道主”磁场凝聚力日益凸显。服务于“一带一路”共建国家企业投资的机构或平台相继在南沙落地。例如，广州市“一带一路”投资企业联合会落户南沙，南沙境外投资“一站式”线上综合服务平台也已正式运作，为企业投资提供金融服务、咨询服务、政策服务以及协调解决纠纷等服务。另外，南沙积极引进大型企业总部落户南沙，发挥总部效应，带动相关企业投资南沙，增强产业吸附能力，加快形成完善的产业链体系，实现南沙制造业高质量发展。

4. 南沙与“一带一路”共建国家航运畅通

在邮轮旅游方面，以南沙港为母港的“云顶梦号”邮轮实现首航。在国际航线开辟方面，南沙港区加快与“一带一路”共建国家港口开展合作，增加航线密度，支持全球知名航运企业在南沙港区开辟国际航线，尤其是与“一带一路”共建国家港口的航线。2018 年南沙港区引进外贸班轮航线 17 条，其中有 14 条为“一带一路”航线。另外，南沙召开了“南沙港区‘一带一路’亚洲航运枢纽客户推介会”，自 2018 年起连续四年，每年拨付5000万元支持亚洲货运企业或船东做大、做强。但不得不提的是，南沙区交通网络体系尚不完善、尚未形成多式联运货运通道，这类问题仍待解决。

（四）“一带一路”倡议下广州南沙发展的破局之策

1. 推进多式联运互联互通

多式联运，顾名思义是指由两种及两种以上的运输方式按照联运体系组合成复合型的运输方式，可实现多种运输方式的无缝衔接。其对运输方式的运营水平以及各种运输方式之间的配合程度提出较高的要求，在推动货运通道互联互通方面起着极其重要的作用。南沙地处华南地区乃至泛珠三角洲的出海通道，拥有国际化的货物运输港，周围分布着广州、深圳、珠海、香港、澳门5个国际机场，紧邻广州南站，背靠东盟，为南沙推进多式联运，加快与“一带一路”共建国家互联互通提供了基础保障。

2. 推动港口便利化、信息化建设

提高港口便利化和信息化水平是推进21世纪海上丝绸之路建设的关键一环，其核心内容是各类贸易程序的简化和协调、成本的降低、加快要素流通以促进贸易发展。2018年南沙自贸区进口通关时间缩短至45小时左右，同比缩短约50%，出口通关时间则缩短至5小时左右，同比减少用时80%以上。另外，南沙海关还可实现24小时不间断服务，提高货物通关效率，减少货物通关时间。目前，“互联网+”已成为各行业发展的新趋势，航运服务业也不例外。

3. 提高金融服务水平，发展现代金融

金融在经济发展中起着举足轻重的作用，是经济发展的重要支撑。南沙近些年在金融企业数量、跨境融资额等金融服务发展方面虽然取得了可喜成就，但仍然面临金融产品较少，产品趋同现象；金融在南沙产业链扶持方面的作用尚未充分发挥；金融高端人才欠缺等问题。

对此，提出以下几点建议：一是因地制宜，实现南沙金融错位发展，提高金融竞争力。发挥南沙临港优势，重点发展船舶（游艇）交易、航运交易、航运人才交易、临港大宗商品交易、航运衍生品交易五大市场，及船舶融资、船运保险、资金结算和航运价格四大金融领域创新，避免同质化带来不必要的资源浪费，提高资金使用效率。二是加大金融在“产业链－创新链”融合的支持力度，打造和延长港区产业链，不断降低企业成本，促进产业集聚。三是制定吸引人才的政策，对高端金融人才给予奖励或补贴，解决人才在医疗、生活、子女入学等方面的后顾之忧，其中《广州南沙新区（自贸片区）促进金融服务业发展扶持办法》便是典范，同时应培育本土金融人才，采取设立金融专家和人才培育工作站、鼓励本土人才回归等政策措施，促进金融人才可持续发展。

4. 搭建跨境电子商务平台

跨境电子商务已成为当今跨境贸易的重要组成部分。面对“一带一路”建设和粤港澳大湾区建设的重要历史机遇，南沙要乘势而上，抓住机遇，努力实现电子商务跨越式发展。其中，搭建跨境电子商务平台是首先要解决的关键问题之一。

五　加快推进产业升级，建设高水平对外开放门户

（一）广州南沙产业优化发展情况

作为建设粤港澳大湾区的中心场、主战场，《粤港澳大湾区发展规划纲要》数十次提及“南沙”一词，说明了南沙在粤港澳大湾区建设中的重要地位。南沙区作为粤港澳大湾区战略中的核心区域，近年来不断加强科技创新及运用，取得了令人满意的成绩。

1. 抢占人工智能高地

2018 年南沙区出台了关于人工智能产业方面的三年规划，强调要在 2020 年建成在国际上具有核心竞争力的人工智能产业集聚区，力争成为

在全国众多城市中具有领先地位的人工智能示范城市。[①] 目前，南沙已有四个在国际、国内均具有影响力的智能产业平台。[②] 该平台具有显著的聚合效应，吸引了来自各地的170多家人工智能企业，其业务范围十分广泛，从人工智能芯片、人机交互、生物特征识别、自主决策控制到自然语言处理等各种领域均有涉及，是国内具有领先地位的人工智能平台。南沙产生了巨大的聚集效应，吸引了一批可持续发展的“AI+”新型产业企业在此集聚。南沙不仅通过连接、聚合、赋能三个步骤在物理上集聚AI企业，还通过项目合作、人才合作、培训交流等方式，让企业之间产生化学反应，打破隔离，形成新的合力。

2. 大力推动海洋科技创新

随着广东做出全面建设海洋强省的战略部署，南沙区将海洋产业未来的发展方向放在海工装备、海洋电子信息等海洋高级产业和海洋公共服务业几大产业上，力争打造高质量的海洋经济发展平台，建设全国海洋经济发展高地。南沙紧跟省级工作部署，把深海科技创新中心基地建设摆在关键地位，明确深海科技的发展方向和战略定位，着力推进海洋重大科技创新平台的建设，努力形成全国海洋经济发展高地。

3. 加强粤港澳科技成果转化

近两年来，南沙区重点支持建设华南技术转移中心，使其成为南沙区科技创新发展的又一张新名片。众多科技创新要素在此平台上聚集，该中心在承接粤港澳大湾区的技术转移上发挥了重要的作用。目前平台已汇集具有转化意向的发明专利15000余项、科技成果7000余项、孵化器和众创空间2300多家、科创路演项目500多个以及科技专家1700多位，为南沙区促进科技创新与成果转化提供了坚实的基础支撑。

---

① 参见南沙工业和科技信息化局印发的《广州南沙人工智能产业发展三年行动计划（2018－2020年）》。

② 四大平台即广州国际人工智能产业研究院、广州智能软件产业研究院、云从人工智能视觉图像创新中心和科大讯飞华南人工智能研究院。

4. 吸引创新要素聚集

近年来，香港科技大学（广州）项目、中国科学院明珠科学园首批项目同时在南沙开工建设。这些科技项目的聚集，为南沙区建设粤港澳大湾区的合作示范区提供了有力支撑，也吸引了先进科研机构的入驻，持续增强创新能力。为吸引人才进驻，南沙加快推行人才卡服务机制，为人才提供多项高端服务。同时加强创新交流合作，多次主办、承办了国际高级论坛、峰会，全球高端要素因此向南沙区不断集聚，南沙区的创新要素得以增加，从而增强了南沙区在科技创新上的竞争力。

（二）广州南沙产业链升级与衔接

近年来，自贸试验区和国家级新区两个区位优势在南沙得到了充分的利用，城市门户枢纽核心功能不断提升，南沙区积极实施“枢纽 +”战略，打造大湾区国际科技创新中心、航运中心、贸易中心和金融中心。2018 年，南沙三次产业比重为 3.48 ∶ 58.86 ∶ 37.66，第三产业比重不断提高。全年吸引了 3.8 万家新企业入驻南沙，新引进 36 个世界 500 强企业投资项目，总部经济不断发展，全年总部企业累计达 100 家。南沙产业分布如图 5 所示。

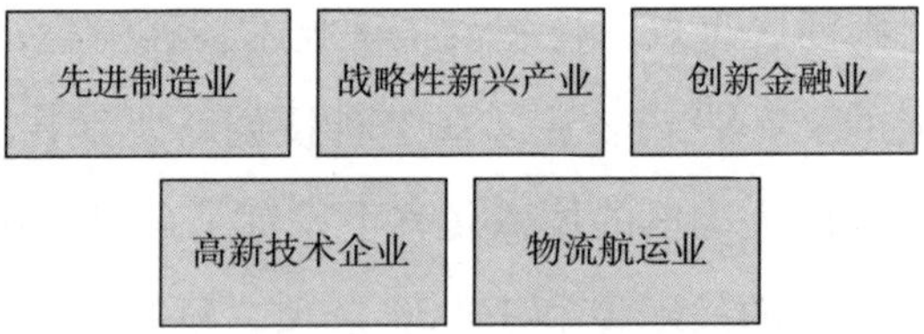

图 5　南沙产业分布图

1. 汽车制造业发展壮大

作为南沙区第一个产值超过千亿元的产业集群，2018 年南沙汽车制造业产值达到 1037 亿元。广汽丰田新生产线项目（建成后年产值可达 80 万辆）、广汽蔚来新能源汽车总部、恒大纯电动汽车项目（规划总产能 100 万辆）等相继启动（投产）运营，众多核心配套零部件企业如电控及车载系统、半导体封装功率模块研发、智能 LED 车灯模组研发生产基地等均已落户，各类智能物流设备研发生产基地相继落地。

2. 战略性新兴产业加快集聚

IAB 和 NEM 两大产业作为战略性新兴产业的发展重点，不断推动南沙区战略性新兴产业的发展。2018 年，超过 130 家拥有自主核心技术的人工智能企业在南沙落户，得益于综合性人工智能产业平台的形成，该平台集聚效益日益显著，越来越多的创新要素落户于此。位于庆盛的人工智能价值创新园区被认定为广东省第一批人工智能产业园区，人工智能全球示范中心已落成并投入使用。

3. 创新金融蓬勃发展

2018 年，南沙区新成立 3061 家金融及类金融企业，同比涨幅接近 80%；新增 1620 家融资租赁企业（总量超过 2000 家），增幅达 6 倍。南沙区率先出台了规范商业保理发展管理办法及扶持政策，落户商业保理企业达到 560 家，占广州全市的 3/4。成立金融控股公司，高端金融要素在全区快速聚集，为推进南沙国际金融岛项目建设打下了良好基础。

4. 国际大港承载能力稳步提升

南沙区具有得天独厚的区位优势，占尽天时、地利、人和。南沙港作为国家的一类港口，承接了众多重要的货运任务。因为南沙港处于珠三角地区的中心，到货源生成地的加权平均距离最小，在运输费用上占据了极大的优势。2018 年南沙港区实现货物吞吐量 3.56 亿吨，增长 6.5%；集装箱吞吐量 1566.1 万标箱，增长 11.4%。国际物流中心、南沙港区四期等国际物流项目动工建设，国际通用码头、国际邮轮母港综合体等项目进一步快速推进，海嘉汽车码头实现试停靠。新增 12 条国际班轮航线（累计 97 条），新增“穿梭巴士”支线 3 条（累计 63 条），无水港 3 个（累计 36 个），均已开始运营。2018 年全年累计出入境邮轮 94 艘次，出入境旅客达到 48.12 万人次（同比增长 19%）。

（三）金融产业创新升级与高水平对外开放

金融是经济社会发展的核心，金融行业的发展推动着经济社会的发展。南沙区具有良好的地理位置，处在粤港澳大湾区的中心，利用粤港澳大湾区发展的绝佳机会，充分发挥本区独特的优势，努力打造金融领域对外开放的示范窗口。统计显示，到 2019 年 8 月，南沙区金融及类金融企业数量比自贸区挂牌前增加了 52 倍（累计达 6478 家），其中持牌法人金融机构具有显著优势，其数量占广州市的 1/5。经过几年的努力发展，南沙区逐渐形成了以金融新业态为重点的特色现代金融产业体系，吸引了 2200 家覆盖全国的大型企业、上市公司及港资公司在南沙区落户，开展租赁等相关业务，其企业数量占广州的 80% 以上，在全市各区中排名领先，引领全市的租赁业务发展壮大。其租赁产业覆盖行业面较广，无论是大型设备、城市基础设施建设、环保产业均有涉及，服务范围更是扩大到全国各省市及“一带一路”共建国家城市，累计完成 118 架飞机及 52 艘船舶租赁业务，是粤港澳大湾区最大的飞机船舶租赁集聚区。①

优化营商环境，做好风险防控，为南沙金融业集聚创新发展提供有效保障。南沙区出台了促进金融服务业发展的优惠政策和落地方案，以为金融行业企业提供全周期的服务为目标，不断加大政策支持。目前，南沙正在推进省级地方金融风险监测防控平台，此举为国内首创，该平台是推动区内应用人工智能和大数据等技术开发的创新试点。超过 5 万家类金融企业及部分涉众敏感企业已纳入平台的网络舆情监控中，真正做到了对风险的全方面监控，有效规避了风险，为维护金融行业的稳定发展提供了有效保障。此风险防范模式在广州全市范围内推广应用，效果显著，为维护金融稳定做出了巨大的贡献。

为构建现代金融服务体系，南沙正积极发展融资租赁、航运金融，

---

① 数据来源于南沙区政府。

创新发展跨境金融，建立粤港澳合作新机制，取得了显著的成效。近年来，南沙区融资租赁发展取得了令人满意的效果，为广州打造全国融资租赁“第三极”贡献了重要力量。目前，南沙融资租赁企业共902家，注册资本总额达2233亿元。南沙自贸区充分利用其良好的航运产业基础，深入发展航运金融，打造国际航运枢纽港。除此之外，南沙积极引进港澳金融机构，有序推进穗港深度合作。目前，区内有港澳金融类企业共634家，占金融和类金融企业总数的14%。

（四）产业绿色可持续发展下的对外开放

按照南沙区委三届六次全会提出的“绿色+”“枢纽+”“智能+”的三大发展战略部署，依托“一带一路”和粤港澳大湾区建设金融共同市场的战略机遇，根据南沙自贸区产业结构和发展规划，南沙区将着力推进实体产业“绿色+”发展战略，充分发挥其自身的优势，争取为国内其他地区提供有效的借鉴经验。南沙倚靠国家“三区一中心”的定位，大力发展国际化创新型绿色金融模式，为创新型期货交易所的落地，营造了良好的绿色金融发展氛围。

绿色融资租赁线上平台——“绿色银赁通”在南沙正式开通。该平台专注绿色融资租赁资产综合服务，属于国内首创，将通过资金服务引导作用，为粤港澳大湾区发展规划中强调的绿色发展提供强有力的支持。融资租赁在服务实体经济、绿色产业可持续发展上具有独特优势。通过融资租赁产业不断在该平台上集聚，南沙实体产业“绿色+”发展战略得以不断推进，为打造示范窗口提供了坚实有力的动力。

（五）科技创新与对外开放的相互促进

自主创新是开放环境下的创新，是开放的创新，是合作的创新，更是协同发展的创新。绝不能关起门来搞创新，而是要凝聚各方的力量，发挥重要的合力。深化国际科技交流合作的前提是进一步推进自主创新，以及积极利用国际上的创新资源，与其他创新主体建立合作共赢、协同进步的良好伙伴关系，在实现自身发展的同时，也能够带动其他国家、其他地区的发展，将发展红利惠及面不断扩大，这样全球经济才能均衡发展，避免一极发展的极端格局。

创新是南沙高质量发展的内生动力。南沙将积极推动制度创新与科技创新、产业创新互融互促，着力构建以创新为引领的高质量发展模式。南沙努力推进科技创新，加快重大实验室和科学装置在区内建设、落户。通过科技创新，越来越多的南沙企业走出国门，对外开展合作交流。同时，开放也在倒逼改革、促进创新。

开展金融创新探索，建立并完善开放的资金管理制度。首先，在风险可控的前提下，以离岸贸易、国际贸易和国际航运的发展为轴心，探索实施区内“资金自由进出”。其次，适当放宽南沙港区内企业设立离岸贸易账户的限制，允许部分符合条件的企业设立离岸贸易账户，鼓励符合政策条件的外国金融机构设立外商独资银行等金融机构，通过研究和分析，逐步构建和完善适合外资银行等机构使用的法律法规。再次，逐步完善个人跨境金融服务和公共服务的覆盖领域，促使粤港澳投融资汇兑实现便利化，方便粤港澳大湾区中不同于人民币的货币在自贸区兑换使用。最后，要建立对国内外均有影响力的金融市场交易平台，搭建以商品期货交易中心、航运金融中心、离岸交易中心等为主体的特色金融架构。

重点抓项目落地的形式，推动创新业务和产业不断集聚。一方面，构建多元化招商网络体系，用好市、区不同层级的招商平台。围绕重点领域和重点产业，根据已有条件构建招商引资目标库，对目标进行整理和总结，开展有针对性的项目推介。同时，大力推进科技招商和人才招商，通过与国内外著名高校的合作，打造优势项目，吸引人才入驻。另一方面，加大招商引资力度，充分利用已有的产业政策，利用各种国际性的交流活动，吸引国内外的先进优势产业在南沙集聚，从而更好地发挥溢出效应。

六　推进南沙自贸区体制机制创新，建设高水平对外开放门户

体制机制具有基础性、持久性和稳定性的显著特征，体制机制的优劣往往关乎区域经济发展的兴衰成败。党的十九大报告指出，当前我国经济已转向高质量发展阶段。建设高水平对外开放门户是南沙自贸区迈向高质量发展新征程的重要战略定位。坚持对外开放，不仅是南沙自贸区应始终坚持的关键要务，也是新时代形成高质量发展经济新格局的应有之义。南沙自贸区建设高水平对外开放门户，必须充分发挥体制机制创新的引领作用，着力通过营商环境制度、贸易便利化制度、投资便利化制度、粤港澳深度合作机制等方面的创新优化，开创新时代高水平对外开放新局面。

（一）营商环境制度创新优化

营商环境作为与企业生存和发展紧密相关的外部综合要素集合，在人流、物流、资金流、信息流的互联互通中扮演着愈发关键的角色。对此，南沙自贸区应当着重从法治化、便利化、国际化的发展导向开展营商环境的体制机制创新。

1. 营商环境法治化的制度创新优化路径

南沙自贸区针对营商环境法治化的制度创新优化，一方面要体现规则的科学性，即法律制度体系应将企业的全生命周期纳入考虑范围，对企业商业行为做出必要的规范；另一方面则要体现规则的公平透明性，即在确保规则制度的稳定性和可行性基础上，合理并清晰地界定区分各类型商业活动中所涉及的当事方的权利、义务以及责任。另外，南沙自贸区应切实依法保护各类市场参与主体包括合法财产权和诉讼权利在内的合法权益，依法维护有序竞争的市场秩序，严格制裁违约失信行为，为各市场参与主体之间的利益平衡关系提供高效的法律解决途径。

2. 营商环境便利化的制度创新优化路径

在优化政府服务环境方面，南沙自贸区应当充分运用区块链、大数据、云计算、人工智能等互联网技术完善“互联网+政务服务”制度体系，按照“删繁就简”的原则精简部门机构设置和优化政务办理流程。完善政务服务事项的评价与考核体系，畅通政府与企业的沟通交流机制，借助电子化便捷通道实时了解企业的诉求。在优化创新创业环境方面，南沙自贸区要以培育良好生态和强化制度供给为着力点，不断为新技术、新产业、新业态、新模式提供更多的应用场景，持续为创新创业载体建设提供适配的空间环境，比如以政府信用为担保加大对上述企业主体的信贷投放力度；设立专项资金支持高层次人才开展创新创业等。

3. 营商环境国际化的制度创新优化路径

南沙自贸区推动营商环境国际化的制度创新优化，应当以构建接轨国际的经贸规则和投资规则为主要抓手，对此可以借鉴新加坡等发达经济体的经验，以投资贸易便利化为目标导向，不断深化商事制度改革，制订更为完善的规章细则。同时，对标国际贸易投资规则，南沙自贸区应当构筑全方位、宽领域的对外开放体系，加快现代服务业对外开放步伐，不断加大金融、医疗、健康、电信等主要行业的对外开放力度，重点研究取消先进制造、化工、汽车等制造业重点领域外资准入限制的可行性，加快在全自贸区范围内实行外资企业准入前国民待遇加负面清单管理制度。

（二）贸易便利化制度创新优化

关于贸易便利化的定义不尽相同，但其核心要义是基本一致的，就是要简化和协调贸易程序，促进商品要素的跨境自由流通。根据贸易便利化的核心内涵，贸易便利化应当遵循全面性、一致性、非歧视性、透明性等主要原则。基于此，南沙自贸区在推动贸易便利化方面可着力从如下三个层次进行体制机制创新。

1. 提升国际贸易“单一窗口”覆盖面

南沙自贸区应着力整合国际贸易链条上的海关、检验检疫等职能部门，建立涵盖货物申报、运输工具申报、舱单申报、跨境电子商务、国际会展、国际邮件快件、通关动态等政务功能的信息化系统，实现业务在线办理、信息数据共享、卡口联动、联网核放等在内的预期目标，以此优化口岸监管部门执法流程，深化口岸监管部门“信息互换、监管互认、执法互助”合作机制，推动通关流程透明化，使通关效率得以显著提升。

2. 健全“一企一策”海关总协调员制度

南沙自贸区应当着力创新实施海关总协调员制度，为重点企业指定专门协调员，按照“一企一策”的精细化思路支持企业发展，有针对性地制定符合企业发展需求的政策举措。具体来看，第一，建立简单问题快速解决机制、重大疑难问题专题研究督办制度；第二，主动对接重点企业服务，制定契合企业发展导向的精准化政策措施，比如可为海工装备企业实行有针对性的“保税 + 供船免税”监管模式；第三，构建重点企业走访培育机制，培育重点企业提升海关信用等级，针对培育企业的个体特征，制订兼具专业化与个性化的培育计划，为国内重点企业“走出去”提供海关通关便利。

3. 优化跨境电商货物进区理货流程

南沙自贸区对海关特殊监管区域内跨境电商保税仓储企业实施了分类管理理货机制，对管理规范、信誉良好的物流仓储企业实行“自行理货、视频监理、改单上架”的监管模式，允许企业先行办理跨境电商货物入境放行手续，货物直提进入企业理货区，在海关联网视频监控范围内理货，根据实际情形申报修改备案清单并经确认后上架进行仓储，切实降低了物流仓储企业在口岸理货、重复装卸等环节频繁操作的成本，有效提升了跨境电商企业进出口通关效率，提升了南沙自贸区跨境电商产业的对外吸引力。

（三）投资便利化制度优化创新

狭义层面的投资便利化指的是通过简化投资程序和手续，协调适用法律和规定等一系列创新举措，为跨境投资提供公平竞争、稳定高效的投资环境。而广义层面上的投资便利化则包括政府部门为达到提升外商直接投资规模并实现全投资周期高效管理而采取的一揽子政策细则。鉴于此，南沙自贸区可着重从以下三个层面推进投资便利化体制机制创新。

1. 探索差别化土地供应新模式

南沙自贸区在不断完善土地管理机制及制度建设的基础上，积极探索差别化土地供应新模式。第一，试点实施包括挂牌出让、拍卖出让、作价出资、招标出让、土地租赁等在内的多元化土地供给模式；第二，可借鉴前海自贸区首创的1.5级土地开发建设模式，借助租赁或者短期土地租用的方式为入住初创型企业提供过渡性办公场所；第三，创新性实施土地资源资产资本一体化运作模式，将部分合适的土地资源以作价出资的形式注入地方政府平台；第四，开展土地立体化利用和管理模式的探索，构建集规划、设计、建设和管理于一体的三维土地利用和管理体系。

2. 出台人力资本出资管理办法

南沙自贸区可借鉴珠海横琴新区的经验和做法，出台有关人力资本出资管理的政策文件，以此对企业家、创业者、管理人才和技术人才将自身的知识才能、技术能力、管理经验等人力资本出资认股的相关行为予以认可。在推动人力资本出资入股的过程中，首先要明确人力资本的内涵及外延，以此确定统一的适用范围；其次要明确人力资本出资入股的相关细则，为实际操作提供切实可行的指引；最后要注意风险防范与化解，对股东的权利和义务进行清晰的界定，同时也需对股份的转让或退出做必要的规定。

3. 优化跨境支付业务

南沙自贸区应当鼓励支持商业银行在自贸区区域内设立总行级人民

币跨境支付系统清算中心，统筹兼顾人民币国内支付和外币国际支付，开发并实现延时清算、联动清算、滚动清算等多元化清算功能，尽可能满足客户的个性化需求，在保障信息安全、数据沉淀和分析效率的前提下，极大提升跨境清算效率。另外，南沙自贸区也需积极引导银行机构充分利用自身研发及内外联通的双重优势，促进金融与科技的融合创新，基于以区块链技术为核心的金融科技手段，创设跨境智联支付系统，由此提高跨境支付业务的效率。

（四）粤港澳深度合作机制创新优化

粤港澳大湾区作为国家建设世界级城市群及参与全球竞争的重要空间与载体，承载着新时代推动形成全面对外开放新格局的重要使命。在此背景下，推动粤港澳深度合作体制机制创新，也是南沙自贸区建设高水平对外开放门户的重点任务。

1. 健全港澳青年实习就业创业常态化机制

南沙自贸区应当围绕促进港澳青年来粤学习交流的目标，从如下三方面健全港澳青年实习就业常态化机制。第一，以现有的项目平台和服务平台为依托，融入职场能力培训、创新创业考察活动、就业创业讲座等新元素，吸引港澳青年来粤实习、就业、创业，加强粤港澳三地青年的交流与合作。第二，南沙自贸区有关职能部门应当加强与港澳特区政府的沟通与协调，同时也应强化与港澳重点高校和港澳青年社团的合作往来，通过签署项目合作协议吸引更多具有发展潜力的港澳创新创业团队入驻自贸区辖域。第三，南沙自贸区应当秉承“政府支持、市场化运营”的管理理念，通过设立第三方机构更好地服务现有的港澳青年实习就业创业相关平台，以此提升港澳青年的归属感和满意度。

2. 提供对接港澳的全方位高效法律保障服务

在商事仲裁服务方面，南沙自贸区应当根据粤港澳三地的差异化法律体系，从解决问题的客观实际出发，加大广州国际仲裁模式、香港国际仲裁模式、澳门国际仲裁模式三大庭审模式的推广力度。在劳动仲裁服务方面，南沙自贸区应当在深化司法体制改革，构建和谐劳动关系的指引下，以“快速、权威、便民”为归依，着力打造具有与港澳对接，与国际接轨的劳动仲裁新模式，重点借鉴港澳劳动仲裁调解优先模式的先进经验，通过合同约定先行调解、缩短或取消仲裁举证期和答辩期，发挥调解前置对仲裁案件的“减压阀”作用。

3. 促进粤港澳人才资源深度融合

促进粤港澳三地人才资源深度融合也是粤港澳深度合作机制创新优化的应有之义。一方面，南沙自贸区应稳步扩大专业技术人员职业资格互认范围，在对香港专业能力评估证书、澳门职业技能证明书的相关持证者与相同类别的国家职业资格证书持有者进行职业能力水平比对的基础上，可采取直接认定的方式，便于港澳专业人才来粤就业执业。另一方面，也要允许港澳专业人才按照属地原则和就近原则提请职称评审申报，将申报人在港澳或国外的相关工作经历和所取得的业绩成果、学术成果一律予以承认，并适当放宽相应职称的工作年限要求和其他相关条件。

以贸易新业态促进南沙自贸片区高质量发展

张　昱　周骏宇*

摘　要： 以提升产品服务质量和企业经济效益、转换增长动力为取向、符合新发展理念的供给侧结构性改革，是当下高质量发展要实现的主要任务。自由贸易试验区承担了通过发展高水平开放型经济推动高质量发展的改革使命，南沙自贸片区作为中国开放水平最高的开放引领平台之一，应充分借助贸易新业态发展的良好势头，为广州国际商贸中心和国家中心城市建设明确新方向、提供新动能、把握新机遇、助推监管服务升级。目前，南沙自贸片区在跨境电商、融资租赁、平行进口等新业态和贸易监管改革上领跑全国，且不断探索尝试保税期货交易、外贸综合服务、邮轮旅游，取得了突破性进展。未来，南沙自贸片区应当在现有基础上着力打造具有全球影响力的数字贸易港，推动外贸综合服务功能不断提升，发展离岸贸易、特色金融、文创产业贸易和科技服务贸易等新兴贸易，以贸易新业态的良性发展推动高质量发展取得重大突破。

关键词： 贸易新业态　高质量发展　南沙自贸片区

* 张昱，博士，广东外语外贸大学教授，主要研究方向为开放型经济。周骏宇，经济学博士，广东外语外贸大学教授，主要研究方向为国际贸易。

一 引言：高质量发展的背景与内涵

改革开放以来，中国经济保持了长时期的高速增长，被誉为“中国奇迹”。经过改革开放40余年的发展，中国总产出水平已经达到世界总产出的16%左右，对世界经济增长形成了超过30%的贡献，不仅出色地实现了世界近1/5人口的生存目标，提供了比较充分的教育、医疗等公共服务，还建立了具有较强竞争力的工业体系，成为世界产业分工体系中的重要组成部分，国内城市化和基础设施水平不断提高，对外贸易投资额和外汇储备均稳居世界前列。但近十年来经济高速增长也面临新的问题。一是增长率步入下行轨道。2008年以后，中国经济增长率有所下行，在新型冠状病毒肺炎疫情的冲击下，2020年形势不容乐观。二是传统增长方式对资源环境消耗极大，随着国内经济增长，资源禀赋显著变化，成本上升明显。三是国内市场巨大的消费潜力受到抑制，尚未形成替代出口和投资的增长动力。在支出法计算的GDP总量中，最终消费额（含居民消费与政府消费）从21世纪初到2018年虽然增长了6.54倍，但是所占比重却出现了明显下降，从63.3%降到54.3%，且其中居民消费份额下降幅度远超政府消费份额的下降幅度。四是国内基础设施、房地产和制造业投资均进入调整减速期。五是国内地区间发展差异、居民收入差距不断拉大。六是金融危机后，随着国际市场需求步入收缩阶段，以美国为首的各国保护主义抬头，贸易摩擦加剧。七是面临产业“两端外流”的压力。中高端制造业在发达国家“再制造业化”政策诱使下出现外流，而中低端制造业则在比较成本的上升中向低成本国家转移。八是以WTO为代表的多边体系遭遇挑战，国际经贸规则面临重构。九是世界政治经济局势的不确定性增强。在内外部条件变化的前提下，基于粗放型生产方式、低要素成本优势和国际需求膨胀背景的高增长和建立在低成本大规模基础上的出口导向经济阶段不可持续已成为共识。

2017年10月，习近平总书记在党的十九大报告中提出，“我国经济已由高速增长阶段转向高质量发展阶段，正处在转变发展方式、优化经济结构、转换增长动力的攻关期，建设现代化经济体系是跨越关口的迫切要求和我国发展的战略目标”。[①] 之后两年的《政府工作报告》均体现了对这一目标转型的深化落实。在中国经济由“高速增长”向“高质量发展”转型关键阶段，改革发展的重点集中体现在以实现质量效益提升、结构优化升级、发展的动力转换为主要内容的供给侧结构性改革。

梳理决策领域和理论研究界的相关论述，本文认为，高质量发展就是建立在创新、协调、绿色、开放、共享新型发展理念之上的，能够更好满足人民不断增长的真实需要的经济发展方式。在新的发展方式下，商品质量和服务质量得到普遍提高，供给体系与需求的对接更加精准，要素投入产出效率和企业经济效益不断提高，由科技创新和产业革命驱动社会发展。

高质量发展的实现，有赖于新的发展理念下的、深刻的体制改革和机制转换的完成。在高质量发展体制机制形成过程中，一是要保证市场机制的基础性和有效性。必须给予不同所有制、不同规模、不同业态的微观市场主体以公平的竞争环境，价格调节才能真正发挥作用，保证高质量发展要求的资源配置格局。二是要形成清晰有效的产权制度安排。应充分发挥价格机制调节经济的作用，社会产权制度（包括知识等软资产产权）必须能够保证产权清晰安全、产权权能有效、产权交易便利且交易成本较低。三是要充分发挥政府的良性作用。政府在市场规制、重大规划、应急管理、公共服务、生态保护、收入调节、社会援助等方面可发挥市场不具备的积极作用，这是中国特色社会主义制度的独特优势。四是要建立依靠科技创新与产业创新驱动的动力机制。要建立多种渠道、多种方式开放合作的科技创新体制机制，让企业成为创新活动的主体，

---

① 习近平：《在中国共产党第十九次全国代表大会上的报告》，《人民日报》2017 年 10 月 28 日，第 1 版。

打通从源头创新到产业实现的转化链条与关键环节，建设基础理论创新与应用技术创新齐头并进的多层次创新体系。

二 贸易新业态推动南沙自贸片区高质量发展的机制

（一）创新型经济活动助推粤港澳大湾区领跑中国高质量发展

粤港澳大湾区在中国推动形成对外开放新格局战略中具有重要地位。《粤港澳大湾区发展规划纲要》提出，粤港澳大湾区要在构建经济高质量发展的体制机制方面走在全国前列、发挥示范引领作用，要打造成为高质量发展的典范。“2035 年，粤港澳大湾区要形成以创新为主要支撑的经济体系和发展模式，经济实力、科技实力大幅跃升，国际竞争力、影响力进一步增强。”这意味着粤港澳大湾区的重要使命，就是引领中国的高质量发展。大湾区的高质量发展必须依托高质量经济活动作为载体，而湾区经济开放水平高、高端要素集聚、创新活跃，因此，贸易、投资与产业活动之间的协同创新成为推动粤港澳大湾区经济高质量发展的重要推动力，贸易新业态就是其中的一种典型形式。

（二）高水平开放是广东自贸区（南沙片区）的建设使命

广东自贸区是粤港澳大湾区最高水平的对外开放平台，其设立与建设承担了“推进新一轮对外开放，探索中国全面提高开放型经济水平新路径”“深化粤港澳全面合作，保持区域长期繁荣稳定”“促进珠三角转型升级，打造带动区域发展的对外开放新高地”的使命，尊重现代科技与市场活动融合发展的内在规律，培育支持新产业、新业态、新模式，促使其高质量发展，是实现上述目标的必由路径。

广东自贸区横跨三个行政单元，其中面积最大的片区是广州南沙，在粤港澳大湾区发展规划中负有重要使命。《中国（广东）自由贸易试验区总体方案》《粤港澳大湾区发展规划纲要》等纲领性文件将南沙定位为粤港澳全面合作示范区、21 世纪海上丝绸之路重要枢纽、全国新一轮改革开放先行地和承载门户枢纽功能的广州城市副中心，并要求南沙携手港澳建设高水平对外开放门户、创新发展示范区等。这些定位昭示了南沙自贸片区在建设大湾区高质量发展的开放经济高地方面，将发挥重大作用。南沙依托广州国家中心城市和国际商贸中心的优势，连通港澳，服务内地，枢纽地位突出、港口岸线条件优越、交通基础设施发达、先进制造业基础良好，发展贸易新业态的空间十分广阔，拥有包括国家级新区、经济技术开发区、保税港区、高新技术产业开发区和广东省实施 CEPA 先行先试综合示范区等一系列高层次的开放平台。近年来南沙依托国家自由贸易区战略，在新一轮改革开放中先行先试，全面推动体制机制创新，率先建成与港澳衔接，国际化、法治化、便利化特征突出的新规则体系，为贸易新业态、新模式的发展打下了良好的营商环境基础。

（三）贸易新业态为自贸区高质量发展指明新方向

由于信息传播、商务成本等方面的局限，传统贸易方式的辐射半径有限，贸易活动发生和贸易中心的形成高度依赖大型交通基础设施和天然区位优势。以互联网信息技术为代表的新技术在贸易领域的广泛应用，正在改变传统的资源与经济活动的组织方式，其主要特征包括：一是，贸易范围极大延伸。借助网络和现代物流等手段，企业贸易网络得到极大延伸，正如网易创始人丁磊所指出的，电子商务正在让世界变小、让市场变大。二是，供给体系对接满足市场需求的能力更加精准。消费潮流的多元性、个体性更加突出，更新迭代加速，带动供给体系向分散化、精准化、订单化方向发展。三是，贸易网络扁平化和复杂化，对监管提出了更高的要求。传统贸易的垂直分销体系将向扁平化发展，交易门槛降低，交易成本下降，但交易风险在短时期内可能上升，对贸易监管提出了更高要求。四是，深刻改变贸易和生产活动的组织方式和就业形态。信息技术的广泛应用改变了资源的组织方式，传统的贸易活动和生产活动的形态发生变化，就业方式随之发生调整，自我雇佣和分散雇佣的情况更加普遍，实际就业率提高。五是，提高贸易质量效益，促进高质量发展。在南沙自贸片区，消费者晚上9点前下单订购海淘商品，当天大都可以清关配送出区，省内订单基本实现次日送达，消费体验得到了极大提升。在白云国际机场，跨境电商企业每天都忙忙碌碌，一批批来自全球各地的生猛海鲜从落地、接单、出仓到入库，全程只需3小时，很多产品天一亮就进入了市民的“菜篮子”。新贸易方式提升了供给体系满足市场质量需求的能力，从长期看，运行良好的复杂扁平网络将提高资源的投入产出效率，促进经济的高质量发展。

自由贸易试验区从设立目标上来说，便是通过高水平开放来推动经济高质量发展，经过四年多的建设，南沙自贸片区贸易基础设施建设完善、贸易投资规则日趋便利化、国际化法制化营商环境初步形成，为贸易新业态新模式的发展提供了良好的环境土壤。贸易新业态是现代科技与传统贸易结合的升级版，代表了技术进步推动的贸易发展方向，为自贸区贸易投资功能全面增强，推进中国外贸供给侧结构性改革，培育新的竞争优势，建设新时代贸易强国地位，推动大众创业、万众创新指明了发展方向。

（四）贸易新业态为自贸区高质量发展提供新动能

近年来，受世界经济增长放缓、需求收缩影响，中国经济增速下滑、对外贸易量值也出现明显波动，但贸易新业态、新模式保持了快速稳定增长的势头，为经济平稳持续发展提供了新的动能。例如，2016年我国货物进出口总值负增长，但跨境电商与市场采购贸易分别增长了24.1%和16%。

广州贸易新业态新模式发展领先全国，为经济发展提供了强劲的新动能。根据不完全统计，2014~2019年，广州市跨境电商实现跨越式发展，从2014年的14.6亿元增加到2019年的444.4亿元，是2014年的

30.4 倍，2019 年跨境电商总值比上年增长 80.1%，规模和增速均列全国第一，成为全国乃至亚洲的商品集散中心。跨境电商的迅速发展又推动了支付、认证等服务和监管改革，在线电子支付体系已完善成熟，电子认证服务稳步推进，还在全国独创跨境电商通关服务的“广州模式”。市场采购贸易规模迅速发展，2018 年 1～9 月，广州市场采购出口同比增长 2.1 倍，对广州出口增长的贡献度为 203%，成为广州市和广东省外贸增长的主要动力之一，辐射集聚效应日益增强。保税物流新业态发展迅速，2019 年，广州市保税物流进出口总值增长 24.8%，占进出口比重达 11.2%。其他新业态的增势也十分明显，《2019 年广州市统计公报》显示，全年网上零售额增长 12.9%，网络餐费收入增长对全部餐费增长的贡献率达 83.6%（限额以上企业）。与新零售的快速发展对应，快递业务量年增长 25.3%。2018 年，南沙的外贸进出口总值增长 5.8%，对广州外贸增长的贡献度达 120.3%。2019 年广州集装箱吞吐量增长 5.9%，其中南沙增长 77.1%；广州市进出口总额增长 1.8%，其中南沙增长 15% 以上。南沙成为带动广州贸易增长的主力军，跨境电商等新业态成为南沙自贸区高质量发展最重要的动力源。

（五）贸易新业态为广州国际商贸中心建设带来新机遇

国际商贸中心既是广州在长期历史发展中形成的城市基因，又是上升到国家战略的城市发展精准定位。进入 21 世纪以后，广州商贸活动一度受传统模式的惯性拖累，导致形态与功能落后，在国内后起城市的激烈竞争赶超中地位有所下滑。主要体现在：商贸模式陈旧，创新不足；经济辐射力逐步减弱；在全国市场的规模影响相对下降；消费引领能力不足等。受益于互联网等新技术在商贸活动中的应用催生的贸易新业态、新模式的快速发展，这一状况在近年得到不断改善。南沙作为承载广州门户枢纽功能的城市副中心、广东自贸区的最大片区，对广州国际商贸中心城市定位的延续和加强负有重要使命。

外贸新业态为广州国际商贸中心地位重建带来多重新机遇，主要体现在：（1）企业新机遇。对于以往业务开拓能力较低的中小企业来说，可以借助新型业态以较低成本开拓新的业务。（2）市场新机遇。在信息技术的支持下，贸易可以延伸至网络和物流可及的任何市场区域。（3）人才新机遇。新业态以网络形式组织各类资源，使得远距离服务成为可能，使企业可以在更大范围内选择使用人才，极大地扩大了人才服务半径。（4）商品新机遇。一些曾经遥不可及的美洲、欧洲、非洲、澳洲产品，如今已借助新业态便捷地走进了中国的寻常百姓家，足不出户“买全球、卖全球”已成为现实。

（六）贸易新业态倒逼制度改革与监管新模式

新业态的蓬勃发展对政府监管形成了倒逼机制，承担了新一轮改革开放先行地和优化营商环境任务的南沙自贸区在贸易新业态快速发展的推动下，不断推动行政体制改革，积极探索建立适应新业态发展的新型监管模式和促进贸易投资活动更加便利的公共服务体系，取得了政府监管与公共服务职能的长足进步，为高质量发展形成了良好的制度基础。

广东自贸区设立以后的四年间，南沙自贸片区共形成了439项改革创新成果，其中在全国复制推广的创新成果有36项，全省复制推广的有90项，还有171项在广州市全面推广实施。涉及贸易监管改革与贸易服务提升的措施包括：打造跨境电商便利化通关新模式，在全国首创的“全球溯源中心”基础上，实现跨境电商消费者全面溯源查询、维权，擦亮“好货走南沙”品牌；首创“全球优品分拨中心”智能化监管模式，对标国际先进贸易监管理念，打造海关集成监管模式，吸引了雀巢、安利等跨国企业国际分拨项目纷纷入驻；搭建首个数字贸易综合服务系统，大幅提升了跨境贸易通关效率，在数字贸易时代的国际规则制定方面发挥了引领作用；创新飞机租赁交易模式，增强粤港澳大湾区在全球航空市场的国际竞争力；出台《广州南沙开发区（自贸区南沙片区）法治营商环境建设纲要（2019～2021）》，系统推进南沙法治环境建设等。

三　南沙自贸片区贸易新业态及监管的发展状况

（一）贸易新业态的主要形式与特征

我国对外贸易发展“十三五”规划确认的外贸新业态主要包括跨境电子商务、市场采购贸易和外贸综合服务等。

1. 跨境电商

跨境电商指分属不同关境的交易主体，通过电子商务平台达成交易、进行支付结算，并通过跨境物流送达商品、完成交易的一种国际商业活动。跨境电商省掉了国内出口商和国外进口商、批发商、零售商等多道中间环节，缩短了交易时间，降低了交易成本。跨境电商的批量比较小，甚至可能只有一件商品。这样就大大扩大了消费对象，其销售的灵活性、适应性、针对性是传统外贸批量采购（供应）所无法比拟的。同时，基于其交易的直接性和批量小的特征，跨境电商的交易频率大大高于传统外贸行业，是一种高频交易业态。

2. 市场采购贸易

在传统的流通市场，商户大多不具备外贸经营主体的资格，须由外贸公司代理出口，导致采购主体与贸易主体脱节，而且采购也多为小批量、多品种，如果每种品类都申报和报检，将带来巨大的成本。为解决这些问题，市场采购贸易应运而生。市场采购贸易方式，是指由符合条件的经营者在经国家商务主管部门认定的市场集聚区内采购的、单票报关单商品货值15万（含15万）美元以下并在采购地办理出口商品通关手续的贸易方式。相对传统贸易方式来说，市场采购贸易具有如下优点：首先，为各类中小企业提供共享式的对外贸易平台，降低了贸易风险，激发了企业活力。其次，市场采购贸易方式下，出口商品可在市场所在地办理出口电子通关，降低了物流成本。最后，市场贸易采购方式具有的贸易规范化、贸易主体本地化等特征，有利于保证商品质量，突破了小商品出口瓶颈。

3. 外贸综合服务

外贸综合服务是指基于互联网平台，以整合通关、收汇与退税、物流仓储、融资/保险、市场推广等国际贸易供应链各环节服务为基础，为企业（尤其是中小企业）提供标准化、透明化的外贸综合服务，降低其综合外贸成本的新型贸易业态。外贸综合服务企业的出现，使企业可以在通关、退税等方面享受到专业大企业的服务，降低运营成本。同时，外贸综合服务企业帮助一些无力出口的企业开拓国际市场，壮大了外贸企业主体。此外，借助外贸综合服务，企业可以以较低资金成本开展出口业务，能缓解融资难问题。

4. 其他形式

除此之外，外贸新业态还包括离岸贸易、融资租赁、平行进口等多种形式。

离岸贸易是指贸易的买方和卖方都是在境外且不进入本地海关的贸易方式，起源于19世纪末的日本综合商社海外经营活动，随着最近二十多年来跨国公司的发展以及信息网络技术的广泛应用而兴起。离岸贸易主要从转口贸易发展而来，与转口贸易的区别是不在本地清关，可实现货物流、资金流和信息流的分离，实质上是一种中间商贸易。

融资租赁是指出租人根据承租人对租赁物件的特定要求和对供货人的选择，出资向供货人购买租赁物件，并租给承租人使用的租赁方式。在融资租赁中，承租人需要分期向出租人支付租金；租赁期内被租赁物件的所有权属于出租人所有，承租人则拥有使用权。融资租赁具有融资与融物相结合的特点，租赁公司可以适时回收、处理租赁物，从而在办理融资时对企业资信要求不高。

平行进口，是指未经品牌厂商授权，贸易商将品牌商品从海外市场引入中国市场进行销售的行为。平行进口，是与传统的渠道——海外品牌在华总代理商及各级分销商——相平行的进口渠道。平行进口产品由于省却了代理商利润，价格有一定的优势，此外，平行进口产品一般为全海外生产，款型、配置会比国内市场更丰富一些。缺点则在于无法享受正常的售后服务。

（二）南沙自贸片区贸易新业态的发展现状

南沙自贸片区挂牌以来，新业态发展迅猛，跨境电商、平行进口、融资租赁、期货保税交割、钻石保税展示交易等新业态日新月异。

1. 跨境电商领跑全国

自贸区挂牌以来，南沙抓住广州获批跨境电子商务综合试验区重大机遇，着力创新发展跨境电商产业。目前南沙已成为国际跨境电商产业重要枢纽，助推广州市跨境电商进出口连续四年蝉联全国第一。一是跨境电商保税进口快速增长。2016 年，南沙区进口总值达 36.8 亿元，比上年增长 270%；2017 年南沙区进口总值达 71.7 亿元，比上年增长 94.8%；2018 年进口总值达 98.7 亿元，增长 37.7%。京东、天猫、ACTION（波兰最大食品贸易商）、聚美优品、苏宁云商、唯品会、保利电商港、当当等大型电商企业相继落户南沙自贸区。南沙风信子跨境商品直购体验中心利用 O2O 运营模式已在大连、厦门等地推广复制；霍英东集团自邮行体验店、四洲国际食品跨境电商直购中心、广东合捷跨境商品保税展示中心等企业也在 10 多个城市建立了 40 多个分支机构。

二是跨境电子商务“南沙模式”已经确立。南沙保税区陆续推出了具有南沙特色的在线保税进口模式（B2B2C）、直接采购进口模式（B2C）和跨境电子商务直接采购体验（O2O）等业务模式。南沙“跨境电子商务监管模式”入选 2016 年商务部年度“最佳实践案例”。

2. 融资租赁发展迅猛

南沙自贸区成立以来，大力促进融资租赁产业集聚发展，融资租赁业务增长迅速。截至 2019 年底，南沙自贸区融资租赁企业已有 2191 家

（其中港澳台企业 1480 家），占广州市的 80% 以上，占全国的 20%；注册资本总额达 5000 亿元，累计业务合同总金额超过 3200 亿元。中航租赁、中船集团、恒健集团、中国银联等均在南沙设有租赁平台。当前，南沙自贸区融资租赁业务范围涉及船舶、飞机、高端装备制造、工程机械、医疗设备、高科技设备等不同产业领域。截至 2019 年底，累计完成 132 架飞机租赁业务（合同金额约 88 亿美元）及 53 艘船舶租赁业务（金额约 26 亿元），已成为粤港澳大湾区最大的飞机船舶租赁集聚区。此外，南沙陆续开展了全国首单二手飞机混合资产包跨境交易、首单“香港 + 保税港区”双 SPV 飞机跨境转租赁业务、首单美元结算的跨境船舶租赁资产交易、广东省自贸区首单无形资产租赁业务、EPC 海上风电租赁项目、“融资租赁 + 股权投资”业务、船舶资产离岸交易等创新型项目。①

3. 汽车平行进口国内领先

南沙已建成全国第二大平行汽车进口口岸。截至 2019 年 3 月，南沙口岸从事平行进口汽车业务的企业已增至 114 家。国内领先的大型平行进口汽车企业多已将南沙作为其南方总部，业务辐射两广、云南和贵州地区。2018 年南沙汽车口岸申报平行进口整车 14115 辆、货值 7.8 亿美元，分别增长 46.86%、54.04%。车型数量也不断增加，包括宾利天悦、玛莎拉蒂莱万特、菲尼迪 QX80 等 32 款全新车型。占地面积达 1.3 万平方米的南沙汽车码头汽车展贸中心全面投入使用，这是广州地区规模最大、入驻企业最多的平行进口汽车专业展厅。

4. 保税期货业务成功落地

发展期货保税交割，有助于促进南沙大宗商品市场贸易的规范化、标准化和国际化，提高我国在国际大宗商品市场的话语权。自贸片区成立以来，南沙海关会同郑州商品交易所等有关部门，积极推进期货保税

① 罗瑞娴：《广州南沙区成为华南飞机租赁聚集中心》，《人民日报》（海外版）2019 年 8 月 16 日，第 7 版。

交割业务落地。2017年12月，郑州商品交易所发布公告，明确广州的一家公司仓库为指定“甲醇保税交割”仓库。同一时期，广州海关也公布了南沙期货保税交割业务操作流程。2019年4月，广州一家公司在保税交割仓库成功开展甲醇期货保税交割业务，开创了广东自贸试验区期货保税交割业务的先河。

5. 邮轮旅游快速发展

2016年1月，丽星邮轮“处女星号”正式通航，广州邮轮产业实现“从无到有”的跨越。2017年，南沙港邮轮出入境276艘次、出入境旅客达32万人次；2018年南沙港邮轮出入境旅客数量超47万人次，比上年增长46.9%。2019年11月17日，南沙国际邮轮母港开港首航。南沙港已落户全球前21强班轮，开辟外贸航线100条，与100多个国家和地区的400多个港口有海运往来；吸引超过7000家航运物流企业在此集聚。依托这些优势，南沙自贸区邮轮旅客规模居全国第三。

6. 其他新业态

上述之外，南沙自贸片区在保税展示贸易、市场采购贸易、中转贸易等新业态上也不断尝试。2018年，毛坯钻石和成品钻石保税展示贸易总额达到7704万美元；市场采购出口商品平台申报货值481亿元；DIT国际中转（塑料）贸易货值达9.3亿美元，增长18%。

（三）南沙自贸片区对贸易新业态的监管与扶持

南沙自贸片区成立以来，新业态、新模式层出不穷，对监管提出了更新、更高的要求。自贸区各部门适应新形势新环境，持续创新监管模式。

以税务部门为例，随着南沙自贸区的高速推进，南沙税务部门管辖的固定业户比自贸区挂牌成立前增长了近5倍，达到12.3万户，不少新业态涉税业务复杂而难以直接准确适用旧的税收政策。南沙税务部门想方设法、大胆创新监管模式（见表1）。其中“税控发票领用网上申请”等3项改革举措已在全国复制推广，“复杂涉税事项税收事先裁定”“新办企业‘一站式’税收服务”“自主有税申报”3项举措入选“广东自贸试验区第三批制度创新案例”。

表1　南沙自贸区部分税务领域的监管创新

创新项目	主要内容	绩效	典型案例
复杂涉税事项事先裁定	以海外优秀案例为参考，结合国内实际，就企业申请的关于未来预期发生的特定复杂事项应如何适用现行税收法律法规而开展的个性化纳税服务	截至2019年，已为明珠湾起步区PPP项目、邮轮母港BOT项目、广东知识产权交易、越秀融资租赁等多个项目依法提供了事先裁定服务，接待相关咨询数百次，入选广东自贸区第三批制度创新案例	南沙明珠湾项目的PPP建设模式
“闪电退税”	南沙税务部门大幅优化审核流程，缩短退税时间，推出了“出口退税3日办结”“增值税一般性退税24小时办结”等“闪电退税”新模式，切实增强纳税人的满意度、获得感	这一模式将出口退税和增值税一般退税业务流程时限分别缩短了70%和90%。截至2019年10月，3000余户次企业享受到“出口退税三日办结”服务，出口退税额累计超过14亿元；128户次企业享受到“增值税24小时退税”服务，退还增值税税额1300万余元	广船国际；金沃国际融资租赁有限公司
“税务驿站”	让企业足不出园即可办理纳税申报、信用等级查询、办税指南等各类涉税事项	目前已成功建设包括广东医谷南沙产业园等6个税务驿站，在建的还有独角兽基地分站、霍英东研究院创新工场分站等。覆盖380多家粤港澳双创企业，办理相关涉税（费）事项超过2600笔	广东医谷南沙产业园
境外线上办税	在广东税务微信和App上，港澳人士借助银联卡实名认证后，可在境外完成税费申报缴纳等400多项涉税（费）业务	港澳人士实现涉税（费）业务境外网上办理	—
个性化税务服务	按照“一个湾区项目，一个团队服务、一个方案施行、一竿子到底”的工作机制，安排工作专班，建立税收服务团队，“一项一策、因项施策”推出系列针对性服务举措	多个企业享受到个性化税务服务	中国中铁股份有限公司瑞典项目

资料来源：依据南沙自贸区官网有关内容整理。

同时，为推动贸易新业态发展，南沙各级部门出台了一系列扶持政策措施。如，为促进跨境电商产业发展，南沙推出一系列服务举措：在全国建立首个跨境电商商品质量溯源平台；利用国际班轮航线形成多条跨境电商远洋货运通道，开通了香港机场－南沙快船海运通道；建设了香港机场－南沙保税港区点对点陆运通道。为促进平行车进口业务的发展，南沙在市、区成立了两级协调工作组；依托检验检疫“智能检验港”，开发了进口汽车质量跟踪功能模块；建立南沙汽车平行进口服务平台，从通关、商检、销售、维护等环节为每辆平行进口汽车建立生命周期信息档案。[①] 在口岸服务方面，广东自贸试验区挂牌成立以来，南沙对标国际、国内先进口岸最高标准，坚持先行先试，大力推进贸易便利化改革。至 2019 年 4 月，南沙口岸通关改革创新成果累计达 148 项，部分服务创新项目如表 2 所示。

表 2　南沙口岸部分服务创新项目

服务名称	主要内容	主要绩效
溯源系统	全球溯源体系通过采集商品全生命周期的溯源信息，以最低成本实现商品价值的真实传递，已逐步实现进出口商品品类全覆盖，涵盖一般贸易、跨境电商、市场采购等贸易方式	至 2018 年，包括京东、天猫、唯品会、美赞臣、美的、四洲等全球 1973 家企业参与溯源，涉及的商品品牌达 8190 个，已经有 814.71 万人次进行溯源查询。该溯源体系建设正在进一步深化，已经在全国多地推广应用
24 小时通关	2019 年 3 月起，南沙海关在南沙港区试行周末及节假日货物常态化通关	较实施前出口通关时间压缩 8 成以上，极大节省了企业在港口产生的堆存费、滞柜费、打冷费等物流费用
查验费用减免	南沙在全省率先试点，开展集装箱进出口合规成本整治，并推行政府购买查验服务“南沙模式”，查验没有问题的外贸企业在吊装、移位、仓储等方面的费用（包含检验检疫范围）得以免除，覆盖范围为全国最广	自 2015 年 7 月至 2019 年 4 月，已累计为企业节省费用超 2 亿元

① 程洋：《南沙自贸区已成平行进口车主战场》，《时代周报》2018 年 6 月 12 日，第 9 版。

续表

服务名称	主要内容	主要绩效
通关提速	在通关提速方面，“提前申报”“自主申报、自行缴税”“进口直通”“出口直放”“审单放行”等新型通关模式在南沙口岸试点，货物通关效率进一步提升	2018 年 12 月，广州海关隶属南沙海关进出口整体通关时间分别为 45.8 小时、4.85 小时，分别较 2017 年全年缩短 49.53% 和 83.52%

资料来源：余丽颖：《口岸便利化改革的“南沙实践”辐射全国》，《南方日报》2019 年 4 月 19 日，A3 版。

四　对南沙贸易新业态发展的方向与建议

（一）在跨境电商基础上大力建设具有全球影响力的数字贸易港

近年来，数字技术推动数字贸易兴起。从理论上来说，数字贸易为全球贸易发展注入了新的动能、开辟了新的空间，已经成为世界经济发展的重要驱动力，引起各国高度关注。数字贸易是以现代数字网络为载体，通过信息技术的有效使用，实现传统的实体货物、数字产品与服务、数字化信息与知识的高效交换，推动消费、交易依托互联网转型的新型贸易活动，是传统贸易在数字经济时代的拓展与延伸。

数字贸易可以分为三大类：数字货物贸易、数字服务贸易、数据贸易。其中，数字货物贸易是依托电商进行交易，交易对象为货物的交易，当前跨境电子商务多属于数字货物贸易。数字服务贸易则包括数字内容服务贸易和以数字方式提供的服务贸易，例如软件贸易、境外视频网站服务。数据贸易包括搜索引擎、通过云提供的数据服务等。数字贸易是数字经济的核心组成部分，代表贸易的新方向，它比跨境电商的内涵更广。南沙自贸片区有良好的跨境电商基础，以此为基础，未来可以大力发展数字贸易，建设具有全球影响的数字贸易港。

（二）促进外贸综合服务发展，完善全球分拨中心功能

2018 年南沙自贸片区启动了全球优品国际分拨中心建设，2019 年实

现100多亿元贸易额。目前，卓志供应链、马士基集团、安利、雀巢、合捷均已入驻，有望在五年内实现破千亿的业务规模。

全球分拨中心旨在打通货物流、资金流和信息流，实现要素的跨国跨区自由流动。南沙自贸片区应以不断强化“全球分拨中心”功能为目标，全面提升外贸综合服务水平。为此，应强化南沙自贸区运用信息化和科技化监管手段，以企业业务需求为导向，不断探索口岸监管的创新集成，力图实现一般贸易、保税贸易、转口贸易、跨境电商、国内贸易等多种方式的货物在自贸片区更加便捷地进出、集拼、存储、流转，为企业提供一体化的综合服务。① 具体说，完善包括：（1）外贸通关服务系统；（2）多功能智能仓库；（3）全球质量溯源体系；（4）多式联运优选订舱平台；（5）供应链金融服务；（6）结算配套服务等在内的外贸综合服务平台，帮助生产商、贸易商提高市场竞争力。

（三）借鉴香港经验，发展离岸贸易

香港的离岸贸易源于长期以来与中国内地的转口贸易。20世纪80年代，随着香港制造业转移到内地，香港的转口贸易快速发展。但进入21世纪以来，内地进一步扩大对外开放，也完善了港口设施建设，香港转口贸易优势逐步弱化。不过，由于香港长期以来是全球最自由的经济体之一，法律健全、税率低和高效的政府工作效率吸引了来自世界各地的跨国公司在香港设立地区总部，同时也由于港资需要异地管理珠三角企业，香港离岸贸易快速发展。1995年香港离岸贸易占香港GNP的3.8%，到2000年香港离岸贸易额达14250亿港元，超过转口贸易额（13917亿港元）；至2015年香港离岸贸易额为43349.35亿港元，其中，转口贸易活动的毛利率从2006年的8.1%下降至2015年的6.3%，最低的2014年为5.3%；而与离岸交易有关的商务服务的佣金率却从2006年的3.9%增

① 潘纳新：《南沙自贸片区探索贸易新模式》，《国际商报》2019年4月24日，第12版。

至 2015 年的 6.9%，说明离岸贸易具有较好的发展前景。

珠三角地区制造业发达、生产企业众多，作为华南地区的贸易中心城市，南沙具有发展离岸贸易的先天优势。具体来说，自贸区内企业可以作为贸易服务提供商分别与区外境内出口企业和国外进口商，或者与区外境内进口企业和国外出口商订立买卖合约，货物由国内出口地直接交运国外进口地或国外出口地直接交运国内进口地，但单据押汇或托收经过自贸区贸易服务提供商处理。

（四）拓展金融服务，发展特色金融服务贸易

截至 2019 年 4 月，南沙的金融及类金融企业共有 6439 家，比自贸区挂牌前增加了 52 倍。持牌法人金融机构达 11 家，占全市近 1/5。一批金融总部企业已落户，比如越秀国际金融中心、中金岭南、摩根大通期货股份有限公司、广州商品清算中心、粤财金融租赁有限公司等。南沙宜按照突出自身优势，差异化竞争的原则，有所为有所不为，发展特色金融服务贸易。

具体来说：一是发展跨境金融。加快开展跨境人民币双向贷款、跨境资产转让结算、资金集中运营、发债、直接投资等业务，打造离岸人民币在岸综合服务中心。二是发展航运金融。鼓励和支持外资企业和金融机构参与组建航运产业基金、航运金融租赁公司、航运保险机构，大力发展航运保险、货运保险、再保险和信用保险等业务；建设交易平台、产业基金和航运保险“三位一体”的航运金融服务体系；依托广州航运交易所开展航运要素交易。三是拓展期货交易。加快推动设立以碳排放权为交易品种的创新型期货交易所，开展碳排放权与大宗商品期权衍生品交易；发展临港大宗商品期货经纪业务。

（五）建设文创产业基地，拓展文创产业贸易

文化创意产业是创意经济的主要组成部分，融合了文化、科技优势，

并与互联网、大数据等新的时代因素结合，具备无污染、高科技、高附加值、高成长性等优势，发展前景广阔。设立在上海自贸区内的国家对外文化贸易基地是全国第一个国家级对外文化贸易基地，基地已聚集了200多家中外文化企业，其中不乏上市企业，企业注册资本规模超过35亿元，年税收贡献超亿元。如，上海百家合信息技术发展有限公司运营的家庭游戏娱乐产品在第一年的直接产值即达到200亿元左右。

港澳拥有高度发达的文化创意产业人才体系和服务体系，而珠三角服务市场需求十分庞大。三地可以共同发展文化创意产业，吸引文化创意人才在南沙集聚，打造具有国际影响力的文化创意产业基地。具体领域包括工业设计、影视、法律、会计、会展、印刷、光碟、国际艺术品拍卖、全媒体、游戏动漫等。自2014年底起，南沙研究编制了《南沙新区“十三五”文化发展规划（2016－2020）》《南沙新区文化发展总体规划（2016－2025）》《南沙新区文化产业发展专项规划（2016－2025）》等。还印发了《广州南沙新区（自贸片区）促进现代服务发展扶持办法》，对文化创意企业给予一定优惠。未来，南沙自贸区可以以这些规划为指引，推动文化创意产业有序发展，提高南沙文化产业的国际竞争力。

（六）集聚科技资源，发展科技服务贸易

当前，南沙各类创新资源加快集聚。南沙自贸片区及南沙新区大力培育各类创新主体，集中了各级各类多个（家）企业研发中心、科研院所、高等院校、国际科技合作平台创新平台，总数达311个。其中：省级新型研发机构9个，市级研发机构133个，实验室10个（国家级2个，省级6个，市级2个），工程中心110个（国家级1个，省级100个，市级9个）。[①] 2019年，中国科学院明珠科学园和香港科技大学（广州）两

① 耿旭静：《广州南沙冲刺大湾区国际科技创新中心核心承载区》，《广州日报》2019年7月22日，第4版。

大科创平台同时在南沙开工建设。中科院南海生态环境工程创新研究院、南方海洋科学与工程省实验室、科大讯飞华南人工智能研究院、广州智能软件产业研究院等纷纷落地南沙。

南沙区高新技术企业数量快速增长，2018 年底达到 475 家，是 2015 年的 6 倍多。部分企业科技实力不菲，处于国际领先地位。云从科技开发的“3D 结构光人脸识别技术”，打破了国外技术垄断；奥翼电子已发展成为全球仅有的两家电子纸生产商之一，以民营企业的身份代表中国成功制定了电子纸国际标准；中科智城以“从智慧路灯到智慧城市建设”为方向，已掌握 40 余项行业核心自主知识产权；暗物智能运用全球第一个具备认知推理能力的人工智能操作系统 DMOS 开展产品研发；小马智行的无人驾驶汽车技术、科大讯飞的机器人诊断技术均处于国内领先。

在此基础上，南沙还可以大力发展科技服务贸易。鼓励研发、技术交易、知识产权评估、融资等服务中介机构和相关人才进入南沙发展。推动华南技术转移中心建设不断取得实质性成果，推动南沙科学城落地。建设好自贸片区“国际科技创新合作区”，该区位于南沙湾区块，约 5 平方公里，目标是发展科技创新，打造广州滨海国际门户。建设好自贸片区“南沙枢纽区块”（10 平方公里），重点发展资讯科技、科技成果转化、专业服务等。

参考文献

金碚：《关于高质量发展的经济学研究》，《中国工业经济》2018 年第 4 期。

林兆木：《关于我国经济高质量发展的几点认识》，《人民日报》2018 年 1 月 17 日，第 7 版。

张昱、眭文娟、谌俊坤：《世界典型湾区经济表征与发展模式研究》，《国际经贸探索》2018 年第 10 期。

姜永宏、汪江、赵永亮：《外贸服务业新业态的演变价值：基于分工理论的阐述》，《管理世界》2015 年第 1 期。

秦夏：《“稳外贸”更需大力培育外贸新业态》，《中国贸易报》2019 年 2 月 26 日，第 1 版。

徐晓燕：《丁磊：跨境电商让世界变小、市场变大》，《经济日报》2018 年 2 月 9 日，第 9 版。
杨广：《广东市场采购贸易新业态发展现状存在问题及对策建议》，《广东经济》2019 年第 1 期。
王一彤：《以跨境电商新业态培育进出口贸易新动能》，《金融时报》2018 年 8 月 20 日，第 4 版。
周骏宇、杨军：《粤港澳大湾区发展贸易新业态研究》，《城市观察》2019 年第 12 期。
祝美红：《市场采购贸易方式：源起思考、实践推进与未来趋势》，《对外经贸》2019 年第 7 期。
朱咏：《新业态成外贸发展新亮点》，《经济日报》2020 年 1 月 20 日，第 6 版。

•绿色湾区篇•

美丽湾区建设的政策与法律协同机制

刘长兴*

摘　要：粤港澳大湾区作为一个相对独立的地理区域，建成美丽湾区需要粤港澳三地通力合作。由于“一国两制三法系”的基本构架，三地的生态环境保护政策和法律协同运行存在不少障碍，需要从美丽湾区的建设目标、执行机制和监督保障机制三个层面构建三地之间的政策与法律协同机制。首先，自然地理条件决定了粤港澳大湾区发展的整体性和环境资源的关联性，因此应当协同设定大湾区的环境质量目标、污染减排目标、资源保护目标等具体目标，并形成总体的美丽湾区建设目标，以政府间协商机制、专家咨询机制和定期检讨机制确保目标的合理性。其次，要正确认识美丽湾区建设中三地协作执行的基本困难，在环境质量的协作保护、污染减排的协作执行、自然资源的协作保护等方面建立三地的环境信息沟通机制、协调的执法标准体系、相对统一的环境监测体系以及环境执法的协调机制。最后，要充分认识美丽湾区建设的监督保障机制的重要性，从环境信息核查、环境监测复核、环境执法监督以及公

* 刘长兴，法学博士，华南理工大学法学院教授、环境法研究中心研究员，研究领域为环境资源法。

众参与监督几个方面完善监督机制，从技术支持、人才保障、金融支持等方面完善保障机制，从而确保美丽湾区建设目标的实现。

关键词： 美丽湾区建设　政策协同　法制协调　环境保护　粤港澳大湾区

推进生态文明建设是《粤港澳大湾区发展规划纲要》确认的重要任务之一，其中第七章分别从打造生态防护屏障、加强环境保护和治理、创新绿色低碳发展模式三个方面提出了具体的要求，同时其他章节中强化水资源安全保障、构筑休闲湾区的要求也指向生态环境保护的目标。粤港澳大湾区推进生态文明建设的总要求是，牢固树立和践行绿水青山就是金山银山的理念，像对待生命一样对待生态环境，实行最严格的生态环境保护制度。坚持节约优先、保护优先、自然恢复为主的方针，以建设美丽湾区为引领，着力提升生态环境质量，形成节约资源和保护环境的空间格局、产业结构、生产方式、生活方式，实现绿色低碳循环发展，使大湾区天更蓝、山更绿、水更清、环境更优美。

建设生态文明是全人类的共同使命，[①] 粤港澳大湾区建设也不能忽视生态文明建设。而“建设美丽湾区”作为推进生态文明建设的引领性目标，只有最严格的生态环境保护制度才能保障其实现。然而，粤港澳三地法律制度不同，如何在政策和法律层面相互协同、共同服务于美丽湾区建设是一个重大课题。这需要粤港澳三地在生态环境保护的共同目标下加强政策协同和法律协同，统一生态环境质量目标、建立协作执行机制并相互监督，共同努力建设美丽湾区。

一　美丽湾区建设的政策和法律问题

生态文明建设可以为经济社会发展提供生态利益动力、优良环境保

---

① 韦庆昱：《建设生态文明是全人类的共同使命——评〈生态文明理论与实践研究〉》，《岩土工程学报》2019 年第 11 期，第 2175 页。

障和自然资源支撑。[①] 在粤港澳大湾区发展过程中，生态环境保护和生态文明建设是一个最基本的方面，建设美丽湾区是具有引领性的目标。首先，社会经济发展必然需要一定的自然资源和环境支撑，没有好的自然生态环境，没有足够的资源支持，社会经济发展是难以持续的。其次，良好的自然生态环境是人们的基本生活追求之一，经济发展和物质财富增加不是发展的全部，人的全面发展需要良好的生活环境。而当前粤港澳大湾区还面临不少生态环境问题，湾区城市生态文明建设也面临诸多共同的挑战，[②] 需要从法律和政策层面共同应对生态环境问题，保护生态环境，推进生态文明建设，建设美丽湾区。

（一）美丽湾区建设的现实背景

湾区是一个地理概念，通常指由一个海湾或彼此相连的若干个海湾、港湾、临近岛屿共同组成的区域。粤港澳大湾区也是一个相对独立的地理区域，从地理范围上与广东珠三角九市和香港、澳门两个特别行政区的行政区域大致重叠，美丽湾区建设事实上就是要求粤港澳大湾区 11 个城市在生态环境保护方面付出努力、取得成效。

然而，粤港澳大湾区在建设美丽湾区、实现“天更蓝、山更绿、水更清、环境更优美”的目标方面还存在一些现实问题，生态环境保护工作还面临不少困难和制度性障碍等。

1. 粤港澳大湾区的生态环境质量问题

从全国生态环境质量状况来看，虽然 2018 年全国生态环境质量持续改善，主要污染物排放总量和单位国内生产总值二氧化碳排放量进一步下降，完成了生态环境保护年度目标任务，[③] 但是总体上看，我国生态环

---

① 吴晓琴、毛波杰：《生态文明：社会发展的生态动力、环境保障和资源支撑》，《毛泽东邓小平理论研究》2007 年第 11 期，第 71 ~ 74 页。

② 秦天宝、段帷帷：《多元共治视角下湾区城市生态文明建设路径探究》，《环境保护》2016 年第 10 期，第 33 ~ 36 页。

③ 《2018 中国生态环境状况公报》，生态环境部 2019 年 5 月 22 日发布。

境问题依然严峻。例如，经济高速发展所造成的环境问题复合效应日趋明显，环境压力在区域间转移诱发了新问题，环境衰退逼近环境容量的极限产生的社会焦虑激发着更加强烈的环境维权，[①] 这些问题在最近几年不仅没有缓解，反而有愈演愈烈的趋势。总体上看，我国仍面临环境污染事件持续高发、整体环境污染状况没有得到根本改善、生态环境质量堪忧等问题。[②]

粤港澳大湾区的生态环境状况同样不容乐观。不可否认，在珠三角经济发展到一定阶段后，政府和社会对环境保护日益重视，并且反映在产业政策、环境管理和环境标准等方面，近年来大湾区的空气质量也有一定的好转，但是，粤港澳大湾区仍存在比较严重的污染问题需要解决。首先，大湾区的空气质量状况仍然堪忧。尽管珠三角的空气质量在逐步好转，但是2018 年 PM2.5 年均浓度仍然达到 30 微克/立方米，PM10 年均浓度达到 50 微克/立方米，SO_2年平均浓度为 9 微克/立方米，NO_2年平均浓度为 35 微克/立方米，[③] 港澳因滨海的优势，空气质量较优，但是处于珠三角同一地理区域仍不免受污染扩散影响。其次，地表水环境质量仍存在不达标情形。2018 年，广州等市的年度水质仍不达标，深圳河河口段、漫水河佛山段、茅洲河等珠三角河流的部分河段水质属重度污染。[④] 最后，海洋生态环境质量不够理想。2018 年，广东省近岸海域水质为劣四类的比例为 11.7%，主要分布在珠江口等海域，珠江口和大亚湾海洋生态系统均呈亚健康状态。[⑤] 另外在自然生态保护、应对气候变化等方面，粤港澳地区也存在一些问题和困难。

---

① 洪大用：《关于中国环境问题和生态文明建设的新思考》，《探索与争鸣》2013 年第 10 期，第 4~10 页。

② 刘长兴：《环境损害政府补偿责任研究》，中国政法大学出版社，2019，第 39~40 页。

③ 参见《2018 广东省生态环境状况公报》，广东省生态环境厅 2019 年 6 月 3 日发布。

④ 参见《2018 广东省生态环境状况公报》，广东省生态环境厅 2019 年 6 月 3 日发布。

⑤ 参见《2018 广东省生态环境状况公报》，广东省生态环境厅 2019 年 6 月 3 日发布。

这些问题需要全社会共同努力来应对，环境问题的地域性、公共性特征决定了仅靠个别地区的努力或者各地各自为政是难以取得理想效果的。在共同应对环境问题、建设美丽湾区的过程中，法律制度和政策的应对是最关键的因素。然而，粤港澳三地的法律和政策相互独立，在应对环境问题、建设美丽湾区过程中需要特殊的协调机制，这也是当前粤港澳大湾区开展生态环境保护合作的困难所在。

2. 粤港澳大湾区生态环境保护的主要困难

《粤港澳大湾区发展规划纲要》提出的发展目标是2035年建成“资源节约集约利用水平显著提高，生态环境得到有效保护，宜居宜业宜游”的国际一流湾区，这给大湾区生态环境保护提出了较高的要求，而就目前的生态环境保护状况而言，达到这一要求还存在诸多困难。

首先是环境污染问题的解决仍需时日，生态环境质量有待进一步提升。近年来，珠三角的污染治理取得了显著成效，特别是空气污染和水污染状况都在很大程度上得到了缓解，但是环境污染的整体状况仍然比较严重。粤港澳大湾区的空气质量仍存在臭氧浓度超标、污染排放量增加、治理模式不成熟等问题，[①] 2018年，珠三角9市空气质量达标天数比例为80.3%~94.5%，平均为85.4%，较2017年上升0.9个百分点，[②] 这说明空气污染治理仍存在许多难以克服的困难。粤港澳大湾区的水环境仍存在黑臭水体较多、污染排放总量巨大而管网建设缺口较大、跨界河流合作治理难等问题，饮用水水源水质状况也不乐观；近岸海域环境存在陆源排污量大、海水富营养化比较严重、污染事件较为频发等问题；土壤中存在重金属超标、污染物管控难度较大、新型土壤污染蔓延等问题。[③] 整体上看，大湾区的生态环境质量仍存在不少问题。

---

① 参见赖梅东主编《粤港澳大湾区生态资源与环境一体化建设》，中国环境出版集团，2019，第87~91页。

② 参见《2018广东省生态环境状况公报》，广东省生态环境厅2019年6月3日发布。

③ 参见赖梅东主编《粤港澳大湾区生态资源与环境一体化建设》，中国环境出版集团，2019，第100~118页。

其次是自然资源承载力不足将是长期问题，资源的节约集约利用水平有待提升。粤港澳大湾区的经济总量基数巨大而且仍在持续增长，常住人口数量也不断增加，较高的经济体量、充足的人口资源和土地开发空间是大湾区相对于旧金山湾区、纽约湾区和东京湾区三大湾区的主要发展优势，但是在能源利用效率方面与三大湾区的差距较为明显，水资源利用效率与美国平均水平较为接近但距离日本平均水平仍有一定差距。[①] 而且，粤港澳大湾区的森林资源总体表现出总量不足、分布不均的特点，地表水资源相对丰富但河流片段化、坑塘萎缩、建设用地侵占水体现象比较严重，海岸线以人工海岸线为主，部分地区的人均生态承载力数值较高。[②]

最后是生态环境保护的总体目标仍不明确，经济发展与环境保护之间的矛盾仍将长期存在。《粤港澳大湾区发展规划纲要》提出，推进大湾区生态文明建设的目标是坚持节约优先、保护优先、自然恢复为主的方针，以建设美丽湾区为引领，着力提升生态环境质量，形成节约资源和保护环境的空间格局、产业结构、生产方式、生活方式，实现绿色低碳循环发展，使大湾区天更蓝、山更绿、水更清、环境更优美。但在具体实践层面，如何协调经济发展与环境保护的矛盾，生态环境保护的目标是否限于环境质量达标，环境质量标准如何确定，自然资源保护和保留的程度等问题都有待进一步明确，不管是在总体目标层面还是在具体目标层面，粤港澳大湾区生态环境保护的目标都不足以为当前的生态环境保护工作提供足够的指引。

（二）美丽湾区建设的政策障碍

环境保护政策一直是我国环境保护工作的基本推动力量，欧盟的经

---

① 王明旭、李朝晖、崔建鑫等：《粤港澳大湾区环境保护战略研究》，科学出版社，2018，第45页。

② 赵玉灵：《粤港澳大湾区自然资源遥感调查与保护建议》，《国土资源遥感》2018年第4期，第139~147页。

验也表明，环境治理整体体系对于环境保护工作意义重大。[①] 有效的环境政策有助于实现环境保护与经济发展的共赢，而完善地方政府监管机制、环境政策协调机制及配套政策支撑机制才能更好实现环境保护的目标。[②] 从环境保护政策发展的经验来看，粤港澳大湾区的生态环境保护事业发展和生态文明建设也须依赖完善的政策体系，但由于粤港澳三地的政府体系、政策目标等方面存在显著差异，推进美丽湾区建设、加强生态环境保护的政策出台以及实施还存在以下困难。

一是政策主体地位各异。环境问题的地域性、公共性特征要求环境保护政策的统一性，否则难以收到预期的效果，政策的不一致已经在很大程度上使应对气候变化等环境目标难以实现。粤港澳大湾区的生态环境保护也需要相对统一的政策措施，但是粤港澳三地的政策协同存在较大的困难。一方面是内地和港澳的决策机制不同，香港、澳门特别行政区政府相对独立的决策权与大湾区内珠三角九市及广东省的地方决策权存在较大差异。就生态环境保护政策而言，香港、澳门特别行政区政府有独立决策权，而广东省、市政府的决策权相对有限。另一方面是大湾区内珠三角九市的决策权也因行政级别不同、是否属经济特区等而不同。由此可见，大湾区的生态环境保护政策决策主体存在较大差异，这将给相对统一的大湾区生态环境保护政策的出台带来困难。

二是政策目标不一致。工业化带来的污染等环境问题不同于人类文明史上所遇到的任何其他问题，属于“阳光下的新事物”，[③] 而且其影响是全球性、整体性的，但环境问题仍未脱离社会经济体系而存在，环境保护目标也需要在社会经济整体中加以考虑，并与经济发展目标等相协调。这就意味着，各地的生态环境保护目标必然与社会经济发展水平等

① 司林波、赵璐：《欧盟环境治理政策述评及对我国的启示》，《环境保护》2019 年第 11 期，第 54 ~60 页。

② 高歌：《环境政策实践的研究回顾与启示》，《社会科学家》2019 年第 9 期，第 54 ~59 页。

③ 〔美〕J. R. 麦克尼尔：《阳光下的新事物：20 世纪世界环境史》，韩莉、韩晓雯译，商务印书馆，2013，第 1 页。

相关联，通常经济发展水平高的地区倾向于追求更高的环境目标，而以发展经济为重的地区更容易接受较低的环境目标。大湾区各城市的经济发展水平不一、自然资源禀赋差异较大，生态环境保护的政策目标很难统一，如何实现各地差异化政策目标的协调是美丽湾区建设的挑战之一。

三是实施机制不统一。公共政策需要落实到一定的地方场域，通过政策细化或再规划的过程，才能实现其政策目标。[①] 在政策实施的过程中，政策目标的约束作用、政策措施的贯彻落实依赖于既有的政府运作机制和社会运行机制，生态环境保护政策的实施机制对于政策目标的实现也具有重要作用。粤港澳大湾区内存在三个相对独立的政策实施系统，粤港澳三地的政府运作机制、社会运行机制存在较大差异，即使生态环境保护的目标一致，其对政策实施者的约束、具体的落实措施也会存在较大的差异，从而在政策的实现程度、对政策效果的评价分析等方面存在不可比性，这将导致生态环境保护政策的检讨、评估和改进等方面的困难。

（三）美丽湾区建设面临的法律难题

《粤港澳大湾区发展规划纲要》提出，要坚持用法治化、市场化方式协调解决大湾区合作发展中的问题，为大湾区深度合作发展和法制协调提供了基本思路。但是，粤港澳三地分属不同的法律制度体系，虽有宪法和香港特别行政区基本法作为最根本的制度基础，但是在生态环境保护领域仍存在明显的制度多元化导致的制度冲突，这给粤港澳大湾区生态文明建设和环境保护工作带来了一定的困难。

一是环境法律体系存在较大差异。粤港澳大湾区的环境法制呈现出典型的“一国两制三法系”特点。广东的环境保护须严格遵守国家环境保护法律法规，珠三角地区还通过地方立法的补充形成了较为全面的环

---

① 贺东航、孔繁斌：《公共政策执行的中国经验》，《中国社会科学》2011 年第 5 期，第 61 ~ 79 页。

境资源法律制度，总体上是以环境保护法和地方环境保护条例为纲，再细分为各领域的污染防治和自然资源保护的法律制度体系，已经形成了以《环境保护法》为基本法、《水污染防治法》等污染防治单行法和《森林法》等自然资源保护单行法相互配合的环境法律体系。香港借鉴英美法系下的环境法律体系，构建了比较完整、相对健全的环境污染防治法、自然生态保护法体系，在主要领域都有成文法例，内容上涵盖了污染控制、环境中有害物质控制、自然生态系统保护、环境政策和规划等，如有关水质污染防治的法规有《水污染管制条例》，关于废弃物管理的法规有《废物处置条例》，关于噪声污染防治法规有《噪音管制条例》等，在自然资源保护方面有自然保护政策、自然护理、郊野及海岸公园、濒危物种保护等法律法规。澳门相对缺乏本地法律，环境资源法还在发展中，目前主要的环境保护类法律有1991年的《环境纲要法》,[①] 以及环境保护组织法律法规、环境保护单行法律法规，如水污染防治领域的法规有第6/86/M号有关澳门地区水域公有权新制度的法律等，大气污染防治领域的法规有第356/2010号气体污染物排放参数表的行政长官批示等。法律体系的差异会加大三地生态环境保护协同的困难。

二是环境管理体制和组织机构存在较大差异。在环境管理体制方面，珠三角九市在国家和广东省的领导下，基本完成了2018年启动的国家机构改革，对环境管理职权进行适度统合，形成了自然资源管理与生态环境监管二元结构，既充分考虑了环境管理的实践需要，又具备理论上的依据，是适合现阶段我国环境管理实际需要的制度安排,[②] 由市政府承担生态环境保护的基本职责，具体的环境管理职权分别由生态环境主管部门、自然资源主管部门、水利主管部门以及农业主管部门等承担。生态

① 即澳门第2/91/M号法律。该法分“环境保护的原则和目的”“自然环境”“人类环境”“保护环境成分的质素以及紧急情况”“环境政策工具”“一般的权利和义务”“罚则”八章对环境保护的主要方面进行了规定，是澳门特别行政区环境保护方面的基本法律。

② 刘长兴:《环境资源管理职权配置的二元结构论》，载秦天宝主编《环境法评论》（第2卷），社会科学文献出版社，2019，第79～89页。

环境主管部门作为生态环境保护工作的统管部门、自然资源和水利等部门作为生态环境保护工作的相关部门共同开展生态环境保护工作，已经形成了环境污染监管和自然资源管理职权分立、配合的管理体制和相应的组织机构体系。香港特别行政区政府环境局负责监督环境保护、自然保育、能源及可持续发展等政策的拟定和推行，其下设环境保护署主要负责制定保护环境、能源、保育以及推广可持续发展的政策和计划等职能。澳门特别行政区环境保护局是负责研究、规划、执行、统筹和推动环境政策的公共部门，主要职能是协助制定澳门特别行政区的环境政策，制定、实施和统筹有关防治、控制、处理环境污染的施行计划及行动，制定与保护和维护环境、自然、生态平衡及可持续发展有关的方案等。环境管理体制的不同也会影响环境法律的制定和执行过程，给粤港澳三地的环境法律协同带来困难。

三是环境法的基本原则存在差异。内地环境法的基本原则包括保护优先原则、预防为主原则、公众参与原则和环境责任原则，[①] 珠三角九市的环境立法和执法工作需要遵循这些基本原则。澳门特别行政区环境法基本原则包括一般原则和特定原则，一般原则事实上是对环境权的确认，强调“所有人都有权享受符合人类生活和生态平衡的环境且有义务加以维护”；特定原则包括预防、平衡、参与、国际间的合作、恢复和责任等，具体内涵与内地环境法的基本原则有类似之处。[②] 香港特别行政区的环境法更加注重具体规则的制定，尚未总结出可以贯彻始终的基本原则。粤港澳三地在环境法基本原则方面的差异也将影响环境立法和执法过程，给三地环境立法和执法的协同带来困难。

四是环境法律基本制度存在差异。全球环境问题的共性决定了环境法的制度建设具有一定的共通性，全球环境立法也表现出明显的趋同化

① 吕忠梅主编《环境法》（第二版），高等教育出版社，2017，第39~46页。

② 彭峰：《环境法律制度比较研究》，法律出版社，2013，第43~46页。

态势,[①] 粤港澳三地的环境法基本制度也具有一定的趋同性，例如环境规划制度、环境影响评价制度、环境保护税费制度、许可证制度等是三地共有的基本制度。[②] 但是，粤港澳三地的环境法基本制度差异仍然存在，一方面，三地都有部分特有的环境管理制度，例如内地的“三同时”制度；另一方面，即使是共有的基本制度，三地的具体规则也存在明显差异。制度的差异会带来环境保护实践中的协同困难，例如环境影响评价的程序、标准不一会对跨界的项目造成影响，环境标准制度的差异可能导致环境管理中的冲突。

五是环境执法体制存在明显差异。环境管理体制的不同决定了粤港澳三地在环境执法形式、执法程序、执法标准等方面存在差异，在更具体的层面，对环境违法行为的认定程序和标准不同、环境行政处罚的方式和标准不同，这些都可能给三地的环境执法协同带来困难。

六是环境司法体制存在显著差异。粤港澳三地的法律体系不同，环境司法体制也存在显著差异。内地的环境司法已经在专业化和专门化的方向上取得了长足进展,[③] 司法支持环境保护的力度日益增大，但是珠三角九市法院只有环境审判的初审和部分二审职能。香港特别行政区的环境司法保留了英美法系的特征，其法例充分运用司法手段，结合水污染损害的潜伏性、缓发性、难以修复性等特点，实行行政处罚刑罚化，较有效实现了司法的功能。澳门特别行政区的环境保护工作重在追究行政违法者的法律责任，以罚款为主要形式，环境司法的作用并不显著。

总之，粤港澳三地的政策体系和法律制度都存在较大的差异，三地的法域不同，以及珠三角九市地方立法权的存在，将导致法治壁垒成为

① 杨兴：《论全球环境立法趋同化的根源及其现实表征》，《时代法学》2011年第1期，第73～81页。

② 彭峰：《环境法律制度比较研究》，法律出版社，2013，第53～121页。

③ 吕忠梅、刘长兴：《环境司法专门化与专业化创新发展：2017－2018年度观察》，《中国应用法学》2019年第2期，第1～35页。

大湾区合作的法治障碍。[①] 而政策和法律的配合才能实现有效的社会治理，政策和法律之间的互构谐变关系是共同应对社会变化的客观要求。[②] 要实现三地协同开展生态环境保护工作，共建绿色湾区、美丽湾区的目标，需要在认识到三地政策和法律协同现实困难的前提下，梳理粤港澳三地环境保护的政策、法律法规与措施，提出三地政策与法制协同的基本构想，从目标协同、执行协作、监督保障等层次入手，打造美丽湾区建设的保障机制。

二　美丽湾区建设的目标协同机制

"生态安全、环境优美、社会安定、文化繁荣的美丽湾区"是《粤港澳大湾区发展规划纲要》确定的粤港澳大湾区的战略定位，也是大湾区建设的整体性目标，其中社会安定、文化繁荣是社会文化方面的软指标，"生态安全、环境优美"是美丽湾区建设的基本目标，而且在很大程度上可以转化为环境保护的具体目标。

（一）美丽湾区建设目标协同的必要性

湾区首先是一个地理概念，一般是指由一个海湾或者相连的若干个海湾、港湾、邻近岛屿及其邻近地区共同组成的区域。湾区是相对独立的地理空间，并依赖海运等便利条件形成相对独特的滨海经济形态，在当今世界经济版图中，旧金山湾区、东京湾区等都占据着重要地位，这些湾区具有开放的经济结构、高效的配置能力、便捷的交通系统、超强的创新能力、宜居的生活环境、包容的文化氛围、强大的聚集功能和广

---

① 王春业：《论粤港澳大湾区合作中法治壁垒及其消解》，《天津行政学院学报》2019 年第 5 期，第 39～46 页。

② 李龙、李慧敏：《政策与法律的互补谐变关系探析》，《理论与改革》2017 年第 1 期，第 54～58 页。

泛的外溢效应，[①] 其经验可为粤港澳大湾区所借鉴。因为湾区自然地理条件的特征以及经济和社会协同发展的目标，把粤港澳大湾区建设成为美丽湾区，首先要在生态环境保护目标方面加强协同。

1. 自然地理条件决定了湾区发展的整体性

粤港澳大湾区内的珠三角九市和香港、澳门特别行政区整体上位于珠江口冲积平原内，平原面积占全区总面积的66.7%，山地、丘陵和台地主要分布在肇庆、博罗、从化和惠州等湾区边缘地带，[②] 构成了一个中间低、周边高的相对独立的地理空间，自然地理条件呈现明显的独立性特征。

从水系特征看，粤港澳大湾区位于珠江主要支流西江、东江和北江的下游，内部河网密度高，水道纵横交错、相互贯通；从气候特征看，大湾区为亚热带季风气候，位于统一季风带内，虽有离海远近的差别，但气候条件一致性较高。这些特征与大湾区的地形特征一起决定了大湾区自然地理条件的内部关联性，水、大气处于一种相对封闭、内部贯通、高度关联的状态。

粤港澳大湾区自然地理条件的对外独立性和对内关联性是其社会经济协同发展的基础，也决定了美丽湾区建设需要从总体上实现目标协同，局部的生态环境保护努力不足以改变湾区的整体生态环境状况，各自为政、方向各异的环境保护措施更难以取得成效。美丽湾区建设的目标协同首先是基于大湾区自然地理条件下的协同。

2. 经济共同发展要求共同的自然生态基础

生态环境保护的目标应当与经济发展目标相协调，可持续发展思想和环境法上的协调发展原则都为环境目标的经济考量提供了指引，将粤

① 田栋、王福强：《国际湾区发展比较分析与经验借鉴》，《全球化》2017年第11期，第100～114页。

② 赖梅东主编《粤港澳大湾区生态资源与环境一体化建设》，中国环境出版集团，2019，第5页。

港澳大湾区的发展置于国家权力对经济发展的诉求等地缘经济框架下进行审视非常重要，[①] 同时，粤港澳大湾区经济共同发展需要共同的自然生态环境基础，其中水资源、大气环境质量等对于大湾区的经济发展意义重大，而水资源安全和大气环境保护是美丽湾区建设的重要方面，需要从大湾区整体的角度进行考量并形成相对统一的目标。

从根本上讲，大湾区的环境资源承载力决定着湾区的经济发展水平。虽然高科技产业、服务业的发展可以在有限的环境资源条件下取得可观的经济发展成果，但是大湾区的环境资源承载力才是决定其经济社会发展的根本条件，超出其环境资源承载能力的经济发展注定是不可持续的。而大湾区经济的共同发展要求各地不能以牺牲环境资源为代价换取短期和局部的发展，特别是不能以掠夺其他地区的资源为代价支持本地的经济发展，这就要求大湾区内各个城市应就经济发展和生态环境保护达成一致的目标。

3. 社会协同发展要求协调的自然环境条件

粤港澳大湾区概念的提出本身是一种尺度提升的空间管治思维，而大湾区在协同发展的过程中也面临着文化身份认同危机的挑战，[②] 社会协同发展是大湾区共同发展的重要方面。粤港澳大湾区文化建设、社会发展需要较高的相互认同的交流和特定领域的相对一致行动。环境保护意识是社会文化观念的重要方面，粤港澳大湾区的社会协同发展需要在环境保护方面建立相对一致的价值认同，其中包括大湾区生态文明建设的基本目标应当具有一致性。

（二）美丽湾区建设的目标设定

在粤港澳大湾区建设的整体框架下，美丽湾区建设的目标应当着重

---

① 安宁、马凌、朱竑：《政治地理学视野下的粤港澳大湾区发展思考》，《地理科学进展》2018 年第 12 期，第 1633～1643 页。

② 安宁、马凌、朱竑：《政治地理学视野下的粤港澳大湾区发展思考》，《地理科学进展》2018 年第 12 期，第 1633～1643 页。

于生态环境保护和自然资源保护的具体方面。整体上，需要致力于提升环境资源承载力，为大湾区社会经济发展提供充分支撑，具体来说，美丽湾区建设的目标主要包括以下几个方面。

1. 环境质量目标

环境质量是反映生态环境保护状况的基础性指标，具体包括空气质量、地表水和地下水质量、土壤环境质量、海洋环境质量等。在环境标准体系中，环境质量标准也是最重要的类型，[①] 环境质量目标应当是美丽湾区建设的重要引领性目标。大湾区的大气质量、水环境质量和土壤环境质量直接决定着公众的健康状况，并构成生产经营的基本环境条件。环境质量目标应当与环境质量标准挂钩，设定特定时间点或者时间段要达到的环境质量标准。

2. 污染减排目标

当前国内的水、空气和土壤多存在不同程度的污染，粤港澳大湾区也面临着比较严重的水污染、空气污染和土壤污染问题，近海水域的水质也不容乐观，在设定环境质量目标的同时，需要确定污染减排目标作为实现环境质量目标的手段。

污染减排目标一般通过排污总量控制和排放标准控制途径实现。对于粤港澳大湾区内排放量大的重要污染物，要基于历史排放情况、未来发展需要和环境质量目标确定合理的减排目标，并分解到各城市、各行业落实。对于一般污染物，可通过污染排放标准的不断提升来控制和减少排放量，实现污染减排的目的。

3. 资源保护目标

自然资源为粤港澳大湾区社会经济发展提供了基本条件，虽然部分资源可以由外部输入，但是大湾区内土地资源、水资源、生物资源的保护对于美丽湾区建设仍具有至关重要的意义。包括森林资源、湿地资源、

① 吕忠梅主编《环境法》（第二版），高等教育出版社，2017，第90页。

生物资源、水资源等的保护目标应当是美丽湾区建设目标的重要方面，可以通过森林覆盖率、湿地面积、生物种类和种群数量、河流断面水量等指标制定资源保护目标。

4. 其他环境保护目标

绿色生产和绿色消费①应当成为美丽湾区建设的基本理念，从能源利用率、废弃物回收利用率等方面设定明确的目标，有助于在发展大湾区经济的同时维持生态环境处于较好的状态。因此，除了上述基本目标之外，美丽湾区建设还应当设定能源效率等方面的目标，全面推动资源节约利用和生态环境不断改善。

（三）美丽湾区建设的目标协同机制

美丽湾区建设的生态环境保护目标属于政策目标，粤港澳三地的目标协同主要是在政策协同层面要克服前述困难和障碍。当然，重大政策问题的决策也需要在法律框架内做出，因此美丽湾区建设的目标协同也涉及法律主要是法律程序方面的问题。

1. 协商机制

粤港澳在生态环境保护特别是水和大气领域的协作治理早在 20 世纪已经开展，粤港合作联席会议于 1998 年 3 月开设，2010 年的《粤港合作框架协议》和 2011 年的《粤澳合作框架协议》为粤港澳合作治理提供了进一步的制度保障，其中政府间协商是合作治理的基本保障。

美丽湾区建设需要强化粤港澳大湾区的政府间协商机制，以形成可执行的美丽湾区建设目标。首先，粤港澳三地应当在考虑大湾区生态环境保护整体状况的基础上提出合理的环境保护目标。香港和澳门作为特

① 绿色生产和绿色消费是在对传统生产和消费体系进行反思的基础上提出的概念，其要义在于变革生产方式和消费方式使之符合人与自然和谐的要求，实现绿色发展。参见张金伟、吴琼《绿色发展理念的哲学基础、实现路径及重大意义》，《生态经济》2017 年第 2 期，第 172 ~ 175 页。

别行政区可以提出自己的环境保护目标，珠三角九市应当依法确定地方环境保护目标，并在省级层面协调统一。《环境保护法》已经规定了地方政府的环境质量目标责任制，[①] 因此珠三角九市具有在法定框架下确定地方环境目标的权力，而各市之间的协调除了地方政府之间的沟通协商外，广东省的环境保护目标设定和统一协调也是重要一环。其次，在既有粤港澳合作框架下加强粤港澳三地的协商，确定大湾区的生态环境保护整体目标，是建设美丽湾区的基本保障。美丽湾区建设整体目标的达成，需要协调粤港澳三地在联席会议等机制下，就生态环境保护的各类控制指标进行沟通协商，并形成有约束力的协议。

在协调机制的组织机构方面，有学者建议组建粤港澳大湾区环境资源协调治理委员会，在中央政府的推动和建议下设立，对大湾区内的环境资源执法进行统筹安排。在区域共同体理念下，由广东省政府、香港特别行政区政府和澳门特别行政区政府在自愿协商的基础上组建，由三地从官方、行业协会、企业、公众中委派代表组成，工作机制以民主协商、公众参与为基础，并设立常设性行政协调组织，具体完成委员会承担的各项协调工作。[②] 以特定组织机构为依托虽然是推进美丽湾区建设的有效途径，但是组建机构特别是跨境机构具有现实困难，美丽湾区建设的推进仍应当立足于三地政府间的经常性协商和配合。

2. 专家咨询机制

环境问题本身是人类运用现代科学技术改造自然带来的问题，环境保护也需要正确认识既有技术的环境影响并适当运用新技术降低人类活动的环境影响，其中的科学技术问题具有很强的专业性，非专业技术人

---

① 2014 年修订的《环境保护法》第六条第二款规定：“地方各级人民政府应当对本行政区域的环境质量负责。”第二十七条规定：“县级以上人民政府应当每年向本级人民代表大会或者人民代表大会常务委员会报告环境状况和环境保护目标完成情况，对发生的重大环境事件应当及时向本级人民代表大会常务委员会报告，依法接受监督。”

② 谢伟：《粤港澳大湾区环境行政执法协调研究》，《广东社会科学》2018 年第 3 期，第 246 ~ 253 页。

员难以做出科学合理的判断，而准确的专业判断是做出正确环境保护决策的基础。因此，美丽湾区建设中生态环境保护目标的确定也需要专业的咨询意见作为决策的基础。在粤港澳三地协商确定生态环境保护目标的过程中，要充分重视专家咨询意见，通过设立专家库、明确关键环节的专家咨询规则等建立专家咨询机制，保障美丽湾区建设目标的科学性和合理性。

3. 定期检讨机制

对于经协商和科学论证确定的美丽湾区建设目标，要根据经济社会发展形势、目标的落实情况等进行定期评估和检讨，对于既定目标的合理性、可行性等进行分析和评价，纠正不合理的控制指标，补充重要的控制指标，不断提升美丽湾区建设目标的合理性和可执行性。

总之，以建设美丽湾区为引领，着力提升生态环境质量，须三地共同协商明确环境质量目标和资源保护目标。在共同目标的指引下，根据三地资源禀赋特色，确立各地的生态保护和环境治理具体目标和任务，明确各地开展生态环境保护的重点工作和基本要求。

三　美丽湾区建设的协作执行机制

在协商确定美丽湾区建设目标主要是生态环境保护目标的前提下，落实这些目标也需要粤港澳三地的协作执行。如果说美丽湾区建设的目标确定主要是一个政策问题，那么既定生态环境保护目标的执行主要是一个法律问题，其中涉及协作执行的程序、协作义务的确定等。

（一）协作执行的基本问题

不管是政策目标还是法律法规都需要相应的实施机制来落实。政府政策的运行已经形成比较完整的体系，通常在行政系统内通过政策措施的细化、指标的分解来落实；法律实施问题长期被忽视，而法治建设的主要矛盾越来越集中体现为法律实施问题，一定意义上可以说实施法律比制定法律更困难、更重要。[①] 美丽湾区建设的目标落实也需要相应的政策配套和法律实施机制，而且需要粤港澳三地的协作执行。

协作执行的困难来自粤港澳三地的法律制度差异。法治是大湾区治理创新中贯彻始终、不可或缺的基本要素，[②] 但是，粤港澳大湾区“一国两制三法域”所导致的法律冲突，在一定程度上阻碍了粤港澳大湾区法治环境的构建，特别是三地存在立法权限不一、司法合作受限等现实问题，[③] 将影响粤港澳大湾区的生态环境保护合作。美丽湾区建设的协作必然要通过粤港澳三地的行政执法体系来执行，如何实现三地的执法机关对接、执法程序衔接是当前面临的现实问题。

1. 执法机关对接问题

粤港澳三地的执法体制不同，执法机关设置和职权不同，在生态环境保护方面的对接难免存在困难。珠三角九市的环境管理体制是地方政府负责，生态环境行政部门主管，相关部门负责特定领域的体制，但仅有有限的决策权；香港特别行政区的环境管理体制是由环境局负责监督环境保护、自然保育、能源及可持续发展等政策的拟定和执行；澳门特别行政区的环境管理体制是由环境保护局承担协助制定澳门特别行政区的环境政策等职责。三地在环境保护职权和机构设置上存在差异，意味着生态环境保护的执法机关不同，在执法过程中的对接存在组织层面的困难。

2. 执法程序衔接问题

粤港澳三地的环境保护法律和政府行政程序都存在重要差异，具体到生态环境保护执法程序上也存在重要差异，将会导致执法程序的衔接存在困难。例如，在广深港高铁建设过程中，因内地和香港的环境影响评价程序的差异，分段环评导致建设期限不同，降低了运行效率。由于

---

① 魏永征：《实施法律比制定法律更重要》，《青年记者》2015 年第 25 期，第 13－14 页。

② 石佑启、陈可翔：《粤港澳大湾区治理创新的法治进路》，《中国社会科学》2019 年第 11 期，第 64～87 页。

③ 李贺巾：《粤港澳大湾区建设进程中的法律冲突及路径选择》，《中共珠海市委党校珠海市行政学院学报》2019 年第 6 期，第 56～61 页。

粤港澳三地紧密相邻，不少跨界项目的环境影响评价等环境保护工作需要更好的程序衔接。

3. 执法标准协调问题

虽然珠三角经济发展水平已经较高，相应提升了环境保护方面的要求和标准，但是与香港和澳门相比，多数标准仍偏低。在生态环境保护执法过程中，粤港澳三地的执法标准包括环境质量标准、行政处罚标准等的不同将给跨界执法造成困难。

（二）协作执行的主要内容

粤港澳三地在美丽湾区建设中的协作执行，总体上是落实三地达成的美丽湾区建设目标，具体是通过协作执行达成环境质量目标、污染减排目标、资源保护目标以及能源利用效率目标等。

1. 环境质量的协作保护

在水、大气、土壤、海洋等基本环境要素中，粤港澳大湾区的水环境质量、空气质量、海洋环境质量具有密切关联，需要粤港澳三地的协作保护才能维持目标环境质量。粤港澳大湾区的水体污染主要是由大城市密集的人口和工业活动造成的，不完善的污水处理系统和管理体系使水污染进一步加剧，对生态用水的过多侵占是水量问题产生的主要原因。[①] 虽然水污染治理的任务主要在上游即珠三角九市，但是水资源节约利用等则需要粤港澳三地的共同努力，协作开展节约用水、水量分配等工作。粤港澳三地整体上处于同一个地理环境区域，区域内大气流动导致三地的大气污染具有高度相关性，对大气污染的治理必须依靠区域联动，三地的空气质量目标协作执行需要依赖各自的行政执行系统，以区域权威为主要特征的委托授权机制能够在等级制下通过命令控制系统来

---

① 刘畅、林绅辉、焦学尧、沈小雪、李瑞利：《粤港澳大湾区水环境状况分析及治理对策初探》，《北京大学学报（自然科学版）》2019 年第 6 期，第 1085 ~ 1096 页。

实现合作。[①] 粤港澳大湾区大部分城市靠海，近海环境保护也是三地环境保护合作的重要方面，在船舶排污管理、陆源污染控制和滨海湿地保护方面，粤港澳三地需要加强执法合作。例如，借鉴世界主要湾区在红树林生态保护与修复政策和监管方面的经验，针对粤港澳大湾区污染对红树林湿地的影响，并结合大湾区发展规划建立和完善红树林湿地自然保护区、加强大湾区联动合作，[②] 是滨海红树林保护的基本途径。另外，虽然土壤污染的扩散性相对较弱，但是仍可能通过地表水和地下水流动产生跨界问题，并且可能导致近海污染，需要粤港澳三地协作治理。

2. 污染减排的协作执行

污染减排与环境质量密切相关，但对于相对独立的污染减排目标的执行，也需要粤港澳三地的协作。大气污染物超量排放是粤港澳大湾区空气质量不能完全达标的根本原因，确定合理的大气污染物减排方案并严格执行是继续提升大湾区空气质量的基本要求，减排方案执行过程中，需要粤港澳三地的信息合作、科技合作等支持。例如，借鉴美加大气污染联合防控的经验，建立区域性权威管理机构和技术支撑机构，联合开展跨界科研等工作，是深化粤港澳大湾区大气污染防控合作的重要内容。[③] 水污染防治是水安全保障的重要方面，水安全保障需要粤港澳三地加强区域统筹协同，加强对珠江三角洲及河口水质、水生态的同步监测，[④] 协作执行尤为重要。另外，在土壤污染防治、海洋环境污染防治方面，也需要粤港澳三地加强执法合作。

---

① 蔡岚：《粤港澳大湾区大气污染联动治理机制研究——制度性集体行动理论的视阈》，《学术研究》2019 年第 1 期，第 56 ~ 65 页。

② 于凌云、林绅辉、焦学尧、沈小雪、李瑞利：《粤港澳大湾区红树林湿地面临的生态问题与保护对策》，《北京大学学报（自然科学版）》2019 年第 4 期，第 782 ~ 790 页。

③ 廖程浩、曾武涛、张永波、熊雪辉：《美加跨境大气污染防控合作体制机制对粤港澳大湾区的启示》，《中国环境管理》2019 年第 5 期，第 32 ~ 36 页。

④ 赵钟楠、陈军、冯景泽、张越、袁勇：《关于粤港澳大湾区水安全保障若干问题的思考》，《人民珠江》2018 年第 12 期，第 81 ~ 85 页。

3. 自然资源的协作保护

虽然粤港澳大湾区的气候条件基本相同，但是各城市的自然资源禀赋仍存在比较大的差别。在自然资源保护方面，粤港澳大湾区 11 个城市应当在共同目标的指引下，根据各自的资源禀赋不同，采取措施保护森林、湿地、野生动植物等资源，这些工作的开展需要粤港澳三地的密切合作，例如野生生物资源的跨界迁徙等也需要粤港澳三地合作完成保护工作。

4. 其他环境保护工作的协作完成

在环境保护科技的应用、能源利用效率的提升等方面，粤港澳三地的合作也直接影响环境保护的效果。粤港澳大湾区的环境保护在制度层面的推进仍然不足，例如跨界环境影响评价仍缺乏合作，通过建立跨界环境影响评价制度，可以为粤港澳大湾区环境治理提供可操作的合作机制，① 包括环境影响评价的范围、公众参与的程序等都有合作执行的空间。

（三）协作执行的主要机制

美丽湾区建设的协作执行机制是粤港澳生态环境保护的根本保障，但是从行政模式上看，粤港澳三地分属于控制式、控权式、执行式行政模式，执法机制存在比较大的差别，而不同的执法机制可能导致环境行政执法冲突。② 当前，粤港澳大湾区环境行政执法合作还存在环境保护合作协议的执行力薄弱，环境行政执法限于局部性、间断性合作，环境行政执法手段和能力存在较大差异，环境标准不统一导致执法冲突等问

① 程雨燕：《粤港澳大湾区跨界环境影响评价制度适用研究》，《华侨大学学报（哲学社会科学版）》2019 年第 5 期，第 92 ~ 98 页。

② 谢伟：《粤港澳大湾区环境行政执法协调研究》，《广东社会科学》2018 年第 3 期，第 246 ~ 253 页。

题，[①] 应当在美丽湾区建设的总体目标下，针对生态环境保护的各个领域和具体事项，强化环境行政执行合作机制，特别是完善大湾区环境行政执法的协调机制。

1. 环境信息沟通机制

准确而全面的环境信息是开展环境管理和执法工作的前提，有效的信息沟通是粤港澳三地开展协同执行的保障。环境信息一般分为政府环境信息和企业环境信息，前者是指政府环境保护部门在履行环境保护职责中制作或者获取的，以一定形式记录和保存的信息，后者是指企业以一定形式记录和保存的与企业经营活动产生的环境影响和企业行为有关的信息，[②] 二者会存在一定的重合。粤港澳三地的环境执法机构应当相互沟通政府掌握的环境信息，为协同执行提供准确全面的信息支持。

2. 协调的执法标准体系

环境标准等生态环境执法过程中作为依据和衡量因素的标准如果不统一会导致法律后果的不同，可能显现为执法冲突并带来公平问题。在生态环境保护事务跨区域情形下，各地的环境执法标准应当相对统一，至少应当相互协调，以保证环境执法的社会效果。全面系统梳理粤港澳三地现有的环境标准，结合三地的环境管理要求和其他具体情况，分类型对环境标准予以保留、修改或者重新制定，对环境标准统一化、提升协调性十分必要。[③]

3. 相对统一的环境监测体系

环境监测是为了记录环境质量的变化，保证环境监测的质量，是环境保护的基础性技术和管理工作。环境监测规则和标准的不统一，将产生不同的监测数据和信息，据以展开的环境执法难免出现偏差。粤港澳

---

① 谈萧、刘慧：《粤港澳大湾区环境行政执法合作研究》，《政法学刊》2019 年第 5 期，第 65 ~ 73 页。

② 吕忠梅主编《环境法》（第二版），高等教育出版社，2017，第 118 ~ 119 页。

③ 谢伟：《粤港澳大湾区环境行政执法协调研究》，《广东社会科学》2018 年第 3 期，第 246 ~ 253 页。

三地的环境监测体系也应当在监测项目、监测规则和监测标准等方面相对统一，以保证三地在生态环境保护合作中能够获得相对一致的环境监测数据和信息。

4. 环境执法协调机制

粤港澳三地的环境执法协调要在两个层面展开：一是常规性的执法程序协调，二是临时性的执法事务协调。粤港澳三地不同的执法程序是影响大湾区环境治理效果的重要因素，强化三地环境执法程序的法治化、规范化、一致化非常必要。总体上看，香港特别行政区的环境行政执法程序比较规范，保障了行政权的依法行使，但也在一定程度上损害了行政效率价值；广东的环境行政执法效率较高，但是自由裁量权较大，行政程序控制较弱，不利于维护行政程序正义价值；澳门特别行政区的环境行政执法属于“执行式”行政，具有控权式和控制式执法的优点，但是因部分行政法规、行政命令缺乏法理正当性而导致行政执法争议，在一定程度上损害了环境正义价值。粤港澳三地在环境行政执法上具有不同的特点，需要取长补短、协调执法过程，兼顾环境正义和行政效率、程序正义价值。①

总之，在既定美丽湾区建设目标下，需要相应政策和法律法规强化三地协作，包括环境保护经验借鉴、制度建设和技术合作等，着力研究生态环境保护合作的具体领域和机制，建立三地协作执行机制，共同创新绿色低碳发展模式。

四　美丽湾区建设的监督保障机制

粤港澳三地共同确定美丽湾区建设的总体目标，并协调执行机制加以贯彻落实，是美丽湾区建设的正常运行过程。但是，在政策和法律的

---

① 谢伟：《粤港澳大湾区环境行政执法协调研究》，《广东社会科学》2018 年第 3 期，第 246 ~ 253 页。

实施过程中难免出现偏差和问题，因此监督和保障机制必不可少。而且，粤港澳“一国两制三法系”的特征决定了其政策和法律实施的监督机制必须适应跨区域合作的需要。美丽湾区建设的目标要通过三地协作执行来实现，其中主要是行政执法程序，对于目标的实现程度和行政执法过程中的问题，建立适当的监督保障机制是必要的。

（一）美丽湾区建设的监督保障必要性

环境保护执法的监督和保障机制是环境法律制度的重要组成部分，我国环境法上已有相关规定，近年来大力推行的环境保护督查是党中央、国务院关于加强生态建设和环境保护的重大制度安排，中央环保督查体系已经形成，各地的环保督查也全面展开，对于推进我国环境保护工作具有重要意义。[①] 香港、澳门特别行政区也有相应的执法监督机制。但是粤港澳大湾区框架下的监督保障不能仅限于各地自身的监督保障，而应当从三地相互监督、共同保障的角度推进美丽湾区建设。

美丽湾区建设是粤港澳三地共同的事业。粤港澳大湾区是一个相对独立、内部联系紧密的地理区域，生态环境保护需要粤港澳三地的共同努力。在各自相对独立的立法和执法体系内，粤港澳三地的监督和保障无法涵盖大湾区环境保护的整体层次，因此，在美丽湾区建设的总体目标下，既需要三地协同执行来努力实现目标，也需要三地相互监督来保证执法过程的规范和严格，更需要三地通力合作，为执行过程提供技术等方面的保障。

生态环境保护的公共性要求三地的通力合作才能取得成效。环境的公共属性得到了比较一致的认可，[②] 而对于自然资源，一般认为还是属于

---

① 刘奇、张金池、孟苗婧：《中央环境保护督查制度探析》，《环境保护》2018 年第 1 期，第 50 ~ 53 页。

② 经济学上区分公共物品和私人物品，公共物品具有典型的公共属性。环境是公共物品几乎毫无争议，参见〔日〕宫本宪一《环境经济学》，朴玉译，生活·读书·新知三联书店，2004，第 60 页。

私人物品，但不能否认其具有一定的公共性。[①] 过度开发利用环境资源的后果是造成公共利益损失，由一定区域乃至全球公众承担不利后果。因此，生态环境保护具有明显的公共属性，制度上应对环境问题、保护生态环境当立足于公共利益的保护。从根本上说，大湾区的生态环境保护是为大湾区整体提供公共产品，局部的不作为将导致环境成本的外溢，破坏其他地方的环境保护成果，只有粤港澳三地的共同努力才能取得生态环境保护的整体效果、实现建设美丽湾区的目标。

（二）美丽湾区建设的监督机制

美丽湾区建设目标的实现首先依赖粤港澳三地的执行，而执行的过程除了本地既有的监督体系外，也需要三地的相互监督，主要从环境信息的核查、环境监测的复核、环境执法的监督、公众参与的监督几个方面着手。

1. 环境信息核查机制

前已述及，环境信息是进行环境管理决策、环境执法的前提，环境信息的真实、准确、全面事关环境管理的成败和美丽湾区建设目标能否实现。粤港澳三地在美丽湾区建设中的协作应当包括相互之间的环境信息核查机制，即相互之间可以核查对方环境信息的真实性、准确性和全面性。主要包括以下几个方面：一是环境质量信息的核查。对于粤港澳大湾区各城市提供的基本环境质量信息，包括空气质量、水环境质量、海洋环境质量等，应当建立联合的核查机制，确保环境质量信息的真实、准确和全面。二是污染排放信息的核查。污染排放情况直接关系到环境质量，对粤港澳大湾区各城市的主要污染物种类、排放量和排放时间等应当建立三地联合核查机制，防止各种偷排、超排导致环境污染问题。

---

① 肖国兴：《中国自然资源产权制度创新的法律抉择》，《环境保护》2002 年第 4 期，第 7 ~ 9 页。

三是自然资源保护信息的核查。对于森林、湿地和海洋生物等自然资源的保护情况，粤港澳大湾区三地之间应当建立核查机制，防止资源数量等数据错误而导致决策错误，确保资源保护目标的实现。环境信息的具体复核方式，可以采用三地联合核查，或者授权对方单独核查；可以是定期核查，也要允许不定期核查；可以是对特定环境信息的随机核查，也可以是全面核查。

2. 环境监测复核机制

环境监测本身是环境信息获取的重要途径，同时具有独立的运行规则和实践意义，对环境监测的监督是确保监测设置科学合理、监测数据真实可靠的最终保障。历史上，在粤港大气污染防治合作中，曾经出现过空气质量监测点设置不合理、监测数据不可靠的问题，给两地大气污染合作治理带来了不良影响。粤港澳三地在建立相互协调的环境监测体系的基础上，应当进一步建立相互之间的监督和复核机制，确保各方的环境监测合理、可靠。一是环境监测点的设置应当可核查，确保设置的合理性，避免最终数据失真。二是环境监测设备应当可核查，确保使用质量可靠、符合标准的设备，避免产生无效的监测数据。三是环境监测过程可核查，确保监测过程中无人为控制和更改数据等情况发生。

3. 环境执法监督机制

行政执法的严格程度直接关系着立法目标的实现程度，美丽湾区建设目标的实现也有赖于严格的环境执法，但是选择性执法、执法裁量权过大等问题至今并未真正解决。粤港澳大湾区的环境执法需要解决选择性执法、任意性裁量等问题，才能确保美丽湾区建设目标的实现。粤港澳三地间应当相互监督环境执法的过程，确保执法的规范性、合理性。一是环境执法标准的执行监督，杜绝已经确定的环境标准及其他执法要求在实际执行过程中被放松或者不予执行。二是环境执法程序的监督，防止因执法程序的不规范造成无法收到预期效果。三是环境执法裁量权行使的监督，需要纠正明显不合理的裁量行为。

4. 公众参与监督机制

上述三个方面的监督主要立足于粤港澳三地政府之间的相互监督，除此之外，社会公众的参与也有助于强化环境执法的监督。公众参与原则是环境法的基本原则，[①] 但一般来说，公众参与对政府行为的监督限于本国公民，对国外或者境外公民的参与有或多或少的限制。粤港澳大湾区合作框架下的公众参与应当在一定程度上突破传统的公众监督政府的框架，允许粤港澳三地公民监督相关的地方政府行为，以保证美丽湾区建设的各项执行工作处于大湾区公众的共同监督之下。

（三）美丽湾区建设的保障机制

环境保护是社会经济运行的一个方面，美丽湾区建设目标的实现也不能仅关注生态环境保护工作本身，科技、人才、资金等方面的支持是美丽湾区建设目标实现的保障。

1. 技术支持机制

科学技术是环境保护事业发展的重要支撑，一是环境友好型的技术有助于在维持生产效率的同时减少污染排放、节约资源；二是专门的环境保护技术致力于对污染的治理和自然资源的保护，二者共同发挥科技创新助力环境保护的作用。科技创新是粤港澳大湾区建设的重要内容，其对于生态环境保护的支撑作用也需要在美丽湾区建设中得以体现。

粤港澳三地要出台政策扶持环境保护科技发展，为生态环境保护提供更强有力的科技支撑，同时在三地协作的框架内，做好以下工作为美丽湾区建设提供保障：一是加强环境保护的科技交流。粤港澳三地的科技发展水平和优势领域各不相同，要加强技术交流，为落后地区提供技术支持，提升环境保护工作水平。二是促进环境保护科技成果转化。粤港澳三地要采取协同措施为环境科技成果的转化提供通道和平台。三是

① 吕忠梅主编《环境法》（第二版），高等教育出版社，2017，第44页。

共同推动环境保护基础科技进步。充分利用高校和科研院所的研究力量，加强粤港澳的环境保护基础科技研究合作，共同促进环境保护科技进步。

2. 人才保障机制

人才交流是粤港澳大湾区交流合作的重要方面，在生态环境保护领域，港澳和内地之间也存在环境管理经验方面的差距，粤港澳三地的环境保护人才交流也有助于提升大湾区的生态环境保护水平。一方面，要充分发挥香港和澳门在环境保护方面的领先优势，积极为珠三角九市输送环境保护管理和科技人才，提升珠三角九市的环境保护管理水平和科技实力。另一方面要建立大湾区的环境保护人才学习培训机制，通过培训等方式提升珠三角九市环境保护管理人员和科技人员的能力和水平。

3. 金融支持机制

粤港澳大湾区的绿色发展是实现永续发展的必要条件，而发展绿色金融可以为绿色发展提供强大动力。美丽湾区建设中，也需要以绿色金融政策支持大湾区的生态环境保护事业，从严格环境法律责任和完善环境权益交易法律制度两个方面入手，激励环境守法，严惩环境违法，实现推动绿色金融发展的目标。[①] 粤港澳三地应当加强金融合作，发挥香港和深圳、广州的金融中心优势，共同出台绿色金融政策，为美丽湾区建设提供金融支持。

总之，生态环境保护共同目标的实现还需完善监督和保障机制，建立三地连通的生态环境保护信息核查机制、环境监测复核等机制，方可提升各城市的执行力，确保各地完成各自的生态环境保护任务、实现美丽湾区建设的共同目标。

五　结语

美丽湾区建设需要粤港澳三地通力合作开展生态环境保护工作，但

① 夏梓耀：《绿色金融发展的法制困境与出路》，《环境保护》2018 年第 19 期，第 52 ~ 56 页。

是在“一国两制三法系”的基本架构下，三地的生态环境保护政策和法律协同运行存在不少障碍，共同政策目标的确定需要三地协调，现行环境法律制度的不一致甚至冲突给三地协同执法和监督带来了困难。粤港澳大湾区作为一个相对独立的地理区域，生态环境方面的紧密联系需要三地协同才能取得生态环境保护的最优效果、建成美丽湾区，因此应当从政策目标层面完善粤港澳三地协调机制，确定美丽湾区建设的基本目标，并克服政策障碍和法律障碍，完善三地协同执行机制，最后以合适的监督和保障机制确保美丽湾区建设目标的实现。

参考文献

安宁、马凌、朱竑：《政治地理学视野下的粤港澳大湾区发展思考》，《地理科学进展》2018 年第 12 期。

冯邦彦：《共建粤港澳大湾区的四个关键问题》，《新经济》2017 年第 1 期。

贺东航、孔繁斌：《公共政策执行的中国经验》，《中国社会科学》2011 年第 5 期。

李英：《区域环境合作与可持续发展法制初探》，《法学家》2007 年第 2 期。

秦天宝、段帷帷：《多元共治视角下湾区城市生态文明建设路径探究》，《环境保护》2016 年第 10 期。

石佑启、陈可翔：《粤港澳大湾区治理创新的法治进路》，《中国社会科学》2019 年第 11 期。

王奇、吴华峰、李明全：《基于博弈分析的区域环境合作及收益分配研究》，《中国人口·资源与环境》2014 年第 10 期。

谢伟：《粤港澳大湾区环境行政执法协调研究》，《广东社会科学》2018 年第 3 期。

涂少云：《跨区域流域生态补偿中府际间博弈关系研究》，博士学位论文，大连理工大学，2013。

胡佳：《区域环境治理中的地方政府协作研究》，人民出版社，2015。

赖梅东主编《粤港澳大湾区生态资源与环境一体化建设》，中国环境出版集团，2019。

彭峰：《环境法律制度比较研究》，法律出版社，2013。

王明旭、李朝晖、崔建鑫等：《粤港澳大湾区环境保护战略研究》，科学出版社，2018。

〔美〕詹姆斯·萨尔兹曼、巴顿·汤普森：《美国环境法》（第四版），徐卓然等译，北京大学出版社，2016。

〔美〕J. R. 麦克尼尔：《阳光下的新事物：20 世纪世界环境史》，韩莉、韩晓雯译，商务印书馆，2013。

• 人文湾区篇 •

在文化和空间互动中实现广州新活力

王世福　梁潇亓　邓昭华*

摘　要： 2018年10月，习近平总书记视察广州期间，对广州在引领中国城市高质量发展上提出了"实现老城市新活力"的时代课题。在此背景下，本文试图从文化传承角度切入，思考空间如何表征和传承文化的问题，探讨在城市更新过程中，历史底蕴深厚的老城如何通过规划设计实现城市空间品质提升、城市文化传承、城市功能升级，进而吸引各类人才回流，激发老城市新活力。其一，分析粤港澳大湾区朝着"宜居宜业宜游"的人文湾区迈进的建设目标，指出文化认同是粤港澳大湾区建设的重要课题。其二，以城市规划相关理论为指导，深入探讨文化传承视角下城市空间改造提升的规划方法及策略。其三，研究欧盟、东京湾区城市更新的做法，为广州老城的城市更新提供宝贵的国际经验借鉴。其四，提出基于文化传承的老城复兴模式，即在城市更新过程中，准确识别和分析城市文化景观基因并将其进行"价值化"传承，通过城市规划设计方法，

* 王世福，华南理工大学建筑学院副院长、教授，粤港澳大湾区规划创新研究中心主任。主要研究领域为智慧城市、城市发展战略、城市历史保护规划、城市设计与开发控制等，代表性成果有《面向实施的城市设计》等。梁潇亓，华南理工大学建筑学院博士研究生。邓昭华，华南理工大学建筑学院，亚热带建筑科学国家重点实验室，副教授，硕士生导师。

并将城市空间功能转换升级，最终实现城市文化传承和城市活力提升。其五，对本团队在广州越秀区、荔湾区的城市更新项目实践进行经验总结，并倡导以更务实的传承和更积极的创新，提升广州老城市新活力，将广州建设为粤港澳大湾区的文化枢纽和“宜居宜业宜游”的国际大都市。

关键词： 城市更新　文化传承　城市活力　空间品质　城市设计

引　言

城市活力问题一直是各界关注的问题。美国著名学者简·雅各布指出，城市多元化是城市生命力、活力和安全之源，城市最基本的特征是人类活动，而人类活动最频繁的城市空间是街巷、广场、公园、滨水空间等城市公共场所。挪威建筑师诺伯格·舒尔兹（Christian Norberg Schulz）认为，空间（Space）只有从社会文化、历史事件、人的活动及地域特定条件中获得文脉意义（Context）时才可以成为场所（Place）。每个场所都具有各自的特征，人类社会发展需要一种相对稳定的场所体系，需要给物质空间带来情感上的重要内容，即所谓的场所感（Sense of Place）。

在我国城市内涵式存量开发的新时代背景下，广州的存量空间主要集中在老城三区，即荔湾区、越秀区、海珠区。老城三区是广州老城的精华所在，是广州实现老城市新活力的重要抓手。广州在快速城镇化进程中，忽略了老城公共空间的场所感营造以及老城的文化传承，导致了老城特色不明显、空间品质低、活力不足等问题。在此背景下，本文试图从文化和空间互动的角度切入，思考空间如何表征和传承文化？探讨在城市更新过程中，历史底蕴深厚的老城如何通过城市设计手段，实现城市空间品质提升、城市文化传承、城市功能升级，进而激发老城市新活力。

一 新时代背景下的政策分析

（一）粤港澳大湾区建设朝着“宜居宜业宜游”的人文湾区迈进

2019年2月18日，中共中央、国务院印发了《粤港澳大湾区发展规划纲要》（以下简称《纲要》）。《纲要》明确大湾区未来发展的5大战略定位，其中之一就是建设宜居宜业宜游的优质生活圈。《纲要》的第八章提出，要坚持以人民为中心的发展思想，积极拓展粤港澳大湾区在教育、文化、旅游、社会保障等领域的合作，共同打造公共服务优质、宜居宜业宜游的优质生活圈。其中关于建设宜居宜业宜游优质生活圈又包括打造教育和人才高地、共建人文湾区、构筑休闲湾区、拓展就业创业空间、塑造健康湾区五个方面。人文湾区的建设包括塑造湾区人文精神、共同推动文化繁荣发展、加强粤港澳青少年交流、推动中外文化交流互鉴等内容。《纲要》指出，广州要充分发挥国家中心城市和综合性门户城市引领作用，全面增强国际商贸中心、综合交通枢纽功能，培育提升科技教育文化中心功能，着力建设国际大都市。广州作为省会城市，其对周边城市的辐射作用和辐射能力都很强，但在广佛同城化、粤港澳大湾区城市群一体化融合方面还需加快步伐。当前，粤港澳大湾区正朝着建设成富有活力和国际竞争力、“宜居宜业宜游”的国际一流湾区和世界级人文湾区方向发展，广州要将“实现老城市新活力”与大湾区建设相互促进。

（二）广州实现老城市新活力的时代课题

2018年10月，习近平总书记视察广州期间，对广州在引领中国城市高质量发展方向上提出了“实现老城市新活力”的时代课题。广州是我国首批改革开放城市，改革开放40年以来，广州在取得巨大经济成就的同时，城市人口膨胀、城市功能层层叠加，高能耗、高污染、低产出、低附加值等特征明显，传统发展模式难以适应新发展理念，也阻碍了城市功能的优化和城市品质的提升。再者，广州作为一座拥有2000多年历史的国家历史文化名城，历史文化底蕴深厚、资源丰富，但是围绕城市品质化提升和城市能级提升而展开的城市文化建设布局还不够，如何激发广州历史文化名城的创新创造力、彰显特质和时代魅力仍需要积极探索。新时代，广州城市发展要坚持问题导向，坚持以人民为中心的核心价值理念，坚持以新发展理念为统领，尊重城市发展的基本规律，不断提升城市治理水平，走出一条老城市迸发新活力的发展新路。

（三）文化认同是粤港澳大湾区建设的重要课题

文化认同是人们在一个民族共同体中长期共同生活所形成的对本民族最有意义的事物的肯定性体认。近代以来，粤港澳大湾区内的11个城市所形成的政治制度、经济制度、意识形态均存在一定差异，但岭南文化中粤文化的区域号召力依然强大。长期以来，粤港澳大湾区在历史、地缘、族群、语言、饮食等方面具有同一性，因此粤文化形成了湾区天然的文化认同。粤文化认同不仅是大湾区范围内居民基本价值的认同，更是民族认同、国家认同的重要基础。当今文化全球化背景下，地方文化逐渐消融，此时加强粤文化认同是粤港澳大湾区建设的重要课题，以粤文化为主的湾区多元文化既是湾区建设的资源优势，也是湾区内各城市互联互通、深度融合的关键所在。在粤港澳大湾区建设中，应以粤文化重新统领区域文化，强化湾区文化认同。同时，广州自古以来一直是岭南的政治、经济、文化中心，是粤文化的发源地，广州有更充足的条件加强粤文化建设，凝聚湾区的文化认同。

二　相关理论指导

城市规划学界对城市活力的关注由来已久，欧洲在战后重建割裂城镇历史联系的问题中认识到，历史文化传承不仅要依靠文物建筑，而且要有活态的历史街区及城市公共空间。本文将城市设计领域的场所精神理论和城市设计触媒理论、文化景观基因理论作为理论指导，采用场所精神的概念，借鉴文化景观基因的识别和分析方法、城市设计触媒元素及触媒效应的城市设计方法，以期构建文化和空间互动视角下城市更新的规划策略，为广州老城的城市更新和城市空间品质提升提供理论指导。

（一）场所结构及场所精神

20 世纪 70 年代，挪威建筑师和历史学家诺伯格·舒尔兹（Christian Norberg Schulz）提出的“场所精神”理论，在吸收现象学、新本体论、发生知识论和城市意象等理论的基础上，系统地讨论建筑现象学，1980 年出版了《场所精神——走向建筑的现象学》一书，阐述了包括场所、场所结构、场所精神等基本概念在内的场所精神理论，场所包含场所结构和场所精神两个方面，如图 1 所示。

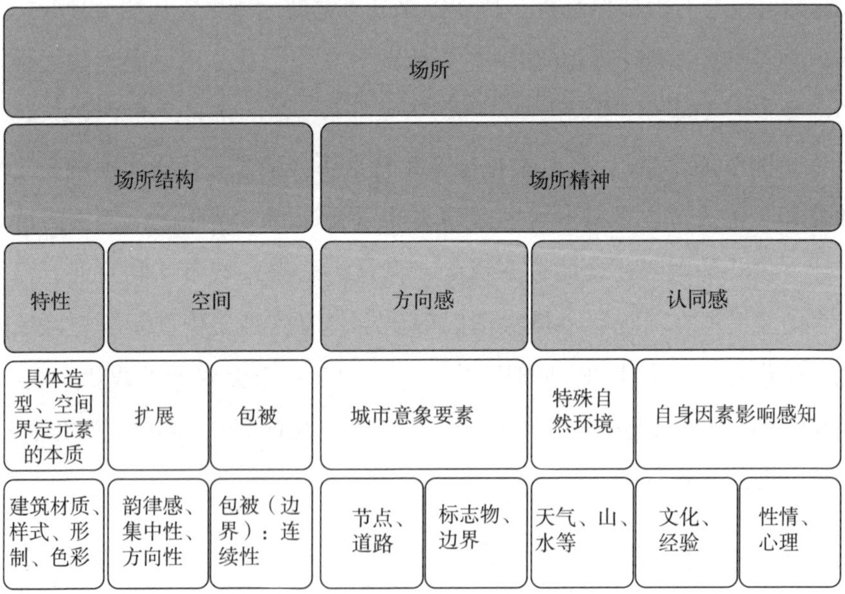

图 1　场所精神结构关系图

注：参见〔挪威〕诺伯格·舒尔兹：《场所精神：迈向建筑现象学》，华中科技大学出版社，2010。

诺伯格·舒尔兹（Christian Norberg Schulz）提出“场所结构”必须以“地景”和“聚落”来描绘，并以“空间”和“特性”的分类加以分析。空间：主要观点是外部和内部的关系，空间有各种程度的扩展和包被，包被由边界所界定，当任何包被成为中心时，空间以各种程度的“连续性”向四面八方扩展，具体的空间特质是“集中性”“方向性”“韵律感”。特性：一方面暗示一般的“综合性气氛”，另一方面是具体的造型及空间界定元素的本质。

场所精神的含义原本来自西方神话，指每个场所都有自己的守护神灵（guaraian spirit），这种神灵赋予人和场所生命，自生至死伴随人和场所，同时决定了他们的特性和本质。现在可以认为场所精神是一个场所的象征和灵魂，它能使人区别场所与场所之间的差异，能使人唤起对一个地方的记忆，场所精神可以具体表现为方向感和认同感。（1）方向感（orientation）：人想要获得一个存在的立足点，必须要有辨别方向的能力，他必须知晓他和某个场所是什么样的关系，即我们可以称为“场所的方位系统”。（2）认同感（identification）：人们在场所中的认同感可以理解为“与特殊环境为友”，以聚落来保护自己抵抗自然的力量，或以人造场所弥补自然场所的不足，这意味着人所体验的环境是充满意义的。认同感是归属感的基础，方向感和认同感是一个整体关系的概念，不过它们在整体中仍然有独立性。有方向感没有认同感，或者有认同感但没有方向感。

（二）文化景观基因的识别和分析方法

场所精神理论源于对建筑的内涵与精神的思考，集中于景观构建时的精神价值思考，但缺乏对城市文化景观的文脉延续的思考，故而本文引入文化景观基因理论加以完善。20 世纪 70 年代国外学者试图从生物学概念“基因”中找到研究文化规律的理论方法，其中有提出“模因论”（Meme），试图找到模因与基因的类似功能与特征，尝试将生物学的理论应用到社会生物学和人类社会学上。在中国具有同样语意语境的词语是“文化基因”，文化基因在国内更被学界所接受和广泛应用。本文主要借鉴北京大学刘沛林教授在遗产保护领域中关于文化基因和景观基因的研究，其提出对传统聚落景观进行“基因识别”和“基因图谱”构建的方法，即传统聚落文化景观的基因识别需要从掌握景观要素的基本构成入手，例如传统聚落的景观要素可大致分为六个方面，包括其整体布局、民居特征、图腾标志、主体性公共建筑、环境因子、基本形态，从这六个方面去识别传统聚落的文化景观要素。同时，结合传统聚落景观基因的七条表达路径，即整体布局、屋顶造型、山墙造型、屋脸形式、平面形态、局部装饰和建筑用材，运用聚落景观基因的识别方法，即分析景观基因的二维、三维的视觉表现和结构表现，识别出传统聚落的景观基因，并通过聚落景观基因的分类，构建传统聚落景观的基因图谱。

（三）城市设计触媒元素及其触媒作用

美国建筑师韦恩·奥图（Wayne Attoe）与唐·洛干（Done Logan）于 1994 年出版《美国都市建筑：城市设计的触媒》一书，其中探讨了城市设计触媒效应及其触媒作用等内容。在城市更新过程中，城市设计师应该转变思路，将能够激发和引导该地区后续改造的新元素注入城市更新项目，通过城市设计触媒效应促使城市更新能够持续性与渐进式的推进。老城区的城市触媒可能是一间旅馆、一个购物中心或一个交通中心，也可能是博物馆、戏剧院或设计过的开放空间，又或者是小规模的、特别的实体。一个成功的旧城改造案例是建筑、社会、经济等方面的触媒效应。经济上的反映只是触媒效应的一部分，建筑的形式与特色也会影响其他区域的城市设计。“触媒作用”（catalysts）是指策略性地引进新元素，可以复兴城市中心现有的元素且不需要彻底改变它们，而且当触媒激起新变化时，它也影响了相继引进的城市元素的形式、特色与品质。简而言之，一个管制的触媒连锁反应发生了。它鼓励设计师、规划师和决策者去考量个别城市开发在城市发展与城市改革中所具有的连锁反应能力，提倡设计管制作为城市设计触媒策略的一部分。

三 国外经验借鉴

城市更新将提升城市发展质量与竞争力，进而激发老城市的活力。欧洲地区、东京湾区是粤港澳大湾区的对标地区，这两个地区的城市都开展过大量的城市更新实践，并取得新的城市发展动力。因而，研究这两个地区国际城市的城市更新模式和做法，将为我国湾区城市，特别是广州老城的城市更新开展与实践提供宝贵的经验借鉴。本文选取了德国汉堡港、英国伦敦南岸、英国伦敦牛津街、法国巴黎左岸、法国巴黎马莱区、东京表参道等城市的更新案例，分析其城市更新的做法和经验，以期为粤港澳大湾区城市，尤其是广州的城市更新提供一定的经验借鉴。

（一）改造升级公共性建筑，打造文化地标集群

在城市更新中结合片区特征打造地标性公共建筑，塑造城市的名片和象征，发挥触媒式效应，是激活人们对于场所记忆情感和印象的有效方式，也实现了地区文化精神的传承与复兴。德国汉堡港、法国巴黎马莱区是该实践最突出的代表。

1. 德国汉堡港

汉堡港通过构建公共建筑地标体系来塑造地区的文化精神，激发城市活力。汉堡港口新城以打造一个集合居住、休闲、旅游、商业和服务业的具有滨水特色、富有现代气息的新型城区为目标，在城市更新中加强了大型公共建筑的建设，其中有三个具有影响力的公建，分别为海事博物馆、科学中心和易北河爱乐厅。这些公共地标建筑如同触媒激活点，丰富了空间使用功能，传承了地区文化价值，为地区带来了活力和声誉。汉堡港口新城在城市更新的过程中，虽拆除新建了大多数建筑，但原港口上具有历史价值的仓库建筑则被完好保存下来，并赋予了新的内涵。

MRLV 建筑师事务所将哥特式码头老仓库改造为一个 1.4 万平方米的海事博物馆，保留了独具汉堡特色的红砖外墙和砖墙上丰富的细节。瑞士建筑师赫尔佐格与德梅隆设计了独特造型的易北河爱乐厅，他将原凯斯拜赫红砖仓库进行改造，通过如同海浪的起伏玻璃顶结合底部原有建筑的红砖外墙，诉说着当地特色的滨水工业文化。此外，荷兰大都会设计事务所 OMA 设计了科学中心，其极具冲击力的造型成为该地一大景观，使得汉堡港口新城成为人们心中不可磨灭的城市意象。地标集群的建设成为了一项触媒举措，不仅激发带动德国港口新城内部的触媒传播，还扩大了中心城区的面积，丰富了中心城区功能，带动了整个汉堡市的兴盛，汉堡成了德国“通向世界的大门”。

2. 法国巴黎马莱区

巴黎马莱区充分利用历史地标资源，融入现代艺术生活，使得马莱区成为巴黎历史城区的一张名片。在巴黎马莱区里，大量的重要国有建筑（尤其是府邸）被改造为重要的文化场所，历史建筑的原貌获得了良好保存，并使其承载现代生活中的文化艺术功能，因此街区的面貌也随着文化生活的复苏而改变。例如，塞雷府邸被改造为毕加索美术馆，其建筑本体得到原真性修复，建筑前开辟出了公共绿地，增加了开敞度。而巴黎最古老的孚日广场自 17 世纪建造以来没有发生多大的变化，广场是完完全全的正方形，被周围 36 栋红砖房子围绕起来，每一边都是 9 座房屋，房屋底层连成充满节奏感的拱廊。孚日广场的空间格局和周边建筑始终保留着传统的风貌，广场周围遍布着高级的画廊、艺术品专卖店和博物馆，以纪念巴黎的历史，这里少有游客与喧嚣，主要作为周边居民的休闲广场。巴黎马莱区对于街区的保护与价值化提升不仅严格地尊重历史建筑和历史空间的原貌，还通过功能置换与现代的文创艺术生活相衔接，使得巴黎马莱区保留并传承了巴黎最纯正的历史，并成为“最巴黎”的典型代表。

（二）保护维育历史建筑，传承地区历史文脉

城市历史空间格局承载着历史文化生活，历史建筑凝固着独特的历史文化，对其的保护维育将是对地区场所精神最显著的传承方式。法国巴黎马莱区、日本京都市是该实践最突出的代表。

1. 法国巴黎马莱区

巴黎马莱区留存了许多贵族文化影响下的有价值的历史建筑与历史空间，对于历史建筑的保护维育与空间再利用是巴黎马莱区改造的最大特色所在，也使马莱区成为巴黎最原汁原味的历史城区。巴黎马莱区因其作为法国王室贵族居住地的辉煌历史，巴黎贵族文化在马莱区形成并表征于华美的贵族府邸、古典的城市广场当中。这种独特的贵族文化氛围也是巴黎能够成为欧洲文化艺术之都的重要因素之一。历史建筑的原真性保留和价值化利用成了一项触媒举措，激发街区内分布的精美贵族府邸陆续被维育和提升利用，如爱诺特府邸成为欧洲摄影师之家，马尔勒府邸改造为瑞典文化中心，苏比什府邸成为法国历史国家档案馆和博物馆，卡纳瓦雷府邸成为巴黎城市历史博物馆，拉默农府邸成为巴黎城市历史图书馆等。不仅是贵族府邸，还有传统市场也被激发和改造，并产生了更具活力的变化，最典型的要数17世纪初建成的大型传统钢铁建筑——圣殿市场，圣殿市场改造是马莱区一直延续着的街区原真性复兴方式在现代化发展下激发出的又一个巴黎地标，改造在尊重原始结构的基础上，采用玻璃材质增加建筑通透性，拓展地下空间以适应现代化需求。马莱区积淀下来的文化艺术氛围影响了巴黎全市的文化建筑和空间的兴建，如蓬皮杜国家文化与艺术中心、共和国广场、巴士底广场等，这些吸引点联系在一起，构成巴黎文化活动非常丰富活跃的空间，在这些空间路线上，分布着画廊、古董店和餐厅等具有艺术文化特色的设施。巴黎马莱区的改造成功引导了城市历史保护工作的发展与文化创意产业的格局。

2. 日本京都市

具有2000年发展历史的日本京都市拥有相当丰富的历史文化积淀，作为日本三大都市圈的重要城市京都也具有现代化的发展需求。在传统与现代的碰撞下，京都市巩固城市历史景观格局，保育历史建筑与城市景观，使得京都古城文化特色得以闻名于世。当今的京都不仅是日本历史文化的缩影，也是日本重要的工业城市之一，其电子业与传统产业在日本占有重要一席。京都兼具传统与现代的融合，其城市形态与空间结构仍然延续当年仿造唐朝长安城的格局，古建筑与历史文化建筑综合分布在城市各处。同时，京都也兼具现代气息，京都火车站作为京都中轴线的现代单体建筑，配合京都塔，已成为京都的城市标志之一。京都积极并有效地将自身的文化要素巩固并发展扩散，成为日本的文化中心。

京都市以地方立法的形式，保护与延续城市历史景观格局，从城市形态、格局以及城市肌理上延续了京都建市时的结构框架。特别是将市内多个历史文化建筑完好地保留，并且还原其原先的形态及用途，力求做到与原貌相同。例如，市内曾经的幕府行宫二条城、金阁寺和银阁寺、清水寺、神社稻荷大社等著名场所都保存完好，没有破坏和擅自改造建筑自身格局。除此以外还有数以百计的神社和寺院装点着京都市的城市景观。

（三）历史商业街沿街建筑表皮创新性设计

将周围的环境信息作为建筑表皮表现重点，通过在建筑物与街道相交处构造出一种生动的场景，使得人们既可以享受建筑表皮所带来的视觉美感，也能感受到建筑形态、街道界面所传递的历史文化信息，从而实现既能传承城市文脉又能增加街道活力的目的。英国牛津街、日本东京表参道是该实践最突出的代表。

1. 英国牛津街

英国牛津街本身文化底蕴极为深厚，历史建筑众多，其在发展过程中，为努力放大自身特色从而提高文化品位、增加竞争力进行了许多更新改造，其中，对沿街新旧建筑进行建筑表皮创新设计是重要手段之一。首先，牛津街仍然保留了罗马时代兴起的建筑风格，其中有13栋二级保护建筑，有着上百年历史，突出了牛津街的历史文化底蕴。其次，各大著名商业街的橱窗文化也是游客窥探时尚气息和城市品位精髓的一道靓丽景色。

英国牛津街沿街建筑以多层为主，建筑界面划分主要为三段式，底层为商业店面，中间部分为住宅，顶部为坡屋顶，建筑界面主色调色彩统一。牛津街的建筑改造主要从场所的自然属性出发，并以街区文化、自然条件为研究基底，使得设计既与整体相融合，又能有所突破。

通过对建筑表皮的再设计对历史场景进行回应是牛津街的主要改造手段之一：（1）对历史场景的反射。通过对历史建筑的镜面反射，来加强传统建筑与新建建筑的关系，是一种简单而常见的建筑处理方法，与景观借景原理相似。英国牛津街的建筑物立面根据其功能主要分为两部分：低矮的一层是商店，主要功能在于陈列，用一般反射率的玻璃来反射对面的历史建筑，仿佛街道上的一幅历史山水画。但是，毕竟二维的画面很单调，于是在上部的办公空间采用了反射的锥形高凸窗，从而增加了接合部的起伏，与此同时，无数个历史建筑的优美局部在成像中也得到放大，井然有序，整体衔接有序却不失活泼。（2）对历史场景的透射。由设计师阿曼达·拉维特（Amanda Levete）主持改造的牛津街另一处建筑立面，采用特殊材料和技术对建筑内部空间进行改造，同时对建筑外部空间进行改善。本真的建筑物利用视线的错觉，被转换成像为虚拟的光影消隐在空中，建筑立面颜色也会移用周围建筑物立面的色彩从而隐藏自己。该立面的存在感虽然不强，但其极具特色的纹理仍会吸引路人的眼球。

2. 日本东京表参道

日本东京表参道的更新体现着对都市文脉的传承，其建筑设计在遵从表参道历史文脉的同时，通过衰落的历史街区与当代创意产业、时尚产业的嫁接，实现了历史文化区空间价值的增值，其中对沿街新旧建筑进行建筑表皮创新设计是重要手段之一。

表参道在东京是特色鲜明的，既不同于新宿大街也不同于银座大街，跟秋叶原和代官山也有本质不同。表参道代表的是时尚一族，崇尚西方文化和自我展现。因此街道具有透明化趋势，吸引了众多知名事务所、建筑师的共同关注，街道表层呈现丰富的表情。由伊东丰雄设计的意大利著名品牌 TOD'S 旗舰店相当具有标志性，它采用“榉树树枝”状的设计思想，利用混凝土块和灰色磨砂玻璃形成了一个完整的、统一的网状结构的建筑表皮系统，一到晚上建筑物内部就亮起了灯，看起来就像被榉树枝影子包围的玻璃箱。在其外层采用玻璃的反射特性将街道景象反射至建筑表皮上。若站在街道看建筑整体，这时，你不但能看到建筑物上明显的商业标志，而且能从其中感知城市的形态。这既可以完美地表现出建筑表皮的社会历史文化价值，又体现出其商业价值所在。

这样看来，与其说建筑形态是建筑表皮的不断演变，倒不如将其看成城市媒介中一个社会文化发展的片段。当建筑的表皮作为媒介，在建筑与城市乃至生活进行交流时发挥了积极作用，它的意义也远远超出了传统建筑学所能涵盖的范围，进入了当代社会更加多元、复杂的经济和文化语境。

表参道对于日本涩谷区旧城的改造和复兴具有重要的推动作用，它不仅使得地域文化特色得以保留，还将旅游文化资源作为地区发展的推动力，创造了新的经济收入，成为整个日本原宿的触媒因子。表参道周边形成集聚氛围，商业环境发展更加成熟，并且，在品牌旗舰店街形成之后，店铺租金基本上都翻了两到三倍。高端旗舰店站在时尚前沿，不仅售卖高端商品，还拥有一流的店面设计。高端品牌的分布和聚集形成了一条著名的街道，有助于提升商圈整体形象和购物环境的品质。通过在商业建筑立面上展示奢华和科技之美，将产品的各种信息传达给外界，不仅能提升品牌形象和价值，还能满足现代人的消费心理和消费体验的需要。这种方法被应用到世界各地的时尚品牌或奢侈品店，大大提升了品牌的美誉度与影响度，也大大提升了整个街区的形象与气质。表参道在这方面的创举无疑是成功且极具代表性的。

（四）大事件助力地方文化传承与传播

大事件伴随城市发展需求而生，是城市文化的记忆节点与传承机遇，合时宜的大事件会促进一系列文化传播事件的发生，形成时间与空间的大范围触媒效应。英国伦敦南岸、西班牙巴塞罗那是该实践最突出的代表。

1. 英国伦敦南岸

英国伦敦南岸以工业遗产为基础，凭借艺术节的举办发展成为文化艺术与商业活动的聚集地。南岸（South Bank）现在是伦敦中心城的娱乐和商业区，毗邻泰晤士河。改造前的南岸地区，是 19 世纪末发展起来的一个以发电厂为主的旧工业区——萨瑟克区。伦敦市政府为了治理工业污染，将以发电产业为主的南岸旧工业废区改为艺术产业区，实现以戏剧产业为中心的区域文化的复兴。南岸地区凭借着独特的工业建筑遗产、众多具有历史价值的文化场所和便利的中心地理优势，成为文化艺术发展的首选之地。为了激发二战之后人们对于生活的热爱，南岸被选为 1951 年英国艺术节的举办地，艺术节则成为伦敦南岸被激活复兴的关键性触媒，对此后的南岸开发建设产生了连锁影响，陆续兴建或改建了许多具有地标意义的公共性文化建筑。如海沃德美术馆、皇家国家大剧院、Imax 电影院、英国国家剧院、泰特当代美术馆、英国艺术节中心、莎士比亚环球剧场等。在这些经由文化事件触媒激活的更新行为中，也诞生了新的活力之源。如世界最大的摩天轮——伦敦眼的兴建给南岸带来了新的曙光。南岸改变了原来贫穷混乱的局面，使空间使用者真正喜欢上这个文化艺术氛围浓郁的新兴区域。

南岸现在是国家艺术和文化中心，是生机勃勃可持续发展的活力社区，拥有着伦敦建筑领域的一些杰出成就。1951 年的文化事件作为第一个强力触媒激发点，掀开了伦敦南岸新的篇章，确定了文化艺术中心的定位，引发了后来一系列文化艺术建筑与品牌的聚集，举办艺术节、展出等活动，邀请国际著名的艺术家前来举办艺术作品展等，形成一整套商业链条，使得伦敦南岸成为城市的地标建筑聚集地，城市最富有活力的艺术聚集区，吸引国内外的游客前来消费，从而带动伦敦的经济发展和城市文化影响力的提升。

2. 西班牙巴塞罗那

巴塞罗那作为享誉世界的旅游目的地与历史文化名城，其文化传播在欧洲乃至整个世界都可圈可点。在音乐表演、特色建筑以及奥运会等方面都彰显出该城市的特色文化。巴塞罗那拥有为数众多的音乐厅和歌剧院，每年 6 月还会在此举办索纳尔音乐节。其特色建筑主要有老城区的哥特式老建筑和新城区的现代派建筑，是世界独树一帜的城市建筑。巴塞罗那承办了 1888 年和 1992 年两届奥运会，为城市的腾飞奠定了基础。巴塞罗那将现代与传统很好地结合，在城市发展中凸显其城市特色，利用新城与旧城的不同特色来展现其城市魅力，成为世界城市文化发展的典范。

（五）各方力量协作推进地区更新

地域文化的传承与传播依靠社会各方组织力量的推动，组织协作引导地域文化向更利于城市发展的方向更新。法国巴黎左岸、日本东京表参道是该实践最突出的代表。

1. 法国巴黎左岸

巴黎左岸一改往日的工业区、商品运输重要货站和储运码头形象，以协议开发模式引导尺度各异的项目组合容纳成整体。左岸开发采用“协议开发区”推动模式，搭建公私合营的平台，并允许地方政府在长期范围内保持对国土配置的控制。对于不同尺度和形式的公共空间，采用不同的应对模式进行传承和升级空间功能。开放的绿化广场有疏散火车站周边步行人流、提供休闲活动空间的功能；半开放的街区庭院有赋予两个区域清晰界面、连通公共空间的作用；沿道路的带状绿地有串联各个空间和街头绿地公园，形成层次丰富的绿地系统的作用。公共空间触媒元素的升级，改变了巴黎左岸的堤岸空间因一直作为工业码头而错失开发的状态。“开放街区”触媒理念的引入，在延续传统街区路网结构和围合式布局的基础上，赋予建筑一定的自由性。各个建筑选择不同的事务所进行设计，适当的放松规划条件使得建筑形态具有多样性、丰富性和偶然性，避免城市面貌过于单一。历史建筑作为本地触媒资源，则采用更新利用的方法。对众多的废弃铁路用房、工业加工及仓储用房进行改造更新，保留城市场所记忆及城市风貌的丰富性和形态多样性，经济上节约了资源，减少了投资。通过对公共空间、路网交通、私人空间、绿化公园的控制，这种细小的项目设计组成一个整体，最终形成了城市独特的风貌。

2. 日本东京表参道

表参道在“榉树商业会”组织的支持下发展为由大量独特建筑与榉树共同演绎的具有欧洲风情的商业购物街。20 世纪 30 年代到 60 年代，由于二战的原因，表参道沉寂了很长一段时间，甚至遭到了相当大程度的破坏。直到 1970 年，表参道才重新作为繁荣的商业街得到复兴。同时，“商业街振兴组织——原宿表参道榉会”这个组织的成立，带来了表参道地域文化的复兴。表参道榉会在 1981 年提出，将榉树作为表参道的象征。而后从 1991 年开始，该会提出“美化街边风景”的口号，着手在圣诞节期间，在榉树上装饰彩灯。此后，表参道成为日本最早在节庆期间在两侧装饰彩灯的街道之一，经过十多年的不断尝试和修改，已发展成为表参道著名的“圣诞彩灯祭典”，LED 彩灯的数量也从过去的 42 万只增加到 90 万只。根据表参道榉会提出的表参道宪章，表参道的精神内核包含了以下五个内容：（1）充满友情、爱和精神；（2）重视自然和环境；（3）传播艺术和文化；（4）讲究历史和科学；（5）创造和平幸福未来。从城市文化的层面来说，东京的城市文化特征是不断变化、未来与过去共存；从街道传承的层面来说，表参道原本是为明治神宫配套修建的道路，表参道榉会是为了维护表参道的自然环境和历史环境而组建的商业公会组织。

（六）经验总结

从国际城市的发展脉络来看，充满活力的城市都具有深厚的历史文化底蕴和鲜明的城市形象，并且通过城市文化基因进行精准的城市发展定位和城市发展路径设计，最终形成特有的城市形象和城市职能。从文化认同的角度来看，城市文化会增强市民的身份认同与文化自信，进而增强城市乃至国家的凝聚力。国际城市的老城更新有着诸多相同与不同之处（如表1所示）。欧洲、东京湾区的城市更新典型案例的成功都离不开政策支持和行之有效的更新规划，以及尊重地方文化，充分挖掘地区特有的文化景观基因进而打造其城市形象与文化品牌，同时这些案例城市又各具特点，对粤港澳大湾区的城市更新与广州老城发展有着不少的可借鉴之处：一是，改造升级公共性建筑，打造文化地标集群，以文化地标为触媒，带动地区的物质空间改造及文化复兴；二是，保护维育地区的历史建筑，传承地区历史文脉，恢复市民的共同记忆场所，增强市民归属感与文化认同；三是，历史商业街沿街建筑表皮创新性设计；四是，大事件助力地方文化传承与传播；五是，各方力量协作推进地区更新。

表1　国际城市的城市更新案例对比

项目	用地功能	更新动力	更新特色模式	更新的特点	对广州的借鉴
法国巴黎马莱区	居住用地、历史文化街区	政策支持，法国第一个历史保护区	街区肌理原真性保护维育，小规模整治模式，历史建筑再利用	住宅建筑功能升级为博物馆、文化中心、档案馆等文化建筑	历史建筑或公房再利用，打造博物馆之城

续表

项目	用地功能	更新动力	更新特色模式	更新的特点	对广州的借鉴
英国伦敦牛津街	商业街	政策支持，商业文化驱动	沿街建筑原真性保留、建筑外立面更新、保留老字号店铺	沿街建筑表皮再设计、传统建筑艺术与现代化橱窗文化结合	历史商业街要保留老字号店铺，鼓励创新性再设计
日本东京表参道	商业街	政策支持，部分国外资本介入推动	邀请众多知名建筑师设计作品	建筑设计的视觉美感与历史文化元素相结合、科技展示	设计美学与科技展示提升历史商业街活力
德国汉堡港	新型城区	政策支持	滨水工业区改造升级为综合性新型城区、功能转换升级	老仓库改造升级、打造文化地标集群、延续港口风情	构建文化地标集群、延续滨水港口风情
英国伦敦南岸	艺术产业区	政策支持，文化事件带动	英国艺术节举办地、艺术产业链	兴建或改建具有地标性的公共文化建筑	文化事件激发老城活力
法国巴黎左岸	综合社区	政策支持	协议式开发、搭建公私合营平台	开放街区理念，打造片区公共空间系统、小型新建筑与工业遗产结合再设计	梳理老城公共空间体系，结合开放街区理念运用到老城更新

四　基于文化传承的老城复兴模式

城市文化景观可以看作文化和城市空间互动的结果表征。城市空间的内涵和品位正是城市文化的空间表达，城市空间在满足使用的基础上，要给予市民以充实的精神享受，我们的历史文化不仅在博物馆里，更要融入今天和明天的城市生活里。在城市更新过程中，我们要准确识别和分析城市文化景观基因并将城市文化景观基因进行“价值化”传承，通过城市空间品质化提升和城市设计触媒等规划设计方法，将城市空间功能转换升级，实现城市文化传承和城市活力提升并举，最终实现老城市焕发新活力。

（一）基于文化传承的老城复兴模式

本文提出基于文化传承的老城复兴模式，厘清城市文化的历史脉络，解析城市空间中文化与空间的互动模式，挖掘本土特色文化景观资源，识别并分析城市文化景观基因，并将文化景观基因进行“价值化”传承及“触媒式”传播，最终在城市更新中实现文化传承与老城复兴。

1. 城市空间中文化与空间的互动模式

本文采用“基因分析法”研究文化和空间互动过程中形成的文化景观及其内在特质、外在表达和传承特点，“基因”的概念来自生物学，指生物体遗传的基本单位，存在于细胞的染色体上做直线排列，通过排列组合进行编码。文化景观基因是文化“遗传”的基本单位，即某种代代传承的区别于其他文化景观的文化因子。本文以广府文化为例，展示出广府文化和城市空间要素的基因编码示意。（如图 2 所示）

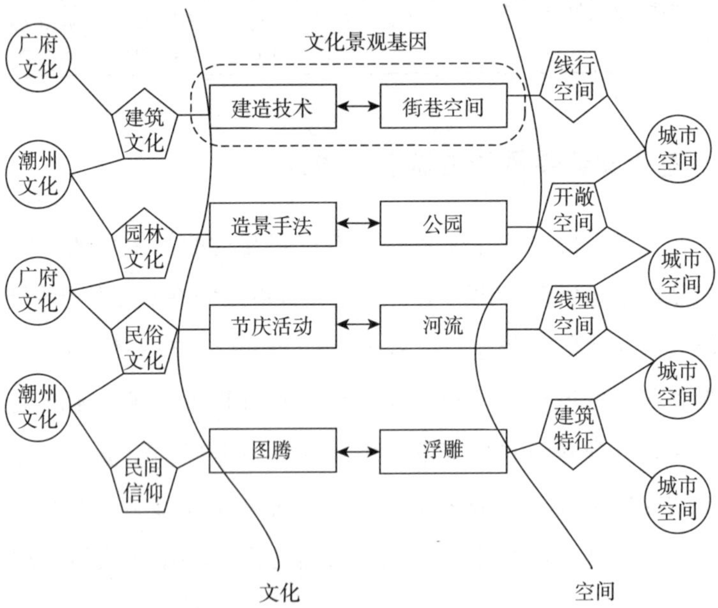

图 2　广府文化景观基因形成模式图

图片来源：笔者自绘。

2. 城市空间中文化景观基因的识别和分析

首先将城市空间分解为7项空间要素，包括土地使用、公共建筑、建筑特征、开敞空间、环境因子、景观装置和建筑小品。其次，可以通过元素提取、图案提取、结构提取和含义提取等方法，对城市空间文化景观基因进行识别。城市空间的文化景观表现通常有二维表现、三维表现、视觉表现、结构表现等，并通过城市空间要素显现出来，所以对城市空间文化景观的识别大致可以从土地使用、公共建筑、建筑特征、开敞空间、环境因子、景观装置和建筑小品等多个层面识别。最后，对提取后的城市空间文化景观进行分类，从属性上说，即按其在聚落景观中的重要性及成分来说，可以分为主体基因、附着基因、混合基因、变异基因，其中主体基因在场所中占有主要地位，主导景观属性；附着基因依附于主体景观而存在，对主体景观属性起区别和加强作用；混合基因也属于特定聚落所具有的景观属性；变异基因是由外部环境所限制，由原景观派生出又不完全游离原景观形态的景观属性。

3. 城市空间中文化景观基因的“价值化”传承

城市文化景观基因的价值化过程即文化景观基因资本化、城市形象和城市文化符号资本化的过程，是图片、书籍、词典、工具、机器等文化基因的商品化形式，向各个行业渗透、关联、交叉与融合，促进要素整合。城市空间中的主体文化景观基因在城市文化基因谱系中发挥主导作用，其价值化传承应以标志性、引领性项目构建为核心，充分发挥其文化资本的触媒作用，最终形成城市形象资本和文化资本，并以城市文化景观基因为基础，准确把握城市发展定位，设计个性化的城市发展路径，以期形成城市独特的形象符号和城市功能。

4. 城市空间全要素“品质化”提升

老城区改造对于城市品质提升有重要意义，同时也是一大难点。政府应针对老城区的城市环境开展排查、整治、全面提升，重点开展环境卫生、市容市貌、市政设施、户外广告及招牌牌匾、园林绿化、“三线”、老旧建筑外立面、路面及铺装等全要素的综合整治，健全完善各类配套设施，补齐短板，优化功能，提升环境，把老城区打造成居住舒适、整洁有序、环境优美的美丽家园。

5. 城市空间功能转换升级

老城区业态低端，空间功能相对比较单一，政府应加大城市空间功能转换升级，创新产业运营方式。历史文化是现代城市推销自己的名片之一。当前各大城市在城市更新时已经逐渐改变原先大拆大建的模式，转而关注历史街区文化的发掘。如，上海“新天地”的商业改造首创先河，利用上海老式的里弄住宅形式，注入国际一线品牌的消费实体，打造出既有历史厚重感又有国际消费档次的高档历史商业街区。这种利用历史文化街区的改造来修建中高档休闲商业街区的模式后来被很多城市效仿，并且效果显著。

6. 为老城空间注入新的触媒元素

在老城空间中引入新元素（即触媒），可改善其周围的元素（周围的酒店建筑、广场、空中走廊系统、滨江步道等），该城市空间因此而被激活。触媒元素可以是具体物质形态的改变，也可以是某种行为方式，例如文化事件、体育赛事等事件触媒，还可以是政策触媒、创意产业触媒等，目的是要为老城注入新的触媒元素，激发老城新活力。

7. 全区统筹诱发城市设计触媒效应

规划统筹地区文化资源，形成文化网络。老城区的城市设计触媒的目的是促使老城城市空间品质持续与渐进式的改造，以点带面，多点成网。老城区的某个城市更新项目并非单一的最终产品，而是可以激发后续城市改造的触媒项目，一个成功的旧城改造项目可以激发建筑、社会、经济等各个方面的触媒效应。经济上的反映只是触媒效应的一部分，建筑的形式与特色也会影响其他区域的城市设计。好的触媒会带来相应的触媒效应，在谋划城市更新发展路径及编制更新规划之初，可考虑系统地设计触媒效应，对整片地区的更新项目做统筹考虑。

（二）对广州的启示

1. 识别城市空间中最具历史价值的文化景观要素

广州历史文化积淀深厚，物质文化遗产资源数量繁多、种类丰富。识别广州的历史空间中最具历史价值的文化要素，深入研究广州的历史文化，首先要认识好自身的价值机制，建构地方知识，增强历史文化教育。其次，各级文物部门、保护管理机构和专业研究人员要转变观念，理性看待广州历史城区中的历史价值要素。最后，要大力开展历史城区保护管理方面的研究，使广州历史城区的保护管理工作与其价值相匹配，与社会经济发展相协调。本文以广东文化和广州城市空间为例，将文化和空间对应，识别特定城市空间中的主体文化景观基因，如图 3 所示。

2. “价值化”传承老城文化

当今城市的发展已经开始走向多元化，单一的产业主导已经不能适应当前激烈的城市竞争。广州在城市营销方面的特色并不突出，如何通过城市营销来展现其特色及其优势是当前的挑战之一。从全国的层面来看，各大网红城市开始不断涌现，除珠三角的广、深、港等城市，内陆的重庆、成都、武汉、西安等城市开始成为新时期的“网红城市”，这也是城市营销的觉醒。广州在城市营销方面有所欠缺，特别是具有悠久历史的老城区缺乏宣传与营销。如在文化领域或新闻媒体上没有能反映出广州老城区的知名音乐、视频或短片。在互联网时代，城市营销需要依赖虚拟世界的宣传。例如，一首《成都》将成都推到了“网红城市”的前沿，达到了成都城市营销的效果。广州正需要这样的营销手段去推崇其文化，让人们能感受到广州独一无二的城市魅力和城市灵魂。这种发展在一定程度上具有推销城市品牌、打造城市特色的优势。例如，成都的太古里和宽窄巷子已成为当今成都的旅游品牌和旅游形象之一。然而，广州却没有这样一类场所去推广广州的粤文化品牌及彰显广州的城市文化形象。这也使得广州的城市形象推广略显滞后。其实，广州历史悠久，

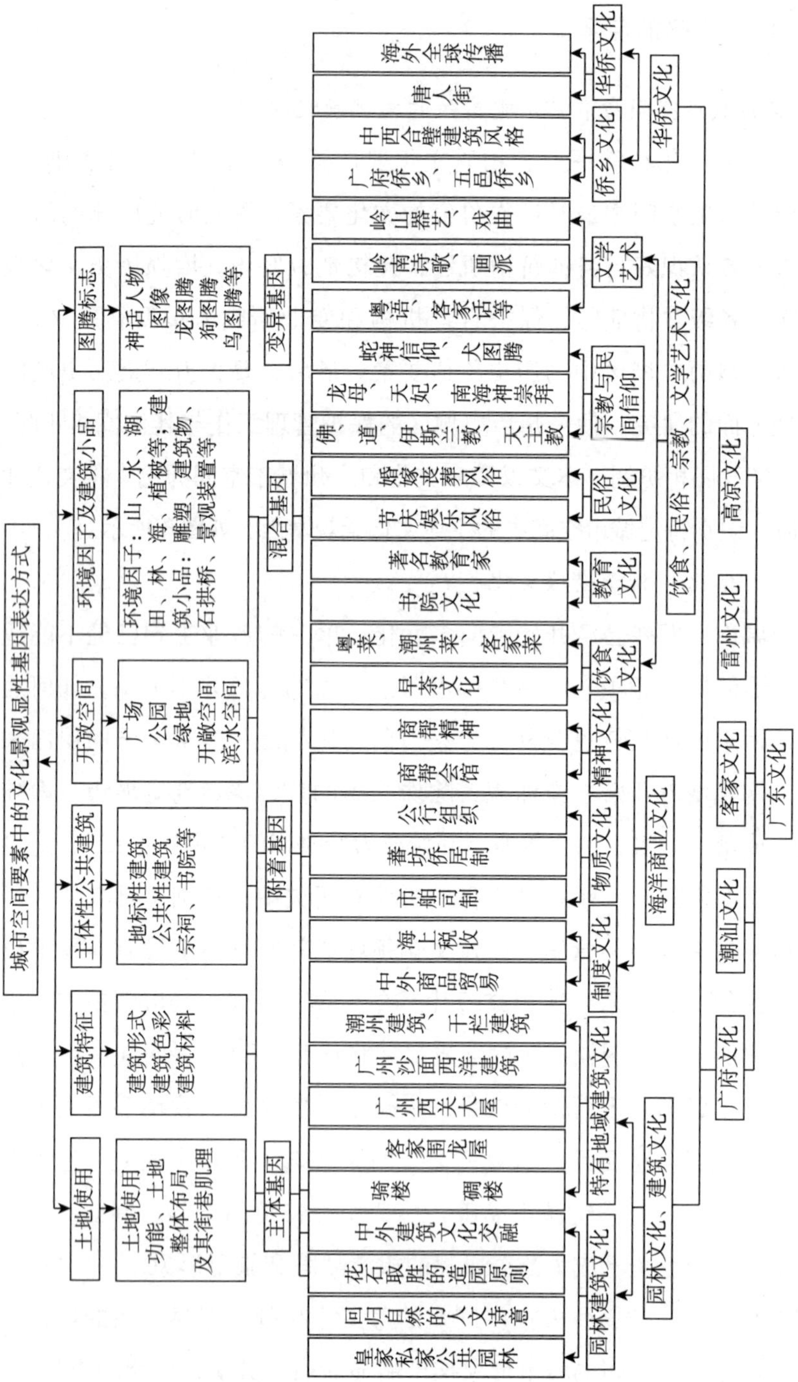

图3 广东文化与空间互动过程中文化景观基因属性分析

图片来源：笔者自绘。

老城区的城市肌理仍然保存良好，这些都是潜在的发展优势。只是缺乏相应的工程项目去承载这种历史商业街区改造，这也是今后广州发展的挑战之一。兼顾原先的传统优势，发展新兴行业，多管齐下的经济发展模式才是当前广州的首要目标。

3. “触媒式”激活老城空间

（1）以文化再生为触媒激活老城

广州老城历史文化积淀深厚，物质文化遗产资源数量繁多、种类丰富。广州应积极申报世界级、国家级物质文化遗产名录。湾区内各地政府、组织应加强区域合作与协调，推动桑基鱼塘申报文化景观世界遗产、南粤古驿道申报国家文化遗产线路及世界文化遗产名录；推动南越国宫署申报国家考古遗址公园。广州的考古工作已为广州走向世界历史文化名城奠定了深厚的基础。建议以海丝申遗、广州建设粤港澳大湾区文化枢纽为契机，借鉴西班牙塞维利亚的都市阳伞公园考古博物馆以及成都蜀都遗址公园、北京皇城根遗址公园等的做法，进行主动考古发掘。

（2）以大事件触媒激活老城

以文化事件、体育赛事、其他事件为契机，对老城空间进行改造更新。多元的文化信息融合与便捷的区位优势引导，使广州成为各类活动承办及国家精神落实的首选地。广州老城的传统文化基因在现代化的更新与冲击中慢慢走向精准化、典型化。政策倾向、文化事件、体育赛事等大事件所吸引的人群关注度、社会热点及城市建设资金流向，都是老城空间打造自身名牌及改造更新的契机。事件触媒所带来的“蝴蝶效应”大小取决于城市建设者是否可以抓住微妙的细节，为老城空间更新带来丰富的可利用资源。这种触媒模式似一种间接推动力，虽然受市场选择与“操纵者”引导倾向的影响较大，但所带来的触媒效应有助于推动老城空间的蜕变与活化。

（3）以“文化+”创新产业激活老城

广州老城可落实“文化+商业”“文化+旅游”“文化+创意”

“文化+研发”的产业运营创新策略。其一是“文化+商业”，需通过务实的研究，制定商品批发向文化展示、现代消费、文创产业过渡的政策，以及老字号品牌的活化经营和价值提升，提升服务业水平。其二是“文化+旅游”，需引入灵活的功能使用政策，结合街区微改造，植入内容运营的策划，在改善物质环境的同时，催化业态功能的升级。清末或民国的老房子可以活化为“新兴时尚轻饮店”“购物店”“特色手信店”“精品店”；老城可引入“复合型书店”等文化艺术中心、夜景酒吧、音乐餐吧、精品民宿等业态。其三是“文化+创意”，应降低文创产业在老城的准入门槛，培育有文化关怀、文化土壤培育、与社会共生的本土文创孵化器。对文创产业在老城区的入驻率、文创法人单位占比、管理考核等应提出明确要求。其四是“文化+研发”，应着力帮助高新技术企业、研发中心等在老城的落地。

（4）以设计美学+时尚营销模式激活老城

表参道模式反映了当前消费社会背景下的一个普遍趋势——设计美学及时尚营销，顾客购买商品的同时也在消费美学设计。在消费社会的大背景下，大众对历史文化艺术的品位更高、更多元。广州是中国时尚长夜活动的策源地和最重要的时尚消费城市，市民对艺术的需求非常强烈，个性化体现成为这个时代、这个城市的强烈印记，而异乎寻常的视觉张力和对消费文化的追求则借由建筑或景观小品表达。以设计美学为媒介进行空间设计有助于激活广州“千年商都”的新形象，推动“千年商都”向“现代商都”转变。

五 广州实现新活力的实践

近年来，广州市存量空间主要集中在老城三区，即荔湾区、越秀区、海珠区。越秀区作为传统的行政、文化和商业中心，具有良好的发展底蕴，其集中了大量的历史文化遗产资源、优质的公共服务资源，在旧城格局下老城区交通流量与人口密度较大，北京路传统商圈活力正逐步衰减。随着广州中心主城区的重心向珠江新城转移，广州老城区的磁力不断减弱，老城区市政设施陈旧、道路交通拥挤、空间格局混乱等造成该区域的发展活力降低。广州自“三旧改造”以来积累了很多城市更新的经验，以下是本团队在广州越秀区、荔湾区的更新项目实践经验总结。

（一）广州越秀区海珠广场：从交通环岛到市民广场，红色魅力与市民生活共生

海珠广场位于广州起义路与沿江西路交汇处，是珠江水岸与广州传统中轴线的重要节点，汇集了丰富的红色文化资源，具有良好的景观观赏优势，是广州市打造红色文化示范区、展示老城市新活力的重要城市舞台。

1. 红色文化成为广场定位转型的文化积淀

海珠广场是广州市的第一个滨江广场，也是新中国成立后广州对外贸易、展览、接待外宾和开展文化活动的中心之一。其最初是繁华的商贸中心，随后经历了日军轰炸→重新规划为绿化交通广场→商业文化活动中心→开展对外贸易→商业街没落且批发业成为主导的过程。中华人民共和国成立后，海珠广场周围建造了诸多品质优良的现代建筑，其承载着广州市民的集体成长记忆，见证了广州的蓬勃发展，还蕴含着老广州情怀。红色文化是广场的另一特质，它处于广州近代传统中轴线上，中心的广州解放纪念雕像是广州解放十周年的纪念精神象征。

2. 以红色文化为设计原点，打造真正属于市民的活动广场

海珠广场的提升意在实现从交通环岛到礼仪活动广场的功能与活力回归，将其打造成湾区文化平台、广州庆典广场、广东党建基地和广州创新发布前沿地。近期的设计方案是根据广场的特殊使用需求或在特定节假日期间对广场周边进行交通管制，而日常则遵循现有交通组织方式，远期的设计方案将贯彻“以人为本”的设计理念，采用“步行优先”的交通组织方式，打造市民活动广场，真正实现“还广场于市民”。基于现有的红色文化、城市背景及广场定位，选取木棉花、五角星、五边形及

放射线为设计元素进行方案的设计深化。通过颜色及风格方面的引导进行建筑整饰，以形成统一的建筑立面风格，但又不失个体建筑特色。灯光的设计及运用使广场在庆典期间呈现出璀璨的红色文化展示效果，真正唤醒了海珠广场夜间的活力（如图 4、图 5 所示）。国庆当日的升旗活

图 4 海珠广场改造前

图片来源：团队自摄。

图 5 海珠广场改造后

图片来源：团队自摄。

动吸引了大量市民参观，充分体现了海珠广场的重要性和唯一性，为广州越秀区打造红色文化示范区提供了献礼展示窗口。

3. “红色文化”触媒传播，引导更多城市活力舞台再升级

在海珠广场的改造升级中，设计团队以广州解放纪念像为中心，打造环海珠广场主题灯光秀，灯光秀以五星红旗、广州五羊雕像等元素为主（如图6、图7所示），将巨幅的五星红旗图像映射在广州宾馆、缤缤广场等楼面上，场面壮观，吸引众多广州市民前往观看。海珠广场升级改造的核心在于它回归了城市舞台的本质，即一个拥有可进入性、步行友好性的广场。我们的城市其实需要更多这样的城市舞台，永庆坊、北京路及花城广场都是不同类型的城市广场。在城市设计中应多些“以人为本”的再思考，要诱导更多市民活动，才能实现政治目标与社会目标的共赢。此外，好的设计方案需要多部门、多机构的协调，才能实现从粗略方案走向精细化可实施的目标。

图6　海珠广场改造后（上：日景；下：夜景）

图片来源：团队自摄。

图7　海珠广场改造后大量人流聚集，广场活力提升

图片来源：团队自摄。

（二）广州北京路商业步行街：时尚与历史相映成趣，重塑千年文化

北京路商业步行街位于广州市中心，是广州城建设伊始之地，也是广州历史上最繁荣的商业中心，日均人流量约40万人，假期更是达到了100万人的峰值。

1. 敞廊式骑楼，广州社会文化地域性特征的重要代表

北京路街道两旁皆是十分典型的独具岭南特色的敞廊式骑楼，这些骑楼大多数为一到三层。骑楼这种独特建筑形式的产生可以追溯到清代、民国时期，广州地区将当地传统建筑“竹筒屋”与来自西方的古典廊式建筑相融合，使其成为独具岭南特色的敞廊建筑形式。从地理气候来看，广州属于亚热带气候，常年湿热多雨，而北京路两侧的骑楼则非常适合当作兼具遮阳、防雨功能的过渡空间。这些历史建筑的存在让人感受到广府文化不固守一种模式，善于开拓创新，包罗万象的文化特色。漫步在北京路上，其间贴心的过渡空间，中小面积的店铺，琳琅满目的商品，雅俗自成一体，让人感受到广府文化的多元和开放。

2. “时尚文化”与“南国韵味”相得益彰，充分展现出广府文化的兼容并包

广州百货大厦和名盛广场作为现代商业建筑，是北京路步行街重要的节点，从某种程度来说，二者共同营造出了“时尚文化”的区域意象，

此外，除了两侧的骑楼北京路步行街，最重要的标志当属位于步行街路面中间，至今已有数千年的道路遗迹和城门楼遗址——“千年古道”和“千年古楼”。它们是广州“千年商都”的象征，创造了“千年古风”的景观形象和富有古老文化魅力的遗址场所感。代表时尚文化的百货商场与代表南国韵味的历史建筑混合搭配，相映生辉，是岭南文化“不拘一格、兼容并包”的文化特征重要体现，充分展示了广府文化中强烈的商业意识和开拓创新精神。

3. *以历史遗址为亮点折射千年，复兴“千年商街”*

从城市文脉角度来看，北京路步行街的街道形态、节点、地标是广府文化的载体，作为传统骑楼街重要节点的现代商业建筑使得南国韵味与现代时尚相映成趣，充分反映了广府文化中“兼容折中”的文化特征，也表现了广州人“重利”“经世致用”的商务精神。不幸的是，近年来这种强烈的重商主义精神使得北京路的旧骑楼在现代华丽的商业装饰中逐渐失去了岭南建筑特色，华贵的商业装饰使北京路的“粤味”不足。例如，广告招牌和现代立面改造项目导致骑楼建筑立面杂乱，容易使行人在行走过程中视觉变化过于频繁，造成感官疲劳，广告招牌数量过多使传统建筑的文化内涵被掩盖。从长远来看，如果过多强调广府文化的功利性、重商性，它的本质将会被扭曲，这个地方的场所精神会逐渐消失，只有真正体现出“粤味”，北京路才是一张美丽的广州名片。

2018 年 12 月 29 日，商务部为响应《中共中央国务院关于完善促进消费体制机制　进一步激发居民消费潜力的若干意见》（中发〔2018〕32 号）精神，打造具有国际领先水平的步行街道，从而满足人们日益增长的物质文化需求，在推荐和综合评价的基础上，决定在 11 条步行街开展步行街改造和升级工作。北京路虽入选为华南地区唯一的步行街代表，且是 11 条入选步行街中历史资源最为丰富的，但如上所述，北京路存在着千年商街文化难以感知，业态单一，不够高端，设施老旧破损，建筑立面杂乱，缺乏精品公共空间等诸多问题，北京路亟须从其“千年商街”

文化底蕴出发进行空间改造，提升活力与国际影响力。经过对北京路历史资源的挖掘研究，建议从旱喷水池、古道遗址几处亮点工程改造入手，提升北京路品质。

（1）触摸千年——仿古道互动街景

中山路与北京路交叉口往南有一处废弃旱喷，建议将其改造为“千年隧道”，让游客产生“一步一个朝代”渐浸式体验（如图 8、图 9 所示）。隧道四周采用单向镜面玻璃，一方面减轻体量，另一方面可反射北京路街景。

图 8　现状旱喷水池照片与“千年穿越”效果图

图片来源：左图是团队自摄，右图是团队自绘。

图 9　“千年穿越”效果图

图片来源：团队自制。

（2）反射千年——古今文明光晕的穿梭

现状遗址展陈的玻璃盖影响观看体验，考虑以保护为前提进行视线打开，设计玻璃装置为揭开的千年古道遮风挡雨，并为游客提供一个近距离观察古道的空间（见图 10）。装置设置反光镜面可反射古道遗址场景，使游客便于多角度观察古道，增加游览趣味；装置两侧玻璃投影历史，重现双门底的悠久历史影像。北京路的改造将推动其成为新的旅游文化资源，从而创造新的经济收入，提高当地的知名度，成为整个广州越秀区标准的触媒因子，提升整个区域的活力。

图 10 “折射千年”效果图

图片来源：团队自制。

（三）广州恩宁路历史文化街区：传统空间创新表达，承载街区多元活力

恩宁路街区位于岭南特色集中、人文底蕴深厚的广州西关地区核心地带，被誉为“广州最美老街”“粤剧之街”。2006 年，广州推进“三旧”改造工作，恩宁被选为危旧房改造的试点地区，提出“原地回迁式改造”，但是拆除工作进行过程中遭到居民强烈反对。此后，恩宁路就在拆迁、市民反对、保护主张、规划方案不断调整中拉锯摇摆，始终争议不停，最终导致恩宁路项目停滞不前。2014 年广州市政府转变思路，确定了恩宁路历史文化街区的地位，积极推动恩宁路街区的改造升级。在多方共同努力下，恩宁路历史文化街区于 2017 年被列入住建部传统历史文化街区挖掘和保护利用的全国十大试点，从此蛰伏 10 年的恩宁路保护利用工作再次拉开序幕，广州市政府通过编制保护规划、出台相关法规政策、提出“微改造”更新方案、采用“政府主导、市场运作、民众参与”的运作模式等，逐步推动恩宁路永庆坊项目实现良性发展。恩宁路

的保护工作目前已完成永庆坊一期工程，永庆坊二期工程正稳步推进。本团队扎根地方，近十余年来深度参与恩宁路保护与发展的全过程，并于2017年受委托编制街区的保护规划。保护规划不仅肩负着街区历史文化保护的使命，而且承载着为广州老城重构乡愁的殷殷期望，承担着为衰败街区创新活化的历史责任。

1. 深挖街区价值与特色，彰显恩宁路街区的岭南风貌

恩宁路历史街区凝聚了广州最具历史特色的西关文化。西关文化兴盛于明清时期，是广州市的重要历史文化名片。恩宁路历史街区存留着大片的传统街巷，其街巷格局、建筑风貌、空间形态正是西关文化中建筑文化的精华所在，其街巷生活朴实且充满活力，是广州老城经久不衰的空间载体。恩宁路及永庆大街从清代开始兴建，是广州现存最古老、各时期建筑保留最完整的历史文化街区，以居住功能为主，保存有较完整的岭南独特的梳式布局、西关大屋和骑楼建筑。李小龙祖屋、八和会馆、永庆大街24－28双号民居、吉祥坊1号民居等50座保护建筑是街区宝贵的文化景观遗产。

本团队经过详尽的资料收集与现场调查，提炼出恩宁路历史文化街区“最完整和最长的骑楼街、粤剧武术手工艺的传承地、满载西关情的活体博物馆”三大价值特色。明确了恩宁路街区保护规划以“轻触式”的“微修复”“微改造”“微建设”为指导，坚持以人为本、保护与发展相融合的规划理念。

2. 历史空间活化利用，实现文化景观“价值化”传承

在改造之前，恩宁路街区内居民住宅的加建现象普遍，原本井井有条的街巷变得日益拥挤，甚至侵蚀街区原有的肌理，大部分历史建筑受到人为破坏，街区环境品质低下，基础设施条件差，消防安全得不到保障等一系列问题日益突出，图11展示了改造前永庆坊的风貌。

恩宁路一期改造项目是永庆坊微改造更新，目的是打造成集餐饮、精品零售、民宿与办公于一身的时尚街区。本次改造保留原街巷肌理、

图 11　改造前永庆坊风貌（从左至右依次为永庆二巷、永庆大街、永庆一巷、永庆坊片区）

原街道空间高宽比，保留具有文化景观价值的建筑外立面，保持整个街区在宏观上、整体上的延续感。建筑修复上沿袭传统工艺，修复屋瓦面、青砖墙、红砖墙、灰雕、彩塑等传统元素，再现传统风貌，同时，通过功能植入，活化历史建筑。如引入西瓜剧场、活字印刷体验馆、创木工房、星柔文化等文创产业，将李小龙故居改造成博物馆对外开放。除了建筑空间的保护与利用，社区广场的营造也是一大亮点，充分利用街巷中现有的放大空间营造西关景观，并适当在历史空间中引入现代元素，如玻璃材质、大台阶、“戏台”等，形成现代与传统和谐共生的街区意象。此外，改造中不仅尊重原真性历史物质空间，还包容原住民的生活空间。如今的永庆坊一期已形成了商户、居民、游客共生的街巷空间，原住民的生活场景也成了历史景观中的重要内容。

3. 激活原真性保护和创新性利用的“触媒效应”，形成地方性有机更新特色

恩宁路历史文化街区保护规划按照真实性、完整性、可操作性的原则优化了保护范围，从物质遗存、非物质遗存和优秀传统文化两部分确定了各项保护要素与具体保护内容，在此基础上，规划明确了街区“一轴、两片、多点”的整体保护结构，根据街区建筑与历史环境要素的价值与现状提出分类保护整治措施。规划以城市设计为指引，修补街区肌理，深化节点设计；对应上位规划要求，研究保护规划与控规衔接的情况，采用绣花功夫，修正现有控规的路网、用地性质、边界与指标以落实保护要求，同时，规划尽可能延续居住功能与生活形态，力求“见

人、见物、见生活”；提出业态配置、分步实施的建议，助力构建功能复合化、精细化的文化生活街区。在保护规划的严格指导下，永庆坊一期微改造取得圆满成功，其对于恩宁路片区来说如同一个触媒点，由点及面地带动恩宁路街区整体复兴。永庆坊一期历史建筑、文保建筑的改造成功，引发恩宁路街区一系列历史建筑与文保建筑的保护与再利用，如八和会馆、銮舆堂、金声电影院等重要建筑的活化利用。一期的实践在建筑保护与利用、公共空间新旧融合、注入文创产业和包容原住民等的成功经验对二期工作开展具有重要借鉴意义。永庆坊一期微改造有机更新的方式正成为广州历史文化街区保护工作的示范。广州的旧城改造以永庆坊一期实践为起点，逐步探索形成了具有地方特色的有机更新模式。

六 总结与展望

本文提出基于文化传承的老城复兴模式，即在城市更新过程中，准确识别和分析城市文化景观基因并将城市文化景观基因进行“价值化”传承，通过城市空间品质化提升和城市设计触媒等规划设计方法，对城市空间功能进行转换升级，最终实现城市文化传承和城市活力提升并举。同时，对本团队在广州越秀区、荔湾区的城市更新项目实践进行经验总结并倡导以更务实的传承和更积极的创新，提升广州老城市新活力，将广州建设为粤港澳大湾区的文化枢纽和“宜居宜业宜游”的国际大都市。

2019 年，广州稳步推进实现老城市新活力的工作部署。本文认为，未来广州老城要实现新活力，首先，最基本的是优化提升老城空间品质，通过“微改造”的方式修复老城衰败的物质空间，提升老城的城市环境品质，以期打造大湾区“宜居”城市，增强广州老城实力。其次，最核心的是吸引优质人才定居及就业，通过共同缔造、维育广州历史城区日常生活，创新老城产业运营方式，以期打造大湾区“宜业”城市，彰显广州老城活力。最后，最关键的是扩大城市品牌的影响力，价值化传承老城文化景观遗产，提升城市文化价值，以期打造大湾区“宜游”城市，展现广州老城魅力。将广州建设为粤港澳大湾区的文化枢纽，将广州历史城区建设为粤文化枢纽的核心，广州实现老城市新活力，我们需要更务实的传承和更积极的创新！

参考文献

〔加拿大〕简·雅各布斯著《美国大城市的死与生》，金衡山译，译林出版社，2005。

〔挪威〕诺伯格·舒尔兹：《场所精神：迈向建筑现象学》，施植明译，华中科技大学出版社，2010。

孟源北、尹德慈、王超：《在引领高质量发展中释放城市新活力》，《广州日报》2019年3月25日。

韦恩·奥图、唐·洛干著《美国都市建筑：城市设计的触媒》，王劭方译，创兴出版社有限公司，1994。

文俊杰：《古典与现代融合的马莱》，《科学大观园》2016年第10期。

邵甬：《大城市中心历史街区的保护与价值重现——以巴黎马莱保护区为例》，《北京规划建设》2013年第3期。

陈丽芬：《国际著名步行街的建设经验》，《时代经贸》2018年第31期。

魏彦杰：《基于空间类型的城市街道建筑界面色彩设计策略研究》，博士学位论文，重庆大学，2014。

许玮：《历史街区更新改造中异质建筑的再利用初探》，博士学位论文，北京交通大学，2011。

宋江涛、汤黎明：《商业建筑设计中的品牌表现——东京表参道商业品牌建筑的启示》，《华中建筑》2007年第8期。

侯婕：《建筑与品牌之恋——商业时代品牌旗舰店建筑研究》，博士学位论文，天津大学，2009。

周媛：《大型商业建筑表皮的时代特征及其文化内涵研究》，博士学位论文，北京建筑大学，2013。

樊可：《消费世界的都市奇观》，《建筑学报》2006年第8期。

王梅：《城市商圈形象塑造策略研究》，《城市建设理论研究》2017年第12期。

沈鸣：《城市商业群落空间研究》，博士学位论文，南京工业大学，2014。

刘燕菁：《基于空间生产理论的徐汇滨江“西岸文化走廊”构建研究》，博士学位论文，上海师范大学，2015。

罗欣:《基于历史环境的品牌旗舰店外立面设计策略》，博士学位论文，华南理工大学，2013。

席丽莎、刘建朝、王明浩:《 城市多元文化的基因谱系及其价值化传承》，《城市发展研究》2019 年第 9 期。

荣玥芳、胡婧:《历史文化街区街巷活力复兴策略研究——以广州市恩宁路历史文化街区为例》,《自然与文化遗产研究》2019 年第 4 期。

冯善书:《解密永庆坊“绣花式”旧城改造》,《南方日报》2019 年 9 月 29 日，A16 版。

设计驱动下的粤港澳大湾区文化产业建设

王 娟 方 海 钟 周 李淑娟 颜 勇

黄 蓓 周文娟 等*

摘 要： 本报告从乡村艺术复兴与城乡建设、美食文化产业建设、民俗文化发展、纪录片产业发展等几个角度展开探讨，试图以自信开放的姿态，展望设计驱动下的粤港澳大湾区文化形象塑造策略。在设计驱动下建设粤港澳大湾区文化产业有利于推动大湾区文化的传承与创新，提升该区域设计文化产业的创造力与活力，推进大湾区文化产业建设和高质量发展，促进富有活力的人文湾区建设和世界级城市群建设。更重要的是，它有助于推动该区融入"一带一路"建设，提升国家与粤港澳大湾区的形象，增强我国地域文化品牌的影响力。

关键词： 粤港澳大湾区 设计驱动 设计文化 文化产业创新

---

* 王娟，广东工业大学艺术与设计学院副院长、教授，广东工业大学粤港澳设计文化与战略研究中心副主任，主要研究领域是设计文化与设计战略、设计史论与设计美学。方海，广东工业大学艺术与设计学院院长，教授，广东工业大学粤港澳设计文化与战略研究中心主任，主要研究领域是设计文化与设计战略、建筑与环境设计。钟周，广东工业大学艺术与设计学院副教授。李淑娟，广东工业大学艺术与设计学院副教授。颜勇，广东工业大学艺术与设计学院讲师。黄蓓，广东工业大学艺术与设计学院讲师。周文娟，广东工业大学艺术与设计学院讲师。宋美娇，广东工业大学博士研究生。温文静，广东工业大学硕士研究生。李曦冉，广东工业大学硕士研究生。李淑仪，广东工业大学硕士研究生。谢丽娜，广东工业大学硕士研究生。

一　总论

20世纪80年代以来，设计在技术创新中的地位与作用日益受到重视。设计驱动创新作为区别于技术驱动创新和市场驱动创新的第三种创新模式，是在文化与现有技术创新的基础上实现产品的物化，以一种或多种技术的可能性应用来创造产品附加值，依靠发挥产业链低端环节效应来优化整个产业链发展的一种资源配置方式。

目前，粤港澳大湾区是全国设计文化资源最集中、设计活动最频繁、设计成果最显著的区域。珠三角地区制造业实力雄厚、开放优势明显，具有良好的创新创业环境；港澳设计服务国际化水平高，全球辐射力强，开放程度高，文化资源丰富，具有企业拓展的市场环境。粤港澳大湾区的研究基础、条件、技术相对内陆地区而言更为成熟，设计驱动创新模式具备普遍的新颖度和较高的关注度。借鉴海外三大湾区的成果和经验，深入探讨地域设计文化及设计驱动创新模式的适用性和可行性，对激活粤港澳大湾区文化产业发展具有重要意义。

（一）推行设计驱动粤港澳大湾区文化产业创新模式的意义

推动设计驱动创新有利于促进粤港澳大湾区城市文化产业协同发展，实现地区之间优势互补，充分发挥香港、澳门、广州、深圳四大中心城市的核心引擎作用，对周边区域文化各方面发展起辐射带动作用。

1. 有利于促进产业优化融合升级和粤港澳大湾区协同发展

与设计相关的文化产业协同合作能够使产业优势、技术创新优势与设计资源优势在大湾区内形成放大效应。鼓励政府和企业、高校共同开展基础性、前瞻性设计研发，开展基于新技术、新材料、新工艺、新装备的设计应用研发，促进大湾区设计文化产业协同发展，推动设计服务向高端综合设计拓展，对珠三角在“中国制造2025”战略中继续发挥引领示范作用具有重要作用。

协同发展的关键在于优势互补。一方面，珠三角地区可充分利用香港优质设计文化创意和科技服务，借助港澳国际化平台更广泛地聚合全球设计资源，提高制造业自主创新能力和品牌创新能力，为加快形成国际竞争新优势提供支撑，同时为形成具有国际影响力的设计服务业集聚区拓展国际空间。另一方面，港澳设计服务企业可充分利用珠三角产业链完备、配套能力强、市场潜力大等优势，实现其设计文化创新成果产业化，在内地形成新的消费市场需求并向国际市场拓展。

2. 有利于加强设计创意人才的交流和合作

推行设计驱动创新模式有助于港澳与内地的人才交流，特别是增进港澳青年与内地的联系。近年发生的一些不良事件说明，许多香港青年缺乏与内地的沟通交流渠道，进而也难以分享内地的发展成果。设计服务业是吸纳大学生群体创业和就业最多的行业之一，通过设计人才的交流与合作，可让他们分享祖国经济发展成果，增强对祖国文化的认同感和信任感，提高凝聚力和向心力。

3. 有利于为政府加强社会创新提供有益参考

设计驱动创新模式不仅吸收借鉴国外先进设计文化理念以及生态环保方面的经验，发掘适合本土化的设计文化，而且能创造出具有粤港澳特点的设计文化，有利于为政府加强社会创新提供有益参考，推动文化产业及各领域社会实践更好地发展。

（二）设计驱动粤港澳大湾区文化产业创新模式的基础和优势

1. 珠三角地区制造业实力雄厚，开放优势明显，具有良好的创新创业环境

2019 年 1 月 28 日，广东省长马兴瑞在省十三届人大二次会议上的《政府工作报告》中介绍，2018 年广东 GDP 总量 9. 73 万亿元，年均增长 6. 8% 。2018 年广东研发经费支出超过 2500 亿元，占 GDP 的比重也提高到 2. 65% 。珠三角制造业规模位居国内前列，且制造业体系完备，特色

产业集群突出，科技企业高度聚集，新技术、新业态、新模式正在快速成长。近年来，广东围绕推动“广东制造”向“广东创造”转变的思路，实施创新设计发展战略，促进设计与制造业融合，有效提升产品质量和品牌影响力，并涌现出华为、中兴、美的、格力、大疆、广汽等一批设计引领型创新企业。广东设计服务业发展居国内领先水平，目前工业设计企业超过2000家（其中约1200家分布在珠三角）、从业人员超过10万人、设计创意园区100多个、设计类院校（所）近100家。[①]

2. 香港设计服务国际化水平高，全球辐射力强，具有良好的国际化环境

香港依托全球设计、科技及创新创意资源，在创新设计上已形成全球市场、全球产业链和开放融合体系，设计专业教育发达，国际化专业人才众多，并拥有一批国际化设计企业。目前，香港设计公司超过2000家、从业人员超过10万人。[②] 香港还拥有香港科技园、香港理工大学等国际一流水平的园区和高校。此外，香港具有世界一流的营商环境，税率低，市场规制成熟完善，注重知识产权保护，为香港创新设计发展提供了有利环境。

3. 澳门开放程度高，文化资源丰富，设计市场需求潜力大，具有较大的市场空间

澳门以服务业为主，2015年服务业占GDP比重为92.2%。中西交融、文化多元的特征为设计创意服务发展奠定了较好的基础。澳门特区政府将文创产业作为重点支持领域，设立文化促进基金，以博彩业年收入的6%（约20亿澳门币）投入文化产业。澳门服务业快速发展，带动旅游设计、产品设计、酒店设计、广告设计、影视设计、文博设计、展览设计等强大需求，而当地设计教育滞后、专业化人才供给不足、设计公司服务能力弱已成为发展的瓶颈，这为内地设计企业开拓市场提供了重要机遇。

---

① 王晓红：《关于建设粤港澳大湾区创新设计圈的建议》，《开放导报》2017年第4期，第29~31页。

② 同上。

（三）设计驱动粤港澳大湾区文化产业创新的几点建议

1. 健全长效机制促进设计人才交流，提高凝聚力和向心力

个体创新精神和思维方式被认为是社会企业家行为的核心要素。个体先改变原有观念，塑造新的文化价值观，从中提出创新思路或想法，以创新形式解决社会问题，进而推动社会创新。目前，越来越多的制造业企业开始选择与国外及港澳设计公司合作，或者直接雇用这些港澳及海外设计师和设计顾问。借鉴国外经验，应该鼓励企业雇用港澳设计人员在内地开展工作。通过加快国家自主创新示范区与国家双创示范基地、众创空间建设，支持其与香港、澳门建立创新创业交流机制，共享资源，共同完善创新创业生态，为港澳青年创新创业提供更多机遇和更好条件。

2. 引导企业战略投资，提升粤港澳设计驱动创新效果

参与设计驱动创新模式的主体分为非营利性组织（如非政府组织、慈善机构）和营利组织两类。企业创新是与社会相关的战略投资，是企业以创新形式对社会做出贡献。要积极探索企业主导、多元投资、成果分享的粤港澳大湾区产学研合作模式和资源配置结构，深化供给侧结构性改革，着力培育发展新产业、新业态、新模式，支持传统产业改造升级。一方面可以构建设计网络，实现设计对话，通过网络平台起到吸收创意、传播创新的目的。另一方面，完善创新创业合作机制，深化创新合作，构建开放型融合发展的区域协同创新共同体，建设全球创新高地和新兴文化产业重要策源地。

3. 依托数字科技“智能+”和产业支撑网络平台，提升服务质量

数字科技融入创意产业为人文湾区提供发展新渠道，“我们可借助高度发达的IT和高新技术产业，让文化内容与科学技术在一定的条件下实现深度融合，着力打造具有东方文化特质和中国智慧的‘文化+科技’双向互动的设计品牌特色”。[①] 设计网络服务平台是企业和设计师不可或

---

① 田少煦、孙海峰：《创意设计的发展走向与核心竞争力》，《深圳大学学报（人文社会科学版）》2010年第3期，第136～141页。

缺的支撑系统，它包括数据资源平台和设计技术服务平台。基于粤港澳大湾区设计产业已具备的规模，可利用网络平台发挥湾区内各个城市之间的协同作用，促使设计业与第二产业、第三产业顺畅衔接，充分发挥强有力的支撑作用，使设计产业链逐渐形成。设计产业与互联网互动融合，有利于推动设计产业自身的优化升级，加快设计科研成果的转化，提升设计服务质量，推动生产力发展。

4. 政府主导强化粤港澳设计驱动创新模式的构建，促进大湾区协同发展

从社会建构主义角度来看，设计驱动创新可以看作人与制度环境之间社会互动产生和构建的结果。设计驱动创新模式通过公共部门和私营部门的跨界活动来发展和加强制度建设，弥补政府治理不足和市场失灵。推动湾区城市群协同发展，是粤港澳大湾区走向一流创新型湾区的关键，在强调城市之间保持竞争以激发活力的同时，更需要加强广州、深圳、香港、澳门协同创新发展的机制。政府应鼓励当地企业参与城市设计文化产业发展，鼓励更多企业与设计机构、独立设计师、艺术家、社会组织等进行交流，鼓励更多个体与企业参与各级各类与文化产业发展相关的工作。更重要的是，政府应着力推动各类设计网络建立与发展，尤其在汽车、建筑、家用电子等行业，要重点扶持相关企业提高设计能力，形成示范效应。通过设计驱动型企业与传统制造业的合作和融合，加快集聚创新要素，促进新兴技术原创能力和科技成果转化能力提升。

5. 完善政产学研合作机制，提升创新平台技术服务能力

政产学研有效协同机制可将行政链、生产链和科技链“三链”融合在一起，通过契约合作形式形成联动。鼓励粤港澳企业和科研机构参与国际科技创新合作，共同举办科技创新活动，支持企业到海外设立研发机构和创新孵化基地，鼓励境内外投资者在粤港澳设立研发机构和创新平台。探索有利于人才、资本、信息、技术等创新要素跨境流动和区域融通的政策举措，共建粤港澳大湾区大数据中心和国际化创新平台。

二 设计驱动下的粤港澳大湾区乡村艺术复兴与城乡建设

粤港澳大湾区在区域地理、文化渊源、人文精神、风俗习惯等方面同根同源，共同植根于深厚的岭南文化之中。在全面推进大湾区城市建设的同时，乡村建设的机遇与挑战也摆在眼前。通过艺术设计介入乡村建设，能重新探索传统村落复兴与城乡建设的多种可能性，传承中华民族的传统文化，并以此推动“人文湾区”的建设，激发乡村活力。

（一）人文湾区背景下的乡村艺术复兴与城乡建设

1. 乡村建设的困境与问题

《粤港澳大湾区发展规划纲要》指出，粤港澳大湾区发展的基本原则是共享发展、改善民生。在大湾区乡村建设过程中，应该大力发展特色城镇，促进城乡融合发展。应充分发挥珠三角城镇数量多、体量大的优势，发展特色产业，传承传统文化，因地制宜地推进城市更新，改造城中村，合并小型村，改善城乡人居环境。随着大湾区城乡经济的融合发展与村民收入水平的提高，乡村房屋有着迫切的新建及改建需求。批量化、机械化的新型房屋迅速占领乡村，一栋栋新房拔地而起的同时也凸显了快速乡村建设中的诸多问题，如乡村建筑缺乏民族性与地域性，简单粗暴地移植西方小镇模式，复制传统民居等，而且这种迅猛发展是以对家园的破坏为代价的。①

2. 城乡建设的可持续关系

乡村文化是中华民族传统精神寄托的重要载体。如何使乡村传统文化反哺城市，探寻城乡发展的双向性及可持续性是复兴中华传统文化、打造“人文湾区”的关键所在。

---

① 渠岩：《青田范式：一种基于生活样式重建的乡土伦理与设计实践》，《装饰》2019 年第 12 期，第 96～99 页。

要实现城乡建设的可持续关系，应使艺术更多地介入乡村建设。一方面，艺术介入乡村、介入社会，是在以往对乡村物质形态修复的基础上对意识形态进行重建，重建一种人与人、人与自然、人与宇宙空间的可持续共生关系。另一方面，在这种关系之上促使民众自发地维护、修复城乡生态环境，重建生态家园。通过这种社会行动提高乡村村民及城镇居民对社会生活的参与度、认同度和幸福感是当下研究的核心问题。

（二）大湾区乡村艺术复兴与城乡建设实践：以青田村为例

党的十九大提出的“乡村振兴战略”是针对我国部分乡村面临凋敝和衰落的客观现实做出的战略决策。大湾区应从自身实际出发，因地制宜实施乡村振兴战略，要充分发挥乡村文化艺术优势，实现资源共享。如佛山出台了乡村振兴“1 +7 + X”系列政策，力争乡村振兴工作走在全省前列。顺德出台了“1 +5”系列文件，以前所未有的力度加强基层治理、推动乡村振兴。

顺德青田村地处珠三角地区，具有珠三角乡村的普遍性和一般性，同时呈现出广东地区独有的地域风貌和乡村形态，既保留青田完整的村落物质形态，也延续鲜活的社会现场，呈现完整的乡村形态与文明秩序。广东工业大学乡村建设团队持续四年“介入”广州顺德青田村，通过当代艺术激发乡村活化，使乡村在时代发展的浪潮中显现出不可替代的价值。2019 年，青田艺术乡村建设成果分别参加中国艺术研究院举办的中国艺术乡村建设展、中国艺术乡村建设展深圳站，并作为国家艺术基金传播交流推广资助项目——“魅力中国 乡村振兴”的第一部分在塞内加尔展出，青田逐渐建立起自己在艺术领域的话语权。

青田以艺术家的“去艺术化”手段，以及“艺术之外”的乡村实践，全面深耕乡村在地实践。通过 4 年的深入实践我们可以总结出以青田为例的乡村建设行动范式，包括青田的历史、经济、信仰、礼俗、自然、环境、农作、民俗、生活等方面，并作为一个完整体系进入青田乡村社会，形成新的文化价值与社会形态，以期使乡村走出困境并有效解决现实问题。

（三）对大湾区乡村艺术复兴与城乡建设的主要建议

1. “多主体联动”乡村实践

通过广东工业大学城乡艺术建设研究所乡建团队长期与榕树头村居保育公益基金会、顺德杏坛镇政府、青田村民小组、青田慈善基金会等“多主体”进行乡建的“联动”实践尝试，[①] 我们认为大湾区亦可参考将政府、村民、基金会、同乡会与建设团队视为共同主体的组织模式，聆听多方需求，联动多方力量。相比于“单主体”或者“双主体”的合作模式，“多主体”综合各方需求，更适用于解决当下的城乡问题。

2. 推动生态养殖，改善环境

广东省农业科学院廖森泰教授在青田主持恢复“桑基鱼塘”，推动生态养殖，恢复种桑养蚕、循环养鱼等农业形态，这种方式不仅结合桑基鱼塘养殖实际需求，而且极大程度地照顾了村民的意愿。通过基塘分离，对基地进行净化，设计出具有岭南顺德水乡韵味的可移动轻型塘基工作间，这一方式的成功实践，为其他乡村做出良好示范，有利于解决乡村污染问题。

3. 开设乡村大讲堂

“乡村大讲堂”致力于培养和提升顺德乡建工作者和村居基层干部的乡建理念，大讲堂邀请国内著名乡建专家和学者讲课，使学员们重新认识乡村价值理念和乡村复兴的意义，为乡村保育工作提供思想资源和宝贵案例，对乡村振兴工作起到积极引领作用。此外，开设乡村大讲堂向村民普及社会主义价值观以及科学的种植养殖方法，有助于精准扶贫工

---

① 渠岩：《青田范式：中国乡村文明的复兴路径》，《室内设计与装修》2017 年第 7 期，第 126 ~ 127 页。

作的推进。

4. 城乡资源共享

青田通过引进优秀的城市资源及设计资源提升乡村生活品质及精神内涵。“先锋”书店、“筑梦”咖啡厅、民宿相继被引入青田村，实现了城乡资源的共享。通过青田村的实践为大湾区其他城市做出了较好的示范，其他地区亦可利用大湾区“1 小时生活圈”的地理优势吸引粤港澳优秀艺术家、设计师参与城乡建设。

5. 建设学术基地

近年来，青田村通过在乡村举办研讨会、设立广东省大中小学研究实践基地，邀请国内以及国际学者到乡村讲学等方式，一方面给广大师生提供实地田野调查、写生的机会，另一方面发挥在地优势，使广东人才反哺乡村，扩大了乡村的国际影响力。如顺德杏坛中学在青田挂牌写生基地，北大社会学系在青田挂牌研究基地，广东工业大学联同杏坛镇政府、岭南乡建院共同策划启动“研究生村计划”。

6. 建立艺术文化中心

在“人文湾区”建设背景下，青田通过发掘自身文化艺术价值逐步扩大了国际影响力。如设立乡村建设展览馆，筹办国际艺术中心，恢复当地民俗活动，等等。青田将传统民俗文化、乡村文化与当代艺术相结合，重建地方民众同在地生态的情感记忆，重启人与环境之间的礼仪关系，找回人与自然的生态秩序。短短四年时间，我们在青田看到了岭南乡村文化复兴、乡村艺术复兴的价值，也看到新型城乡建设的另外一种可能。

（四）总结

综上所述，我们用可持续发展的眼光将城市的时代特性引入乡村，用乡村的温情与文脉反哺城市，通过对城乡功能的重新划分、设计改建房屋、开发生态养殖等来实现对家园的修复；通过整合城乡资源，引进城市优秀文化资源进驻乡村等方式打破城乡壁垒，搭建公共平台，构建粤港澳大湾区设计共同体，为大湾区的建设创新路径。

三 设计驱动下的粤港澳大湾区创建世界美食之都

“世界美食之都”是联合国教科文组织于2004年成立的“创意城市网络”中以美食为主题的创意城市称号，旨在利用当地饮食文化，带动产业升级和城市发展。截至2019年，全球共有36个城市成为“世界美食之都”，中国的成都（2010）、顺德（2014）、澳门（2017）和扬州（2019）先后被授予“美食之都”称号。2019年发布的《粤港澳大湾区发展规划纲要》指出，支持香港、澳门、广州、佛山（顺德）弘扬特色饮食文化，共建世界美食之都（以下简称“湾区美食之都”）。

以饮食文化和设计创意为核心的美食文化产业，因其促进经济转型和产业升级的独特价值，日益成为全球经济发展新的增长点。香港、澳门、广州、顺德都处于粤港澳大湾区建设的枢纽位置。这些城市有着独特的饮食文化和发达的美食产业，应以设计驱动美食文化创新，共建“湾区美食之都”，打造湾区美食文化新名片，促进湾区美食文化产业升级和协同发展。

（一）“湾区美食之都”建设的重要意义

1. 弘扬岭南特色美食文化精华，丰富世界美食文化的多样性

美食是文化的载体，是文化交流的桥梁。美食文化是各族人民精神生活和历史风俗的集中体现。广州历来有“食在广州”的美誉，聚集了莲香楼、陶陶居、广州酒家等大批老字号品牌，完整保留了传统餐饮业的文化传承和技艺留传体系。广州良好的政策环境和富庶的物质基础，以及庞大的城市人口为广州美食业发展奠定了基础。佛山实施粤菜师傅“1+5”系列工程建设工作，提出建设世界知名“粤菜粤厨名城”，打造

特色文化品牌。[①] 佛山市顺德区被誉为“中国厨师之乡”，区政府提供资金支持打造《寻味顺德》大型纪录片，大力推动了顺德美食之都的形象传播。澳门拥有400多年的烹饪文化遗产，美食已成为澳门文化的核心标志。汇聚了全球各地美食的香港更被誉为“世界美食天堂”，发展出一套糅合中西文化的饮食文化体系。

香港、澳门、广州、顺德地域相近、文脉相亲、饮食同源，具有深厚的传统粤菜文化底蕴，同时又各具特色。以设计驱动“湾区美食之都”建设，增强港澳同胞的认同感和凝聚力，有助于岭南特色美食文化的国际传播，丰富世界美食文化的多样性，实现湾区美食文化的传承和可持续发展。

2. 推动粤港澳美食文化创新，促进人与自然和谐共生

粤港澳美食文化同根同源，而且广东人能吃、爱吃、敢吃由来已久，南宋地理学家周去非在《岭外代答》中记载，粤人“不问鸟兽虫蛇，无不食之”。以至有人戏言：天上飞的、地上跑的、水里游的，几乎无所不吃。虽然粤菜具有丰富的文化积淀，但在2003年“非典”流行期间却因广东人乱吃野生动物而饱受争议。当下，新冠肺炎疫情的爆发来势汹汹，有专家表示其病毒来源于野生动物。这让人们不得不重新正视人与野生动物、自然之间的关系……痛定思痛，我们应该坚决反对和摒弃传统饮食文化中的糟粕，以“湾区美食之都”建设为契机，深入挖掘传统美食文化精华，推动粤港澳美食文化创新，促进人与自然和谐共生。

3. 完善多元美食产业体系，促进湾区城市发展转型

当前，城市品牌形象已成为城市竞争的关键，成都以“美食+”战略为路径，将美食与历史文化、设计创新等深度融合，形成更广泛的以

---

① 何欣鸿：《凝聚力量多措并举 打造世界知名“粤菜粤厨名城”》，《佛山日报》2019年06月14日，A01版。

美食为基础的食品文化产业新形态，着力提升世界美食之都品牌。[①] 扬州通过全面践行可持续发展理念，以美食文化为媒，加快与旅游、手工艺、设计、媒体等领域深度融合，促进创意美食交流合作，进一步擦亮扬州“世界美食之都”品牌[②]。大湾区也应以“湾区美食之都”建设为抓手，完善多元美食文化产业体系，提升城市品牌形象，促进湾区城市发展转型。

（二）“湾区美食之都”建设的主要思路和建议

1. 政府主导规划，以创意设计推动“湾区美食之都”建设

当前，应优化政策环境，加强香港、澳门、广州、顺德四地美食产业的联合互动，以创意设计理念推动“湾区美食之都”建设。一是政府主导规划，行业组织和协会协作，成立专门推进“湾区美食之都”建设的美食创意产业发展领导小组，整合协调四地资源，凝练特色，制定策略，统筹发展。二是加大资金支持力度，鼓励和扶持美食创意和技艺流传，推动四地美食创新性发展与本土性发展。三是构建美食之都的创新创意引导机制，以创意设计引导菜品、技艺、服务创新，挖掘与整合各个领域人群的美食创意，激发全社会参与“湾区美食之都”建设的主动性。四是联合四地开展全方位体验式的美食文化节、美食论坛、旅游观光等创意活动，形成“湾区美食之都”合作圈，有效带动城市群和湾区美食产业的良性发展。

2. 保护湾区传统美食文化精华，推动湾区特色美食品牌建设

一是通过整理相关文献资料，挖掘民间传统美食中的传说和典故，推出与传统节日相关的美食，对当地美食文化进行挖掘和梳理。二是通过开展民间美食评选、厨艺比赛等活动，寻觅隐藏在民间的美食和技艺，

① 张林：《以“美食 +”为路径 成都打造国际美食之都》，中国网锦绣天府，2018 年 5 月 15 日，http://sc. china. com. cn/2018/chengdu_0515/272719. html。

② 肖为、石默然、陈高君：《舌尖上的扬州争创“世界美食之都”：以美食为媒走向世界》，中国江苏网，2019 年 9 月 29 日，http://jsnews. jschina. com. cn/yz/a/201909/t20190929_2398706. shtml。

让市民重新认识本土饮食文化，并将其发扬光大。三是加大对老字号美食品牌的政策和资金扶持力度，支持其品牌输出和连锁发展；积极推进传统民间美食和技艺的申遗工作，保护传统美食文化精华。四是推动湾区美食文化街的建设，形成精品美食文化旅游街区，聚集各地特色美食，拉动消费增长，保护和挖掘湾区传统美食文化精华，塑造具有生命力和吸引力的美食品牌，提升湾区城市影响力。

3. 弘扬中华优秀传统文化，推动粤港澳美食文化创新

中国传统文化强调天人合一，和为贵。追求和谐是中国传统文化的主旋律。党的十九大报告提出“坚持人与自然和谐共生”的基本方略，对人类与世界、与自然的相处模式给出了积极的应对方案。“坚持人与自然和谐共生”也是当代美食文化发展和创新中最宝贵的价值和应遵循的法则。我们应该为粤港澳美食文化品牌营造良好的文化氛围，让绿色、健康、文明、和谐的美食文化成为社会的主流文化。

为此，一要完善相关法律法规，加大对野生动物保护工作的力度和对非法捕猎、交易、食用野生动物的查处力度，有效预防疫情发生，保障人民群众身体健康和生命安全。二要向肉食品及土特产销售店经营业主广泛宣传野生动物保护相关法律法规，制订并张贴相关规定和宣传广告，引导广大群众主动参与野生动物保护工作。三要建立完善的质量和食品安全保障体系，全面提高大湾区餐饮服务质量和食品安全管理标准①。依托湾区龙头餐饮品牌企业、高校和科研机构的力量，对食材种类、食品质量、工艺流程进行科学整理与规划，统一大湾区餐饮行业管理与食品安全考评标准，建立食材溯源机制，不断完善食品质量监督体系②。四要积极引进国内外先进设备和技术，对传统美食技艺进行改良创

① 彭莹：《四方面深化“粤菜师傅”工程 助推美食文化创新》，《佛山日报》2019 年 3 月 25 日，F02 版。

② 张伟：《御食园：传承皇家宫廷美食文化，创新驱动品牌价值重塑》，《中国品牌》2019 年第 3 期，第 74 ~75 页。

新，加大对绿色食品的制作与设计宣传投入，同时在食品包装设计中要注重传统文化精华和现代设计美学的有机结合。五要以“湾区美食之都”建设为抓手，确定“绿色健康、文明卫生、和谐共生”的理念，加强对餐饮从业者、普通市民的宣传教育，倡导文明的生活方式和良好的饮食习惯，遏制对野生动物消费的畸形需求①。对相关从业人员定期开展培训与考核，提高美食文化创新的社会认同。

4. 挖掘美食创意产业链深层次价值，推动设计业与美食产业的融合发展

当前，应加快推动设计业与美食文化产业的融合，实现城市文化产业的转型升级。一是成立“湾区美食之都文化交流中心”，提供创意指导，推进美食产业标准化。二是推动厨具、餐具等与美食产业相关的产品设计、衍生设计、美食特产包装设计产业发展，推出多元化的创意产品等。三是构建完善的支持配套产业体系，推动湾区美食产业与文化、科技、旅游等产业的深度融合，延伸产业链，多层面挖掘美食文化的附加值。四是通过创意设计和技术研发，发展创意农业、美食文博、美食传媒等创意活动，可以将湾区美食文化纳入广州设计周、香港营商周、澳门设计双年展等展会，探索美食与手工艺、设计的有机结合，助力湾区美食产业升级和城市转型发展。

5. 加强餐饮人才和文化创意设计人才培育，推进湾区美食与技艺传承创新

强化湾区美食文化在教育领域的创意渗透和创意转化。一是注重餐饮人才的培养，在高校中设立美食文化和文化创意设计相关课程，并加大对美食培训机构的支持力度，通过美食节、美食创意比赛等途径，实现美食基础知识、传统饮食文化和美食创意的宣传推广。二是实现传统美食技艺标准化，实行统一的技艺认证工作，以确保传统烹饪技法的原

① 邢飞龙：《多方支持立法 禁食野生动物》，《中国环境报》2020年2月3日，第1版。

真性。推进餐饮人才职业资格认证考核制度，专业职称四地互认，全面提高餐饮管理服务水平。三是四地合力建设具有地域特色的湾区美食博物馆、研究院、传习馆等，将饮食文化遗产保护传承与现代设计创新发展相结合，汇集相关产业资源与教学科研力量，推动政产学研有效协同。

6. 设计统一的品牌形象，提升“湾区美食之都”的知名度和美誉度

整合湾区美食资源与文化创意产业，制定城市形象提升策略，积极打造“湾区美食之都”形象名片。一是加快“湾区美食之都”品牌形象设计与传播，包括对其口号、标志、吉祥物、纪念品等形象识别系统的规划与设计，并由官方组织统一向外发布和推广，增强宣传效果。二是在对外宣传中注重与文化传媒的合作，搭建对外传播和公共交流的平台，借助企业、名人等多方力量，扩大影响，拓宽市场，营造全民参与“湾区美食之都”建设的社会氛围。通过建设统一的品牌形象来呈现城市与美食文化内涵相契合的视觉符号，加强湾区美食城市群之间的凝聚力，提升“湾区美食之都”的知名度和美誉度。

粤港澳大湾区应以共建“湾区美食之都”为抓手，促进大湾区美食文化创新和美食文化产业发展，为创意城市的建设注入创新活力，推动湾区经济增长和城市转型，促进大湾区和谐共生、协同发展。

四　设计驱动下的粤港澳大湾区民俗文化发展

粤港澳大湾区处于岭南文化的核心地带，受中原文化、广府文化、百越文化、海外文化的综合影响，具有独特的表现形式。在“人文湾区”建设中，应高度重视大湾区民俗文化的发展，以现代设计助力民俗文化的传承与发展，使传统文化焕发新气息。

（一）粤港澳大湾区的民俗发展状况

粤港澳大湾区民俗文化资源十分丰富，其中粤剧入选联合国教科文组织非物质文化遗产名录，天河乞巧习俗、佛山秋色、小榄菊花会、佛

山祖庙庙会、黄埔波罗诞、深圳下沙祭祖、珠海斗门水上婚嫁习俗、东莞寮步香市、香港长洲太平清醮、澳门妈祖信俗等31项民俗活动入选国家级非物质文化遗产名录，另外还有省级名录100多项，以及还没有申报的大量小型文化遗产项目。①

例如，广州市黄埔区的“波罗诞”是在南海神庙定期举行的祭祀南海神的传统民间信俗，规模盛大，附近民众及香港、澳门、东南亚地区的信众蜂拥而至。又如，香港长洲“太平清醮”是在香港长洲岛北帝庙定期举行的崇尚玄天上帝的传统民间信俗，是由道教传统仪式演化成的民间信俗活动，其中抢“平安包”的活动最为热闹。这些活动对于传承中华民族优秀传统文化，增强中华文化认同具有重要意义。

大湾区的民俗文化是岭南地区传统文化中不可缺少而又独具魅力的重要部分。当前，在大湾区民俗活动的传承与创新中尚存在着不足，具体来说有以下三方面。

1. 传统民俗文化活动的举办层次不高，精品活动较少

由于资源、意识、人员配置等方面的不足，目前大湾区各类传统民俗文化活动普遍存在缺乏新意，模式陈旧，活动层次不高等问题。由于活动层次不高，影响力不大，所获资源也越来越少，在一定程度上形成了恶性循环。如广东珠海市斗门区乾务镇极富地方特色的国家级非遗项目“装泥鱼”，该活动自举办以来已有240多年的历史，但这项有着悠久文化传统的民俗活动缺乏良好的组织方式，影响力不大，并未成为精品文化活动。

2. 人们对传统民俗活动缺乏兴趣，参与热情不高

相比民俗活动，现代娱乐活动对大湾区群众的吸引力更大，人们对民俗活动兴趣减弱。被流行文化主导的年轻人对传统民俗活动了解尚浅，热情不高，只有老一辈人由于受生长环境、年代等客观因素的影响及内

① 洪演：《加快建设广东非物质文化遗产展示中心》，《人民之声》，2016年第9期，第13页。

心对传统习俗的留恋，还在参与民俗活动。另外，由于都市人生活节奏快，强大的工作压力使人们能投身于民俗活动的时间越来越少。同时，城市人员的流动加快，也使民俗文化活动的参与人数进一步减少，民俗活动逐步走向萎缩。

3. 部分民俗活动还有封建迷信的陋习

部分地区的寺庙在民俗活动中仍存在占卜算卦、求神问鬼等迷信活动，这些活动给人们的思想带来一定危害。我们既要满足民众的祈福需要，引导群众进行科学祈福，也要破除封建迷信，弘扬社会新风气。

（二）粤港澳大湾区民俗活动的发展形式

民俗文化是维系社会关系的重要纽带，也是体现一个地区文化活力的因素①。民俗活动是进行文化宣传和民风教育的良好载体，是建设“人文湾区”的重要阵地。各级文化部门应重视民俗文化，积极介入民俗活动，为“人文湾区”的建设服务，为构建湾区人们的幸福生活贡献力量。

1. 各级文化部门应重视民俗文化，积极介入民俗活动

广东省文化馆网站资料显示，大湾区拥有大量国家级与省级非物质文化遗产。申报非物质文化遗产的最终目的是促进文化更好地传承与发展，后期保护与前期申报同样重要。然而目前很多地区的非遗保护工作不到位，对民俗非遗保护力度不够，尤其是不少县市普遍存在对非物质文化遗产投入不足和重视不够等问题，许多民俗类非物质文化遗产名存实亡。

各级文化部门应重视民俗文化，积极介入民俗活动。各市区文化局要和展览馆、文化馆以及各个艺术演出单位建立合作机制，在重大民俗活动中深入基层，助力民俗活动开展。各级部门应在政策上进行扶持，在场地上给予支持，在活动开展形式上给予指导。另外，政府和各级部

---

① 乌丙安：《民俗文化空间：中国非物质文化遗产保护的重中之重》，《民间文化论坛》2007年第1期，第98~100页。

门也要抓住开展民俗文化活动的机会，对民众进行集中政策宣讲、卫生宣传、爱国教育等，主动为民俗文化活动注入正能量，倡导正确的自然观、社会观、人生观、价值观、历史观，让民俗文化活动焕发生机。

2. 建立专家指导委员会，对民俗活动进行分级培育

当前我们对很多民俗活动的内涵挖掘不够，形式单一。除了拜神、演出、游行等传统形式，新的内容和形式很少，这导致民俗活动的吸引力和影响力越来越弱。开展民俗活动不能仅靠民众自发力量，而要成立专家指导委员会，让有经验的专家以及各艺术团体、民间文化组织共同对各类民俗活动进行分级指导和培育。专家团队应切实联系各地群众代表，根据各类民俗文化活动的历史和现状以及民众的理解和接受程度，对民俗活动进行设计与优化，使民俗活动能以新的姿态出现在大众生活中。

我们应对大湾区的民俗活动进行系统布局，根据湾区建设的需要和民间活动的情况挑选部分民俗活动进行重点培育，在综合分析和评价的基础上确定培育的级别和顺序。对能体现岭南文化特色，影响和传播范围广的民俗活动优先培育。如在中秋节、乞巧节等传统节日中挖掘岭南文化的精华，丰富活动形式，形成大湾区独有的文化品牌，增强民众的文化凝聚力，为大湾区的发展提供文化动力和精神信念。对于影响范围较小的区域民俗活动，如小榄菊花会、黄埔波罗诞、东莞寮步香市等，则要从繁荣区域文化的角度，帮助其形成自身特色，建立“一地一品牌”，为大湾区文化发展提供多样化的选择。

（三）设计驱动下的粤港澳大湾区民俗文化发展方式

粤港澳大湾区是国际科技创新中心，也是我国经济高度发达的区域[①]。大湾区的民俗文化活动要具备大湾区的特色，体现国际创新水平和

---

① 王志民：《把握粤港澳大湾区发展机遇 携手打造国际科技创新中心》，《学习时报》2018年8月31日，A2版。

文化地位，应引入现代科技成果与创意设计，让设计为民俗活动添色。

1. 现代设计助力民俗文化，使传统民俗文化焕发新气息

在传统民俗文化的可持续发展问题上，设计创意与设计产业作为粤港澳大湾区民俗文化的新型驱动力，正源源不断地赋予其生长的动能。大湾区民俗文化的创造性转化、创新性发展，已成为三地共建“人文湾区”的题中之义。随着现代化进程的加快，许多传统民俗文化濒临消失，而文化创意产业可利用高科技和多媒体等创新手段将传统文化中的精髓延续下来①。

岭南民俗文化是岭南地区共同的情感记忆、精神遗产，发展文化创意产业，有利于推动粤港澳大湾区文化创新力、文化影响力和文化吸引力的整体提升。在保护、传承、弘扬岭南民俗文化这条道路上，要大力推进优秀民俗文化与设计美学结合，通过设计创意对民俗文化进行提炼，创造民俗文化的新形态，推动民俗文化的创新发展。

2. 多形式介入，提高民俗活动的社会吸引力

现代设计能通过美学符号的诠释，让传统民俗文化焕发出新的光彩。文化创意产业与民俗文化的有机互动，有利于岭南文化遗产的保护和粤港澳城市文化品位的提升，使历史与未来、传统与现代、经典与流行交叉融合，为城市增添历史与现代相结合的文化景观。

首先，我们可对民俗活动的视觉形象进行设计，用平面设计的方法对相关文化形象进行图案化表现，并进行标志、标准色、辅助图形、广告招贴等视觉形式的设计。其次，可对民俗活动中的器物、装饰等进行设计。在民俗活动中，充分显示文化底蕴的器物，可引导社会的文化审美并提高人们的审美品位。最后，可借助动漫、新媒体、人工智能等科技手段展示各类民俗文化的精华，为各类传统民俗活动注入新的内容，

① 安德明：《非物质文化遗产保护：民俗学的两难选择》，《河南社会科学》2008 年第 1 期，第 14 ~20 页。

提升大湾区的民俗文化品位。

3. 多渠道宣传，提高民俗活动的社会知名度

可运用新媒体手段，在网站、公众号上发布民俗活动资料，对民俗文化进行大力宣传。

在粤港澳大湾区建设中，民俗文化是大湾区优秀物质文化传播的重要媒介。各级文化部门应积极介入民俗活动的传播过程，通过建立专家委员会，应用分级指导的工作方法，积极为民俗文化活动出谋划策。在具体的民俗文化活动中，传统宣传方式可与现代科技、设计创意相结合，通过品牌设计、产品设计、多媒体设计等现代设计方式为大湾区民俗文化的发展注入新的内容。此外还要通过多渠道的宣传，增强民俗文化的吸引力和影响力，培育积极向上的社会风气，与时代同步，为“人文湾区”建设添砖加瓦。

五　设计驱动下的广州纪录片产业发展

纪录片是一种跨时空、跨文化的媒介形态，作为“国家相册”，受到了前所未有的重视。广州应在城市发展的顶层设计中，将纪录片作为促进文化创意产业发展的领军者，为实现创新驱动与转型发展提供一种新路径。

（一）广州纪录片产业发展的基础与优势

1. 广州城市文化名片——广州国际纪录片节

中国（广州）国际纪录片节是我国唯一的国家级国际纪录片专业性节展，承担着文化传播和商业交易的职能，搭建了纪录片融资、制作、发行的产业平台。纪录片商店、发行商大会等销售平台有效地促进了中国纪录片市场的版权交易。2019 年“纪录片商店”共征集 667 部/集影片，入驻 200 多家国际发行商，比上年的 497 部/集影片和 170 家发行商增加了 170 部影片和 30 多家发行商。“中国故事”国际提案大会更是收

到了来自24个国家和地区的216个方案，以纪录片为载体，带动了国家与地区之间的文化交流和商务交流①。

2. 广州/广东文化品牌基地——“南派纪录片”

岭南文化重商务实，开拓进取。“南派纪录片”偏重表现现实生活，视野开阔，经过十多年的探索，已成为本土化纪录片的代表，并有望成为广东的文化名片。近年来，以广东电视台为龙头，广州、中山、佛山等纪录片创作团队陆续成立，逐渐形成一个具有地域特色的创作集群，10年间获得省部级以上奖项558项，国家级奖项近百项，国际级奖项十余项，涌现出以马志丹等为代表的一批领军人物，制作推出了《大抗战》《信仰的力量》《我们的青春》《海丝寻梦录》等一大批在全国乃至国际上都产生了较大影响的精品力作，在国内纪录片领域的影响力不断上升。

3. 海上丝路文化传播中心——海上丝路纪录片传播联盟

广东是海上丝绸之路历史最长、港口最多、航线最广的省份，历来与海上丝绸之路共建国家经贸往来密切。文化认同是推进海上丝绸之路建设的核心要素，应充分发挥文化引领作用，建立海上丝路纪录片传播联盟，集合国际媒体、制作机构、纪录片基金等，形成开放、共享的纪录片生产、传播合作机制，实现中国故事国际传播。

4. 中国纪录片产业中心——纪录片产业园

作为国家级文化产业园区，纪录片产业园可通过政策导向和资本推动，构建中国纪录片制作与交易平台，进而吸引知名品牌进驻，形成中国纪录片核心品牌集群和“纪录片+”业态集群，带动产业升级。

广州是新闻出版、广告、动漫等产业的主要集聚地，应将园区的品牌产品、服务和相对成熟的文化产业资源进行嫁接融合，构建起集数字内容生产、文化旅游、创意产业、动漫游戏等于一体的文化产品服务平

---

① 《现场直击“中国故事”国际提案大会十佳方案正式出炉!》，广州环球瑞都文化传播有限公司网，http://www.gzdoc.cn/about/info_27.aspx? itemid=28096，2019年12月12日。

台，为社会提供更加多元的文化产品体验。

（二）广州纪录片产业发展路径及资源配置

广州如要大力发展纪录片产业，政府支持、市场驱动、文化融合是至关重要的方面。

第一，政府资源配置。政府应在政策制定、资金扶持、土地分配上进行资源配置倾斜，助力纪录片产业的发展。一是政策扶持。广东省相关职能部门可根据国家新闻出版广电总局《关于加快纪录片产业发展的若干意见》制定相关配套政策，如土地政策、管理模式、税收政策、上市激励、金融政策等，以确保广东在全国取得优势地位，具有行业竞争力。二是资金扶持。可借鉴英、法等国的公共体制政策，强化财政支持与政策扶植的引导作用，引导社会资本进入纪录片市场，培育优质纪录片品牌，形成良性循环的产业链。三是空间支持。建立纪录片产业园，集节展、生产、市场和文化研究于一体，强化纪录片品牌的辐射效应，打造中国乃至亚洲纪录片产业中心，并以此为基地，将纪录片打造为广州文化特色品牌。

第二，市场资源配置。利用品牌效应，引入国际纪录片品牌，如美国探索频道、国家地理频道、BBC 等，以及国内纪录片知名机构，以品牌效应吸引纪录片生产、开发机构及其相关下游企业入驻，打造国家级纪录片产业园，汇聚中外纪录片资源。

（三）广州发展纪录片产业的发展对策

第一，结合国家“一带一路”倡议、粤港澳大湾区发展战略和广东省“文化强省”的发展目标，将广州发展纪录片产业建设纳入国家发展战略和广东省文化发展规划，使广州成为中国纪录片产业发展和国际传播的重要平台。

第二，整合各类资源，建构产业平台。首先，构建共享服务平台齐备的公共设施、完善的市场环境和系统的服务体系；其次，建立专业人力资源培训平台和市场化人才合作机制；再次，建立内容生产交易平台，集中优势资源，快速提升广州纪录片产业的引领力和品牌影响力；最后，构建海上丝路纪录片传播联盟，提升中国文化的国际传播影响力。

第三，实现工业化生产，构建全产业链。首先，鼓励社会化投资，形成工业化制作模式。鼓励金融资本、社会资本与文化资源的结合，使资本市场更加活跃。以面向大众市场的商业纪录片为产品主流，采用适应国际纪录片市场格局的组织模式和生产体制，让纪录片真正成为标准化的工业产品。其次，合理布局，构建完整产业生态链。遵循影视文化产业发展规律，主动对接国际纪录片市场，建立大产业链观念。再次，全平台播出，多终端打造纪录片品牌。最后，对品牌发展做出基础建构与发展规划，将广州纪录片产业打造成为国家级纪录片产业基地，其品牌的设计要结合纪录片产业特征和岭南文化特色，体现纪录片的产业价值、文化内涵和个性特征。

在城市发展的顶层设计中，将纪录片作为推动高端服务业的重要旗帜、促进文化创意产业发展的领军者，加快广州实现创新驱动与转型发展，将从更深层的角度使城市焕发生命力，将广州打造成具有文化影响力的现代创新城市。

六　展望：设计文化与粤港澳大湾区形象塑造

在当今全球化发展的语境下，如何充分利用本土优秀传统，创造同时兼具文化身份与当代风貌的城市形象，已成为世界各地有远见的城市规划建设者的共识和重要议题。基于文化规划下的“创意城市”设计，能够成为城市再开发与提升创造性的推动力，这一理论也凸显了培育城市和地区创造力的重要性，而只有在此基础上才能提升大湾区文化内涵，实现湾区形象的创意重塑。综合上述讨论，我们认为，以设计驱动粤港澳大湾区文化产业建设，是合理而富有意义的发展路径。展望未来，我们应着重做好以下方面的工作。

（一）在文脉延续中促进粤港澳大湾区本土文化发展

本土文化遗产承载一个国家、一个民族、一个地域的记忆。本土文化既是一种社会形态，也是优秀的历史传承和宝贵的文化遗产。多姿多彩的文化可以丰富我们的精神世界，提高我们的审美意趣。

在全球化的冲击下，工业文明兴起，本土艺术与传统文化没落，生态文明逐渐消失。要复兴本土文化和民俗，应从乡村中寻找灵感。乡村是承载历史文脉、体现当地生态与文化的场所。为振兴乡村文化，促进城乡建设，应以传承乡村历史文化及传统为目标，寻根溯源，推动文脉传承，保护自然生态，复兴乡村艺术，以乡村文化振兴推动城乡协同发展，建设新型城乡关系，推动可持续发展，以艺术乡建带动城市文化建设，提高粤港澳大湾区文化的多样性、可持续性与创新性。民俗文化包含情感与记忆，是历史文化的载体。大湾区民俗文化丰富多样，由于湾区城市地理位置相近，其民俗文化呈现同一性与多样性的特征。以设计驱动大湾区民俗文化发展，可推动文化交流机制的建设，增强对民俗文化的了解与认知，提升大湾区人民的文化凝聚力。

文化产业的升级发展，是增强文化及情感基因的手段，是提升文化认同感及传承创新的方法，是提高大湾区文化知名度的重要措施。因此，接续文脉，传承好、保护好、宣传好优秀传统文化，以设计驱动大湾区文化产业升级发展，是促进社会和谐、文化创新的关键一步。

（二）在设计优化中驱动粤港澳大湾区文化创意产业升级

在“一带一路”建设背景下，拥有无限机遇的粤港澳大湾区是文商旅产业融合发展的重要基地。大湾区文化底蕴丰富，拥有丰厚的设计资源，其地理位置优越，经济发达，贸易繁荣，吸引着世界各地的游客，为文化创意产业的发展打下坚实基础。优化设计，能有效推动粤港澳大湾区文化创意产业升级，提升文化自觉与文化自信，以文化带动商业、旅游业的发展。

例如，在美食文化、纪录片文化这类本身具有多种文化面向的领域，优化设计能为推动广州乃至粤港澳大湾区文化创意产业升级提供新思路。粤港澳地区饮食习惯相近，文化同源，以设计驱动大湾区美食文化产业升级发展可弘扬大湾区美食文化，提升大湾区知名度与影响力；以美食为桥梁，可促进地区交流合作，提高文化软实力，建设世界一流的美食之都。纪录片的意义在于传播，通过纪录片，可以深入挖掘本土文化，展现其优秀内涵并加以推广。纪录片面向广大群众，具有一定的普世性与趣味性，容易获得广泛关注。设计驱动下的大湾区纪录片产业，应体现本土特色形象，在视觉、色调、画面、叙事上给观众呈现出更好的视听体验，通过多平台、多模式构建传播通道，体现城市文化的特色及内涵，从而吸引更多人去了解、传播优秀的城市文化，同时也促进相关领域的产业升级。

创新是可持续发展的不竭动力与源泉。《粤港澳大湾区发展规划纲要》指出，要深入实施创新驱动发展战略，深化粤港澳创新合作，构建开放型融合发展的区域协同创新共同体。接续文脉与文化创新是粤港澳大湾区永葆生命力和凝聚力的重要思路，我们应充分发挥粤港澳大湾区的优势，以创新为导向，以设计驱动文化产业建设，将大湾区建设成为国际科技与文化的创新中心。

参考文献

安德明：《非物质文化遗产保护：民俗学的两难选择》，《河南社会科学》2008 年第 1 期，第 14 ~ 20 页。

郭又荣：《智慧旅游何以更加“智慧”》，《人民论坛》2019 年第 8 期，第 76 ~ 77 页。

何欣鸿：《1 + 5”！佛山打造世界知名“粤菜粤厨名城”》，《佛山日报》2019 年 6 月 14 日。

洪演：《加快建设广东非物质文化遗产展示中心》，《人民之声》2016 年第 9 期，第 13 页。

吕鹰：《千年庙会“波罗诞”探析》，《神州民俗（学术版）》2010 年第 2 期，第 7 ~ 8 页。

彭莹：《四方面深化“粤菜师傅”工程 助推美食文化创新》，《佛山日报》2019 年 3 月 25 日。

渠岩：《青田范式：一种基于生活样式重建的乡土伦理与设计实践》，《装饰》2019 年第 12 期，第 96 ~ 99 页。

渠岩：《青田范式：中国乡村文明的复兴路径》，《室内设计与装修》2017 年第 7 期，第 126 ~ 127 页。

田少煦、孙海峰：《创意设计的发展走向与核心竞争力》，《深圳大学学报（人文社会科学版）》2010 年第 3 期。

王晓红：《关于建设粤港澳大湾区创新设计圈的建议》，《开放导报》2017 年第 4 期，第 29 ~ 31 页。

王志民：《把握粤港澳大湾区发展机遇 携手打造国际科技创新中心》，《学习时报》2018 年 8 月 31 日，A2 版。

乌丙安：《民俗文化空间：中国非物质文化遗产保护的重中之重》，《民间文化论坛》2007 年第 1 期，第 98 ~ 100 页。

邢飞龙：《多方支持立法 禁食野生动物》，《中国环境报》2020 年 2 月 3 日。

杨振之：《中国旅游发展笔谈——智慧旅游目的地的困境与突破》，《旅游学刊》2019 年第 8 期，第 1 页。

余欣：《推进“一带一路”建设下粤港澳文化交流与合作》，《城市观察》2017 年第 5 期，第 143 ~ 152 页。

张林：《以“美食 +”为路径 成都打造国际美食之都》，《成都日报》2019 年 5 月 15 日。

张伟：《御食园：传承皇家宫廷美食文化 创新驱动品牌价值重塑》，《中国品牌》2019 年第 3 期，第 74 ~ 75 页。

许伟明、余婷婷：《文旅中国丛书：乡愁里的广东》，社会科学文献出版社，2018，第 1 ~ 3 页。

张同道主编《2019 年中国纪录片发展研究报告》，中国广播影视出版社，第 252 页。

周玲强：《杭州智慧旅游规划研究》，吉林大学出版社，2019，第 1 ~ 3 页。

年度观察

粤港澳大湾区创新发展问题战略思考

穆荣平*

粤港澳大湾区创新发展不仅关系到粤港澳大湾区对于周边区域的可持续发展，也关系到2035年和2050年中国现代化发展目标能否实现，迫切需要从未来十五年乃至三十年粤港澳大湾区肩负的历史使命和发展目标出发，系统思考粤港澳大湾区发展面临的机遇与挑战，提出有针对性的区域创新发展新思路和新建议。

一 粤港澳大湾区创新发展面临四大机遇

机遇一是中国现代化强国目标牵引。党的十九大提出到2035年要基本实现社会主义现代化，2050年要把我国建成富强民主文明和谐美丽的社会主义现代化强国。中国的现代化目标对粤港澳大湾区未来发展提出了新使命和新要求，人才、资金等创新要素加速向粤港澳大湾区集聚，带动区域创新发展。

机遇二是新技术革命与产业变革引领。当今世界正处于新技术革命和产业变革过程之中，15年前我们曾经提出，技术发展呈现群体性突破趋势，群体性突破是指一批技术的突破，如AI技术、计算技术、信息获

* 穆荣平，中国科学院科技战略咨询研究院党委书记、中国科学院大学公共政策与管理学院院长。主要研究领域是技术预见、科技政策与管理、创新发展政策研究等，代表性成果有《中国未来20年技术预见》等。

取技术、信息存储技术、信息无线传输技术、信息加工处理技术等，技术群体突破使得一系列难以想象的应用场景呈现在人们面前，催生了一系列新产品、新业态，技术与市场建立了迭代优化的生态关系，加速产业变革步伐。

机遇三是数字化转型为粤港澳大湾区经济社会和环境发展带来了深刻变化。过去十年社会上讲得更多的是“互联网+”，现在叫数字经济。其实数字化转型带来的不仅是经济发展上的新增长，而且带来了产业发展范式、社会服务发展范式、环境发展范式和科学技术自身发展范式的转变。这种转变不是量的变化，而是质的跃迁，是一次革命性变化。这种范式转变对于创新意识强、敢为天下先的粤港澳大湾区而言，机遇大于挑战。

机遇四是全球城市中心化或大都市圈化趋势加速。城市规划和城市发展实践表明，政策加速创新要素向中心城市集聚以培育区域增长极的目标取得重大进展，一些中心城市对周边区域高端要素黑洞式的吸纳在加速大都市圈形成的过程中，也在加速弱化周边城市经济发展功能，辐射带动作用有待增强。未来大的趋势是都市圈化的速度加快，对粤港澳大湾区城市群来说，广东的9个城市差别巨大，并且差距正在进一步拉大，如果没有有效的政策干预或者资源配置调整，粤港澳大湾区城市群一体化发展难以形成重大突破，地区发展水平差距进一步扩大，有的地方甚至可能会加速衰落。

“现代化强国”目标对国家创新体系建设提出了重构要求，需要思考新形势下国家创新体系的功能定位，建设以国家实验室为核心，以世界一流创新型企业、世界一流大学和科研院所为支撑的国家创新体系，加大重大科技基础设施集群投入，支持前瞻性基础研究、前沿引领性技术研究开发等。《粤港澳大湾区发展规划纲要》也提出建设粤港澳大湾区国际科技创新中心，这将是继北京、上海两个具有全球影响力的科创中心之外的第三个科技创新中心。另外，计划中的粤港澳大湾区综合性科学中心将是继北京、上海、合肥之后的第四个综合性国家科学中心，是国家战略科技布局的空间分布。

二 粤港澳大湾区创新发展需要三点转变

第一，在政策方面，要从创新政策向创新发展政策转变。从20世纪50年代提出科学政策以来，我们已经经历了20世纪70年代从科学政策向科学技术政策转型，即决策者从注重科学价值创造向注重科学价值创造和技术价值创造拓展；20世纪90年代初从科学技术政策向创新政策的转变，决策者更加注重经济价值创造，关注科学技术商业化和产业化的效率与效益。进入21世纪以来，学术界对于“要素驱动→投资驱动→创新驱动”的演进逻辑趋于形成共识，对于发展的认识也拓展到“经济发展、社会发展、环境发展”和科学技术发展本身。政策实践上已经开始从注重提高创新活动效率和效益的政策问题向注重创新的着力点和提高创新驱动发展绩效的政策转变。将创新作为引领发展的第一动力，在发展目标上，关注科学技术发展——科学价值创造和技术价值创造，关注产业创新发展——经济价值创造，关注社会价值创造——社会创新发展和环境创新发展。因此，创新发展政策系统集成了传统的科学技术政策、产业政策、社会发展政策、环境发展政策的优点，提高了政策系统的有效性和适应性。

第二，在发展动力方面，从“需求拉动”向“愿景驱动和需求拉动”转变。未来不是等来的，是社会利益相关者塑造乃至创造出来的。从城市发展角度来说，仅仅强调当前需求是不够的，还需要在凝聚市民共识基础上塑造未来乃至创造未来，以形成一个既符合客观规律，又符合社会公众利益的城市未来发展愿景，一个大家希望的并且是可能的未来。社会发展愿景研究为城市规划者、建设者和管理者提供了主要依据。例如，我们面向2035年中国社会发展设定六个愿景：创新全球化社会、制造智能化社会、超级智慧型社会、城乡融合型社会、健康消费型社会和绿色循环型社会。每一个愿景都承载着人民对未来美好生活的希望——就是更安全、更放心、更便利、更舒适、更健康、更幸福。粤港澳大湾区城市群需要从2035年国家发展愿景出发，研究开发未来城市发展愿景，以共同的愿景动员协调社会各方力量参与粤港澳大湾区城市群建设。

第三，是理念方面的转变，从吸引人才向成就人才方向转变。当前各地都在强调从招商引资向招财引智转变，表明地方政府更加重视人才的作用。但是，“招”和“引”仍然彰显了地方政府与人才之间的主、宾关系，没有在地方政府与人才之间建立命运共同体。因此，笔者建议地方政府应着力转变观念，摒弃“以自我为中心的单边利益最大化”的价值观，吸纳和整合全球资源，抢占国际竞争战略制高点。以“平等、合作、互惠、共赢”的价值观拓展发展空间，从“注重吸纳利用全球创新要素”向“注重为全球创新者提供服务”转变。例如，广州应该对全世界说“广州是成就人才的地方”，广州会给各类人才提供发展机会和必要条件，成就全球人才就是发展广州自己，人才和广州是新型命运共同体。

三　粤港澳大湾区与广州发展的三点建议

一是把握创新驱动和数字化转型机遇，加速社会服务领域数字化转型。数字化转型涉及科技、经济、社会、环境等各个方面，社会各界都需要认真考虑和对待。值得指出的是，数字鸿沟可能导致个人能力之间的鸿沟，能力鸿沟导致个人收入的鸿沟，收入鸿沟可能导致很多社会矛盾。因此，政府推进数字转型时，不仅要推进科技和经济部门的数字转型，更要特别注重推进医疗卫生、教育培训、公共安全、公共交通等社会服务领域的数字转型，构建低成本、高质量、广覆盖的数字化公共服务体系，加速优质公共服务资源均等化进程，有效缓解社会矛盾。

二是从全球价值链与新增长源的视角完善创新链和产业链。珠三角的优势是制造能力和产业配套能力强，劣势是产业创新驱动转型升级成本高。现有制造能力和生产要素集聚如何调整以适应未来？需要政府组织研究未来产业发展对人的技能需求，调整人才培养的专业设置和研究机构设置。一方面，要加大对重大科技基础设施集群的建设投入，为前瞻性基础研究和前沿引领性技术研发奠定坚实的物质技术基础。另一方面，要支持研究型大学、科研院所、企业和社会中介组织在重大科技基础设施集群周边建设前沿交叉平台、基础技术平台、转移转化平台、创业孵化平台、研究支撑平台、公共服务平台，建立健全区域创新体系和创新链，完善区域创新生态链。

三是要规划建设粤港澳大湾区的创新型城市群。粤港澳大湾区创新发展需要一大批创新型城市作为支撑。深圳和广州等国家创新型城市需要在粤港澳大湾区建设背景下重新定位再出发，结合新一轮国家中长期科学和技术发展规划纲要研究编制，深入分析2035年粤港澳大湾区创新发展愿景和总体目标，规划、建设一批创新型城市，形成以枢纽型国家创新城市为核心的若干个创新城市群，支撑粤港澳大湾区创新发展。

（本文根据2019年5月9日“抢抓大机遇 焕发新活力——粤港澳大湾区发展广州智库论坛”上的发言整理而成）

在粤港澳大湾区建设中全面增强广州国际商贸中心功能

董小麟*

《粤港澳大湾区发展规划纲要》（以下简称《规划纲要》）明确阐述了广州在粤港澳大湾区建设中的功能定位，即充分发挥国家中心城市和综合性门户城市引领作用，全面增强国际商贸中心、综合交通枢纽功能，培育提升科技教育文化中心功能，着力建设国际大都市。在这一表述中，国际商贸中心功能居广州要着力增强和提升的三大功能定位之首。国际商贸中心对广州而言，存在比较优势，也是广州实现老城市出新出彩的一个重要立足点，在广州整体功能定位中具有特殊的意义。广州应根据《规划纲要》的要求，谋划好在大湾区中的功能定位的实现路径和主要着力点。

一　国际商贸中心是广州在粤港澳大湾区建设中的重要定位

1. 增强国际商贸中心功能是新时代广州进一步提升传统商贸优势的需要

广州自古以来就是中国重要的商业城市和对外贸易枢纽。新时代，我们面对国内供给侧结构性改革的推进和经济全球化的挑战，二者均与

* 董小麟，广东外语外贸大学原副校长、教授，广东省重大行政决策咨询专家、广州市人民政府决策咨询专家，粤港澳大湾区发展广州智库学术委员会委员。主要研究领域为经济学、工商管理、高等教育改革与管理等。代表性成果有《广东外经贸竞争力评价》等。

市场问题紧密相关。而粤港澳大湾区的一大特征是具有对接国际市场前沿的优势。广州在新起点上进一步增强国际商贸中心的功能，对广州自身焕发老城市新活力、更好体现其在大湾区建设中的作用，以及对整个大湾区更好发挥在国家经济发展和对外开放中的支撑引领作用，具有重要的时代意义。

2. 增强国际商贸中心功能有利于全面实现广州在粤港澳大湾区建设中的定位

首先，“充分发挥国家中心城市和综合性门户城市引领作用”，要求广州必须全面增强国际商贸功能。成为国家中心城市，必然是经济文化等综合实力强大的城市；而综合性门户枢纽，在当今经济全球化条件下更应强化其与国际经贸关系的联结，商流、物流、金融流、信息流及人流的规模、强度与范围必然更大。所以，增强广州国际商贸功能，对建好国家中心城市和综合性门户城市具有基本的支撑作用。

其次，“综合交通枢纽功能”要求广州必须全面增强国际商贸功能。交通枢纽固然需要加强航空、航运、公路、铁路的建设，但交通枢纽功能的发挥，则在于它所承载的“吞吐量”，即完成运载的客流量与货运量等。所以，强大的商贸功能所带来的商品的集散和商务活动的丰富，既需要发达的交通设施的配套支持，又影响和制约着综合交通枢纽功能的实现。

再次，“培育提升科技教育文化中心功能”。当今的商贸内容，远远超出传统商业限于一般物质商品的范畴，已包含大量的非物质形态的产品或权利的交易。如知识产权交易已成为高端市场的重要组成部分，而发达的文化产业更带来大量文化产品贸易的机会。所以，增强广州商贸中心功能仍将对科技教育文化中心功能的培育产生积极的影响。

最后，“着力建设国际大都市”，更需要强化商贸中心功能。国际商贸不能仅仅理解为外贸口径，而是已形成丰富的国际商务服务体系，涵盖金融、物流、财务、法律、运输等领域，已构成服务于商贸的强大产业链。

从现代国际社会对世界城市或全球城市的评价来看，国际商贸以及围绕它所发展起来的跨国投资等商务活动的相关指标，都构成了重要的观测点。

二　赋予广州国际商贸中心新内涵，增创新优势

1. 创新推进技术与知识产权交易市场的发展

知识产权问题是当今国际竞争与合作领域中一个突出的关注点，也是国际商贸活动中涉及的一个重要方面。鉴于粤港澳大湾区是国际化知识与技术密集型产业集聚区域，技术与知识产权交易市场应成为广州增强国际商贸中心功能的一项重要抓手，构成湾区服务贸易高端化的重要内容。今后在大湾区科技资源整合和科技创新成果转让转化中，必然会形成许多涉及技术服务与知识产权的交易，这为广州国际商贸中心新内涵的丰富完善提供了重要的机遇。广州要按照《规划纲要》所述，着力增强“依托现有交易场所，开展知识产权交易，促进知识产权的合理有效流通”的能力，为增强广州国际商贸中心功能注入新的能量。

在进一步提升知识产权交易水平的同时，广州应加快集聚大数据交易。广州是华南大数据产业发展中心，也是大数据交易的重要市场。大数据交易与知识产权问题紧密相关，它不仅涉及原始数据生产者、拥有者的主权，也涉及交易过程各方权益的界定。作为一种新事物，大数据交易关系区别于一般商品交易，并由此会带来两个新问题——侵权责任界定与价格确定。广州要依托大数据产业并借力知识产权法院推进该领域的工作，形成完善的交易规则与服务体系。

2. 创新发展碳交易市场和创新型期货交易

《规划纲要》明确指出，支持广州建设绿色金融改革创新试验区，研究设立以碳排放为首个品种的创新型期货交易所。这是基于广东省碳交易规模与发展潜力领先于全国的国家战略安排，同时也体现面向国际社会倡导绿色发展的需要。广东包括深圳在内的碳排放交易额近几年平均占国内碳交易量的四成，因而广州建立碳交易市场的基础较好。

碳交易市场首先是具有金融属性的交易市场，它赋予服务贸易以新的内容层次，非常有利于广州金融服务业的特色发展，并促进广州增强更高层次的与金融结合的商贸服务功能。根据《规划纲要》，广州的碳交易要从基于配额的即期和初步开展的部分远期合约交易基础上，研究设立以碳排放为首个品种的创新型期货交易所。我们必须借鉴国际先进经验，进一步把碳交易业务范围扩大到全国乃至全球，并借此推进绿色金融服务及创新型期货交易所建设，在创新型期货品种的开发与市场化方面努力先行，进一步凸显广州国际商贸中心在粤港澳大湾区中的新特色和引领绿色发展的实力。

3. 在商贸规则与制度创新中增强国际商贸中心功能

增强国际商贸中心的创新发展能力，必须从整体商贸服务功能改进和提升水平着手，这离不开对制度和规则的拟定。《规划纲要》要求大湾区“对接高标准贸易投资规则”。相应的，有关国际商贸活动制度性管理的内容，如电商外贸的行业标准等的拟订，在今天应该成为增强广州国际商贸中心功能需要首先做好的工作。这类工作的意义可以解释为：具有规则制定的话语权，将令广州国际商贸中心的地位更加凸显、更加稳固。我们相信，在国际规则的对接中，不断提升参与贸易规则制定的意识和能力，是我们应有的态度和责任，毕竟当前已有越来越多的新商贸业态和新商贸方式以中国为发源地；即使一些传统领域的传统规则，在发生变化时，也有参与规则并再次修订的机遇。

三　在协同发展中全面增强广州国际商贸中心功能

1. 注重商贸与文化、旅游等产业的协同发展

全面增强国际商贸中心功能，必须突破狭义商贸局限，通过“商贸+”的方式，扩大产业间合作与协同水平。《规划纲要》强调，要构建现代服务业体系。聚焦服务业重点领域和发展短板，促进商务服务、流通服务等生产性服务业向专业化和价值链高端延伸发展，健康服务、家庭服务等生活性服务业向精细化和高品质发展，以航运物流、旅游服务、文化创意、人力资源服务、会议展览及其他专业服务等为重点，构建错位发展、优势互补、协作配套的现代服务业体系。这里提到的都关乎商贸中心建设的基本内涵及其外延。

政府行政体制改革带来了有利于“文商旅一体化”协同发展的制度条件，文商旅协同发展与广州商贸中心功能的增强也是一致的。《规划纲要》提出完善“文化创意产业体系”“繁荣文化市场”“支持广州建设岭南文化中心和对外文化交流门户”等内容，客观上都包含了与商贸结合的要求。《规划纲要》提到支持广州等地“弘扬特色饮食文化，共建世界美食之都”，同时具有“商贸 + 旅游 + 民生”的可协同发展属性。《规划纲要》提出“有序推动香港、广州、深圳国际邮轮港建设”，邮轮母港建设也应成为广州谋求商旅一体化并提升国际商贸中心功能的一个重要举措。

2. 注重各种商务相关服务业之间的协同发展

第一，全面增强国际商贸中心功能，需要进一步提升专业性产业对商贸的支撑力。包括物流、仓储、融资租赁等，以及为商贸业发展提供载体的产业如交通运输、会展、网络平台等。首先要结合传统批发市场改造，做大做强第三方物流，对物流、仓储业的布局进行优化和整合，为广州中心城区腾出空间，营造宜居宜商环境。其次要结合粤港澳大湾区国际贸易总量巨大的特点，结合广州电商外贸在国内发展的先行优势，利用广州综合性交通枢纽领先华南的优势，加快在广州建设华南地区最重要的国际物流枢纽。再次要做强重要战略物资的储备规模。最后要适应电商外贸布局的需要，主动布局海外市场。

第二，在商贸功能的支撑性产业方面，综合交通枢纽建设是最重要的领域。广州应按照《规划纲要》关于“提升客货运输服务水平”等要求，一是在城市交通体系建设方面要充分考虑商贸活动布局及活动规律，解决目前局部存在的二者不协调问题，充分实行商贸布局规划与交通体系建设规划等规划的一体化，以多规合一协调增进彼此的经济与社会效益。二是要加强广州交通体系与粤港澳大湾区整体交通网络体系的高效对接及相互配套，在港口、公路、轨道交通方面，不仅要实行同类（如港口与港口的合作、轨道与轨道的衔接等）协同，而且要加强不同交通手段的相互衔接，带动大湾区整体人流、物流效率的提高。三是要加快综合性交通枢纽中一批重点项目建设，包括以第二机场、南沙港疏港铁路等项目建设，提升广州商流、物流、人流的输送效能，同时南沙邮轮母港建设应重视对区域旅游商贸业的拉动效应，以邮轮母港延伸的商贸旅游区建设吸引海外邮轮来此停靠，更好地带旺区域商贸旅游的人气。

第三，加快提升国际商贸活动的组织力与影响力，是广州全面增强国际商贸功能的应有之义。广州要寻找整合湾区资源、加强湾区内部合作的机会。一是引进重要企业来穗设立总部或功能性总部、区域性总部，特别是港澳与海外有影响的行业领军企业或骨干企业，便于加强与它们的联系、沟通，以构建广州发展国际商贸活动的雄厚的“社会资本”，这些企业不限于商贸业，应同时包括制造业、航空航运业等有利于促进商贸中心功能的行业。二是抓住机遇，加强按照分行业类别组建大湾区协会、商会的工作，实现商贸及商务服务类更多行业组织的集聚，这对于提升广州在参与国际商贸活动中获取话语权、协调权，具有重要的意义，尤其在外贸电商、碳交易、航运、会展、仓储、文化产业等领域，广州若牵头组建大湾区协会、商会是具有优势条件的。三是除在大湾区内加强协同外，应同时注重发展非基于地缘关系的城市群合作，即拓展基于全球城市网络联结的城市群合作，加大与国际一线城市商贸活动的密切联系，包括开展商会合作、贸易业务合作、会展会议合作等，促进广州国际商贸中心影响力的扩大。四是加强商贸活动的各类认证服务工作，包括借助建立国际商品溯源体系的机会，携手在规则研究领域较有条件的香港，实现国内外市场认证工作的对接，共同占领该领域在大湾区的制高点。

3. 广州要在大湾区营商环境协同改进中发挥积极作用

粤港澳大湾区的营商环境较好，不仅香港、澳门的营商环境长期得到国际社会的好评，广州也获得过包括福布斯中国内地营商环境第一的美誉。从近年对国内主要城市营商环境质量的评价来看，前四位城市中的深圳、广州都在大湾区。粤港澳大湾区聚集了中国营商环境领先的城市和香港、澳门特别行政区，这是粤港澳大湾区建设有竞争力的世界级城市群、实现高质量全球资源配置的良好环境基础。

《规划纲要》高度重视大湾区共同打造一流营商环境的问题，指出要深化粤港澳合作，进一步优化珠三角九市投资和营商环境，提升大湾区市场一体化水平，全面对接国际高标准市场规则体系，加快构建开放型经济新体制，形成全方位开放格局，共创国际经济贸易合作新优势，为“一带一路”建设提供有力支撑。“提升大湾区市场一体化水平”，有赖于营商环境的相对一致性，但这种一致性不是以平均水平为依据，而要以先进的水平为标杆。毫无疑问，香港的营商环境应该作为大湾区营商环境优化的主要标杆。

考虑到《规划纲要》未将粤港澳大湾区整体作为自贸港区进行规划，因此香港、澳门基于自由港的某些营商规则也难以完全移植到整个湾区。求大同、存小异，并且把“小异”尽可能缩小，应该是谋求大湾区市场一体化及营商环境基本一体化的努力方向。

建议由广州发起或牵头研究大湾区营商环境协调建设的问题，一方面组织研讨和评估活动，如发起组织“粤港澳大湾区国际一流营商环境协调建设论坛”或开展“粤港澳大湾区一流营商环境建设评价”工作等，对香港、澳门营商环境建设的经验，以及深圳前海、广州南沙、珠海横琴等广东自贸区各片区创造的先行先试的营商环境建设中可复制可推广的经验进行总结，研究若干通用规则。另一方面，对《规划纲要》已经明晰的营商便利化措施要加快落地实施，进而提供经过实践验证的广州范例，为大湾区整体营商环境特别是珠三角地区营商环境的提升提供参考。

4. 以广佛同城化协同发展打造湾区主要发展轴

《规划纲要》在阐述大湾区发展的空间布局中指出，要构建极点带动、轴带支撑的网络化空间格局。在“极点带动”方面，要发挥香港—深圳、广州—佛山、澳门—珠海强强联合的引领带动作用，加快广佛同城化建设，提升整体实力和全球影响力，引领粤港澳大湾区深度参与国际合作。广佛同城化通过《规划纲要》首次正式进入国家战略规划当中。

在大湾区三个轴带中，“广州—佛山”轴带有特殊优势。广州是科技教育人才最丰富、产业门类最齐全、商务服务业最发达的一线城市，佛山是珠三角乃至广东省制造业基础最强、第二产业比重最高的城市。二者共同组成大湾区的一个主要发展轴，有利于实现经济发展结构上强大的互补性。佛山的制造业乃至珠三角西岸先进装备制造业产业带的打造，需要更高水平、更强支撑力的生产性服务业，包括大量的商贸或商务服务业的介入。广州的商贸服务和整个生产性服务业的发展机遇也在于对接制造业等产业的需求，在服务广州制造业的同时，充分对接佛山和珠三角西岸广大腹地。因此，广州应该也完全可以在打造“广—佛”轴带中发挥好主导作用，要以“广州服务＋佛山制造＋港澳与国际资源”增强“广—佛”发展轴的实力，进而增强粤港澳大湾区的创新发展能力。

（本文根据2019年5月9日“抢抓大机遇 焕发新活力——粤港澳大湾区发展广州智库论坛”上的发言整理而成）

粤港澳大湾区服务业发展的机遇、挑战和对策

来有为*

一　粤港澳大湾区服务业发展面对的机遇

当前，粤港澳大湾区服务业发展面对难得的机遇，主要体现在以下几方面。

第一个机遇是产业结构升级。近年来中国的经济结构发生了非常深刻的变化，逐步从工业经济迈向服务经济，服务业已经成为国民经济增长的主引擎，对国民经济增长的拉动作用不断增强。2015 年服务业增加值占国民经济的比重首次超过 50%，对国民经济增长的贡献率也首次超过 50%。2019 年一季度服务业增加值同比增长 7%，在国民经济中的占比达到 57.3%，对国民经济增长的贡献率升至 61.3%。服务经济是更高级的发展阶段，进入服务经济将带来很多重要变化。

当前，服务业在很多方面取得了明显的进展，比如中国服务业的技术标准在多个领域已经处于世界先进水平，最典型的是中国成为全球 5G 技术、标准、产业、应用的引领者之一。我国生活服务、电子商务、信息传输、软件和信息技术服务业、快递、服务贸易、服务外包、文化产

* 来有为，美团副总裁兼美团研究院院长，研究员。

业、健康服务业、在线旅游、人力资源服务业等新兴产业发展速度快，发展空间大，也是今后粤港澳大湾区经济发展的重要增长点。从广东省的各个城市来看，美团平台的大数据分析显示，深圳、广州、东莞、佛山四个城市排在广东生活服务消费总量的前四位，深圳、广州的份额分别占27%和25%，但是从增速来看，排名有所不同，2018年汕头的增速是111%，潮州是92%，汕尾是90%，这表明这些城市的发展活力很强，发展潜力很大。

第二个机遇是消费结构升级。我国服务类消费需求旺盛，像旅游消费、餐饮消费、文化娱乐消费、信息消费、健康消费、交通出行消费等服务类消费成为我国消费扩张的重要带动力量，并且服务类消费不断转型升级，由生存型、同质化的服务消费需求向个性化、差异化、发展型、享受型、品质型服务消费需求演进。伴随着移动互联网、大数据、人工智能等数字技术在我国服务业中的广泛应用以及生活服务电子商务平台的蓬勃发展，网络订餐、在线旅游、在线教育、移动支付等服务类网络消费支出增长迅猛。信息消费、健康消费、生活服务电子商务、民宿等新兴消费继续保持高速增长态势，新旧动能将加快转换。

第三个机遇是服务全球化。信息技术的进步和商业模式的创新，在某种程度上打破了服务的生产与消费必须同步的制约，使服务成为一种可远程交易的商品，服务产品的可贸易性得到很大提高。另外一个趋势是全球制造业服务化、服务数字化、外包化趋势进一步增强，有力推动了服务贸易的发展，服务贸易的年均增速比货物贸易要高很多，在国际贸易中的占比不断提高。此外，全球多边与双边自贸协定谈判的议题和重点，已经从货物贸易转向服务贸易，服务业开放标准不断提高。近年来，各国服务市场更趋开放，降低了全球服务分工成本，各类新兴服务企业全面融入国际服务产业链中，成为服务业国际大分工中的一个重要环节。医药研发外包、集成电路设计等新兴行业具有代表性。

第四个机遇是发展环境进一步改善。我国积极开展自贸试验区建设，在北京开展服务业扩大开放综合试点，在广州、深圳等 13 个城市和 4 个国家级新区开展深化服务贸易创新发展试点，探索推进服务业体制机制改革，加大服务业对外开放力度，营商环境不断优化，服务业固定资产投资持续快速增长。粤港澳大湾区拥有世界上最大的空港群，也拥有世界上最大的港口群，高速公路、信息化、宽带以及商业基础设施快速发展，为粤港澳大湾区服务业发展提供了有力支撑。

例如，港珠澳大桥于 2018 年 10 月 24 日通车，成为连接粤港澳三地的跨境大通道，这是粤港澳三地基础设施互联互通非常重要的一个节点。通过美团平台大数据分析可以看出，港珠澳大桥的开通极大地促进了粤港澳大湾区旅游业发展。美团平台的大数据显示，港珠澳大桥开通之后的半年时间，跟上一年度同期相比，美团平台香港、澳门的酒店旅游订单同比增长 36%，广东省的酒店旅游订单同比增长 20%。由此可见，基础设施的互联互通对酒店旅游等服务业的发展有直接带动作用。

二　粤港澳大湾区服务业发展面临的挑战

首先，广东和香港、澳门在经济制度、法律体系、税收制度等方面存在着明显的差异，粤港澳大湾区内有三个单独关税区，生产要素的自由流动在目前阶段难以实现。

其次，粤港澳大湾区有四个核心城市，有世界级的港口群和机场群，但目前尚未形成市场化的、内生的、有效的协作机制。

最后，粤港澳大湾区各城市之间的城际轨道交通发展滞后，跨界交通基础设施接驳不够顺畅，这也是制约粤港澳大湾区发展的一个因素，亟须加以改进。

三　推动粤港澳大湾区服务业发展的政策建议

一是既要充分尊重粤港澳大湾区不同的法律制度和社会制度，又要逐步破解体制机制障碍，不断创新大湾区合作发展体制机制，特别是要充分发挥市场化机制的作用和政府规划引领作用，推动货物、资金、人员、技术、信息等要素的自由流动，提升粤港澳大湾区市场一体化水平，大力推进投资便利化和通关便利化，逐步实现贸易自由化，构建经济高度融合的大湾区城市群。

二是进一步提升广州、深圳的港口、航道、物流等基础设施服务能力和国际化水平，与香港形成优势互补、互惠共赢的港口、航运、物流和配套服务体系。推进大湾区各个机场构建有效的协作机制，形成良性互动。加快发展粤港澳大湾区各城市之间的城际轨道交通，优化跨界交通基础设施接驳，促进粤港澳三地基础设施互联互通。加强粤港澳大湾区服务业和商业基础设施建设，加强通信、宽带网络建设。

三是探索大湾区城市群之间有效的合作模式。广东要继续发挥改革开放排头兵、产业基础好、创新人才丰富等方面的优势，培育国际化的营商环境，引导当地企业与港澳的现代服务业继续深化合作，争取在更高的层次上形成融合发展、优势互补的合作模式。

四是港澳企业要充分发挥在财务、设计、法律及争议解决、管理咨询、项目策划、人才培训、海运服务、建筑及相关工程等方面的国际化专业服务优势，继续加强与广东企业的对接，为广东企业提供更多差异化、个性化的服务。

五是加强商业模式创新，大力发展新技术、新产业、新业态、新模式，推动产业结构升级。要充分借助大数据、AI、物联网、LBS等现代科技，引导企业特别是平台型企业和高科技企业，构建从需求侧的数字化到供给侧的数字化的全方位技术支持，以科技创新为支撑，助力供给侧结构性改革，推动粤港澳大湾区服务业企业的数字化升级，进一步提高经营效率和市场竞争力。

（本文根据2019年5月9日“抢抓大机遇 焕发新活力——粤港澳大湾区发展广州智库论坛”上的发言整理而成）

粤港澳大湾区发展中的广州空间战略思考

彭高峰*

一　粤港澳大湾区发展历程与现状

改革开放以来，粤港澳合作经历了三个阶段，第一个阶段是2004年之前的“前店后厂”加工贸易合作，香港带动珠三角地区实现工业化；第二个阶段是CEPA（Closer Economic Partnership Arrangement）签署后，珠三角与港澳地区以服务、贸易为核心的经济整合；第三个阶段是2014年广东自贸区成立以来，在前海、南沙、横琴建设带动下，粤港澳经济发展要素流动进一步加强，进入了携手发展的新阶段。目前，粤港澳大湾区的GDP总量约占全国的12%，与三大世界级湾区的经济规模比较接近，但在人均水平上仍有一些差距。2018年广州的GDP在大湾区的占比超过1/5，中心城市地位突出。

二　广州在粤港澳大湾区建设中的四个使命

《粤港澳大湾区发展规划纲要》（以下简称《纲要》）对广州的定位是：粤港澳大湾区四大中心城市之一，区域发展的核心引擎，发挥国家

* 彭高峰，广州市规划和自然资源局局长、党组书记，教授级高级工程师。

中心城市和综合性门户城市引领作用，增强国际商贸中心、综合交通枢纽功能，培育科技教育文化中心功能。根据定位要求，广州在粤港澳大湾区中承担四大使命。

第一个使命，充分发挥国家中心城市和综合性门户城市带动作用。目前，广州在综合服务方面的能力以及对内对外交往方面的优势得到国际公认，在世界城市当中占据非常重要的位置（2018 年 GaWC 排名，广州位居全球第 27 位），能够为湾区其他城市发展提供强大的支持。

第二个使命，广州要建成国际综合交通枢纽，内连湾区，外接全球。一是建设国际航空枢纽，广州白云国际机场是中国的三大枢纽机场之一，2018 年旅客吞吐量接近 7000 万人次；二是建设国际航运枢纽，2018 年广州港货物吞吐量居国内第三。这些指标稳居国内城市前列。

第三个使命，广州要全面建设国际商贸中心，推动湾区融入全球价值链。广州是千年商都，商贸发展历史源远流长。当前，广州专业市场的成交额占全国专业市场交易总额的 1/7。在新型业态上，跨境电商进出口连续四年居全国第一，快递业务量连续四年居全国第一。新时期，广州在原有基础上，需要借助互联网等新技术以及发达的交通基础设施进一步推动商贸业的转型升级，进一步融入世界。

第四个使命，广州要建设科技教育文化中心，提升湾区科技创新水平。广州作为华南地区的教育中心，汇聚了全广东省超过 50% 的高校，培养的学生数量、质量均排在全国城市前列。科教资源丰富，重大科技基础设施、科研机构数量多，具有雄厚的科研实力。中新广州知识城、南沙科学城以及琶洲粤港澳大湾区人工智能和数字经济创新试验区等重点科技创新平台建设工作正在扎实推进。

三　广州的战略思考：五大思维与南沙建设

广州在粤港澳大湾区发展这一大背景下，应当突出区域思维、底线极限思维、存量思维、品质思维、枢纽思维这五大思维。南沙作为粤港澳全面合作示范区、广州的未来之城，在规划建设中应加快落实五大思维，成为广州与大湾区高水平协同发展的先导区。

（一）五大思维

一是区域思维。首先，以粤港澳大湾区整体视角去看待广州的发展，跳出广州看广州，深度融入大湾区。对内强化广州与大湾区城市间高效连接的网络化空间格局，对外增强粤港澳大湾区对周边地区的辐射引领作用。其次，要进一步推动大湾区的科技创新合作，重点推进广深港澳科技创新走廊建设。虽然科技走廊的骨架已经形成，但是如何将它做实、做细，还有很多工作要做。再次，推进基础设施互联互通。要协调大湾区机场、港口资源，共建世界级机场群与港口群，推进高铁建设，构建四通八达的对外交通体系。推进广、深、港、澳四大城市中心区高速直达，构建广州与周边城市轨道一小时交通圈，加强与湾区东岸跨江直连。最后，与周边城市携手共建广州都市圈，实现一小时通勤圈范围内的城市发展深度融合，重点包括两个：一是要推动更高水平的广佛同城化，推动广州、佛山两市交界地区的合作共建，打造“1+4”广佛融合发展区；二是要推动形成“功能一体、交通一体、空间一体”的高质量一体化发展格局。

二是底线极限思维。维护广州自然山水格局和生态底线，明确城市发展的底线和极限。保证生态和农业的空间不低于全市域的2/3，城镇建设空间不高于市域面积的1/3。城镇建设方面，主要是积极推动形成“珠江为脉、三大特色分区、一主一副、多点支撑、网络布局”的空间发展格局。

三是存量思维。加强存量用地改造的功能分区引导，重点对“一场”（传统批发市场）、“两园”（低效物流园与村级工业园）、“三旧”（旧村、旧厂、老旧小区）进行改造提升，高效盘活存量用地。

四是品质思维。首先，通过“一拆两治”加强对低品质空间的整治，

“一拆”指的是违法建筑拆除，“两治”指的是黑臭水体和“散乱污”企业专项治理。其次，加强公共空间精细化、品质化设计。如“还绿于民”，对白云山、麓湖、越秀山环境进行整治，特别是要加快总长约6公里的“云道”建设，由南至北连通越秀公园、麓湖、白云山，实现“云山漫步、还绿于道”的目标。又如“生态维育”，推进海珠湿地的品质提升，营造“丰富多样、绚丽多彩、鸟语花香、水果满枝”的国际重要湿地。还有对海珠广场及周边环境品质的提升工程，打造广州近现代历史文化客厅，建设“老城市新活力”示范区等。

五是枢纽思维。广州目前正在推进71个站场综合体的设计研究。应充分汲取东京等国际大都市的经验，以“站城一体”和“零换乘”为目标，使车站融入城市。分阶段精心打造每个车站地区，使车站与城市其他空间便捷相连，与城市各种功能无缝衔接，让人“只见城市不见车站”，实现“万屋相连、处处相连、时时相连”。

（二）高水平建设南沙

《纲要》将南沙确定为粤港澳合作发展的重大平台，粤港澳全面合作的示范区。南沙应对标雄安新区，积极学习日本横滨等滨海城市的建设经验。重点工作包括加强保护南沙蓝绿交织的生态空间，控制南沙重点地区的天际线和景观通廊；构建粤港澳大湾区区域交通枢纽，加强与湾区东西岸交通衔接，构建半小时交通圈；与港澳在共建产业平台、国际化公共服务等方面先行先试等。

（本文根据2019年5月9日“抢抓大机遇 焕发新活力——粤港澳大湾区发展广州智库论坛”上的发言整理而成）

提升粤港澳大湾区国际竞争力

申 兵*

《粤港澳大湾区发展规划纲要》提出，到2035年粤港澳大湾区要建设成为富有活力和国际竞争力的一流湾区和世界级城市群。与目前发展水平较高的东京湾区、纽约湾区、旧金山湾区相比，粤港澳大湾区有非常独特之处，如将这些特点转化为发展优势，就会为实现上述目标奠定坚实基础。

一　粤港澳大湾区具有的突出特点

1. “一国两制”的制度安排

大陆地区实行的是中国特色社会主义市场经济，政府对经济资源的动员能力和组织能力强，能够广泛地凝聚社会共识，把国家意志转化为发展的具体实践，建设和发展效率高。建设粤港澳大湾区是习近平总书记亲自谋划、亲自部署、亲自推动的国家战略，在组织保障上设立了粤港澳大湾区建设工作领导小组，使大湾区建设中政策实施、项目安排、体制机制创新、平台建设等方面的重大问题得以部署和解决。港澳地区的优势也非常明显，经济制度上，它有开放自由的贸易体制，完备的金融体系和法律体系，是全球营商环境最好的地区之一。“一国两制”是大

* 申兵，国家发展和改革委员会宏观经济研究院国土开发与地区经济研究所副所长。主要研究领域为区域经济、城市经济等。代表性成果有《我国农民工市民化问题研究》等。

湾区发展的最大制度优势。

2. 全球最重要的制造业基地

大湾区拥有体系非常完备、产业链条非常齐全的制造业体系，覆盖从轻工业到重工业，从传统产业到现代产业，从生产设备制造到生活用品生产等的完整产业链，是全球最大的制造业基地之一。制造业是一个城市群的经济基础和立身之本，它能使技术创新更扎实，服务业也由于服务于实体经济而不至于过度虚化。从社会发展的角度来看，制造业提供的就业机会比较多元化，更有利于地区经济社会的均衡和可持续发展。

3. 地理空间大，发展层次丰富，地区经济社会发展的回旋余地较大

按照经济发展水平，湾区可划分为四个层次：第一个层次，香港、澳门是世界发达经济体，深圳、广州、珠海人均 GDP 超过 2 万美元，在国际上接近于西班牙、葡萄牙等发达经济体的水平。第二个层次是佛山、中山、东莞、惠州，人均 GDP 超过 1 万美元，高于全国平均水平，在国际上接近于波兰等新兴国家或者智利、阿根廷拉美新型经济体的水平。第三个层次是江门和肇庆，人均 GDP 低于全国平均水平。粤港澳大湾区的发展层次丰富，经济发展回旋余地大，可利用的空间比较广阔，有很好的发展空间和腹地。以江门为例，其开发强度目前只有 12% 左右，比珠三角地区的平均水平要低很多，发展的空间和潜力还比较大。

二　创新体制机制，把粤港澳大湾区的特点转化为优势

1. 坚守“一国”之本，善用“两制”之利，打造粤港澳大湾区深入合作交流平台

珠三角地区已经有很多粤港澳合作的平台，例如前海、南沙、横琴等。在此基础上，应推动合作的深入发展，特别是在投资贸易便利化、国际市场体系的建设，以及营商环境的打造等方面，要使大湾区真正成为一个超越经济制度、社会治理制度的差别，集成两种制度优势，促进要素自由流动和资源优化配置的战略平台。同时，应在更大范围内建设

新的合作平台，突破行政区界限，不同行政区之间共同打造合作新平台。

2. 加快传统产业优化升级，培养新兴产业集群，把粤港澳大湾区现有制造业基地做强

粤港澳大湾区现有制造业基地规模非常大，下一步需要把它做得更强。首先，要培养一些新兴产业集群，包括新一代信息技术、生物技术、高端装备、新材料、新能源、节能环保产业等。另外，要对现有的优势制造业和传统制造业进行绿色改造，发展绿色产品，构建绿色供应链。同时，通过区域共享等发展绿色产品、市场技术等方面的服务平台。最后，环保产业是比较有优势的行业，而且已经有发展基础，随着生态文明建设的推进和优质生活圈建设对环保需求的增大，大湾区环保产业有很好的发展前景。

3. 加快珠江口西岸地区发展，促进粤港澳大湾区的区域协同

首先，要进一步推进大型基础设施建设向珠江口西岸地区倾斜，助力珠江口东岸地区的经济要素向西部流动，推动东部经济向西部辐射。其次，发挥珠海通过港珠澳大桥与港澳相通、江门水路至澳门只有47海里的通联优势，以及土地资源和劳动力成本优势，深化珠西地区与港澳加强合作。另外，珠江口西岸地区有着丰富多元的旅游资源，这在建设粤港澳大湾区优质生活圈方面可以发挥更大的作用。

（本文根据2019年5月9日“抢抓大机遇 焕发新活力——粤港澳大湾区发展广州智库论坛”上的发言整理而成）

粤港澳大湾区发展广州智库

粤港澳大湾区发展广州智库，是由中共广州市委宣传部、广州市社会科学界联合会和华南理工大学联合共建，以全面贯彻习近平总书记亲自谋划、亲自部署、亲自推动的建设粤港澳大湾区国家战略部署为使命，以推动粤港澳大湾区发展为目标，围绕广州发挥粤港澳大湾区核心增长极作用，开展前瞻性、战略性、系统性研究的新型高端智库。

智库依托华南理工大学广州市金融服务创新与风险管理研究基地、粤港澳大湾区规划创新研究中心、暨南大学广州南沙自由贸易试验区研究基地、粤港澳大湾区经济发展研究中心、广东外语外贸大学广州国际商贸中心研究基地、广东工业大学粤港澳设计文化与战略研究中心6家广州市人文社科重点研究基地，以服务党和政府决策为宗旨，以推动咨政育人、打造高端平台和推动粤港澳大湾区发展为主要功能，创建强强联合、优势互补、开放合作、深度融合的协同机制，通过跨境、跨地区、跨部门、跨体制聚合优势研究资源，实现各类优质智库要素集聚，是中共广州市委宣传部、广州市社会科学界联合会、华南理工大学建设开放、协同、联合、高效的智库综合体的重要探索，是广州特色新型智库在运行机制、科研机制和管理机制等模式上的重大创新。

粤港澳大湾区发展广州智库将进一步增强咨政研究活力，提高研究质量，提升协同研究能力，更好地服务于广州对接国家发展战略，力争建设成为特色鲜明、实力雄厚、影响广泛的新型高端智库，成为粤港澳大湾区研究有核心竞争力的权威智库，为粤港澳大湾区协调发展提供智力支持。

图书在版编目（CIP）数据

粤港澳大湾区建设与广州发展报告．2019 / 曾伟玉，麦均洪主编．-- 北京：社会科学文献出版社，2020.6
ISBN 978-7-5201-6705-5

Ⅰ．①粤… Ⅱ．①曾… ②麦… Ⅲ．①城市群-区域经济发展-研究报告-广东、香港、澳门-2019 Ⅳ．①F299.276.5

中国版本图书馆 CIP 数据核字（2020）第 093017 号

粤港澳大湾区建设与广州发展报告（2019）

主　　编 / 曾伟玉　麦均洪

出 版 人 / 谢寿光
责任编辑 / 周　琼
文稿编辑 / 杜红春

出　　版 / 社会科学文献出版社 · 政法传媒分社（010）59367156
地址：北京市北三环中路甲 29 号院华龙大厦　邮编：100029
网址：www.ssap.com.cn
发　　行 / 市场营销中心（010）59367081　59367083
印　　装 / 三河市龙林印务有限公司

规　　格 / 开　本：787mm × 1092mm　1/16
印　张：21.75　字　数：296 千字
版　　次 / 2020 年 6 月第 1 版　2020 年 6 月第 1 次印刷
书　　号 / ISBN 978-7-5201-6705-5
定　　价 / 108.00 元